U0541324

中国在全球气候治理中的角色研究

Study on China's Role in Global Climate Governance

李波◎著

中国社会科学出版社

图书在版编目（CIP）数据

中国在全球气候治理中的角色研究／李波著．—北京：中国社会科学出版社，2023.7

ISBN 978-7-5227-2118-7

Ⅰ.①中… Ⅱ.①李… Ⅲ.①气候变化—国际合作—研究—中国 Ⅳ.①D996.9

中国国家版本馆 CIP 数据核字（2023）第 112747 号

出 版 人	赵剑英
责任编辑	周　佳
责任校对	胡新芳
责任印制	王　超

出　　版	中国社会科学出版社
社　　址	北京鼓楼西大街甲 158 号
邮　　编	100720
网　　址	http://www.csspw.cn
发 行 部	010-84083685
门 市 部	010-84029450
经　　销	新华书店及其他书店

印　　刷	北京明恒达印务有限公司
装　　订	廊坊市广阳区广增装订厂
版　　次	2023 年 7 月第 1 版
印　　次	2023 年 7 月第 1 次印刷

开　　本	710×1000　1/16
印　　张	15.25
字　　数	243 千字
定　　价	79.00 元

凡购买中国社会科学出版社图书，如有质量问题请与本社营销中心联系调换
电话：010-84083683
版权所有　侵权必究

序

经过多年的发展,全球气候治理在治理主体、谈判机制、国际合作等方面已经日益完善,尤其是2015年《巴黎协定》的通过使得全球气候治理进入新阶段。中国对于《巴黎协定》的通过起到了至关重要的作用,与此形成鲜明对比的是此后美国退出《巴黎协定》,以及欧盟在全球气候治理中的作用日益式微。随着中国国力的提升和对全球事务参与的深入,中国在全球气候治理中"引领者"的角色越来越突出,这引起了我们对中国在全球气候治理中角色的思考,在过往全球气候治理的历史中,中国扮演了怎样的角色?角色是怎样发生转变的?影响这一转变的因素是什么?在未来的全球气候治理中,中国应该如何发挥作用?这都值得我们去研究。

本书通过引进角色理论将现实主义和建构主义相结合,力求搭建一个更为全面的分析框架,更为准确地分析中国的角色。基于角色理论的视角,可以将中国参与全球气候治理的角色过程分为拒绝角色、承认角色和接受角色,并通过三个变量来分析造成不同阶段角色的原因,分别是国家的利益认知、国家的身份认知和国际体系因素,三个变量在不同时期有不同的表现,单独或共同影响中国参与全球气候治理的角色。

从20世纪70年代到1994年,中国对国家利益的认知是摆脱贫困和实现国家的工业化,而刚刚起步的全球气候问题对于中国来说,还仅仅停留在科学研究层面。面对经济高速发展的现实利益需求,国家不愿意付出更多的成本去参与气候治理,而仅仅将其作为融入国际社会的一种手段。这一阶段正值美苏两强争霸阶段,中国作为后起者,认识到只有在和平的国际环境下才能取得发展。在党的十三大上,"和平与发展是当代世界的主题"被正式提出。随着对时代主题认识的加深、改革开放的深入进行,中国也明确了此时自己的身份定位,那就是"和平的发展者"。此时的国际环境也较为复杂,日本经济崛起和"亚洲四小龙"腾飞,进一步刺激了中国发展经济的愿望。苏联解体、东欧剧变,国际共产主义运动受挫,中国希望通过气候治理这一平台融入国际社会,改变不利的国际环境。而石油价格的下跌,给处于改革开放初期的中国提供了好的发展机遇,创造了一个较为宽松的国际能源环境。这些因素造成中国在全球气候治理中被动的参与,表现为拒绝角色。

1995—2005 年,中国逐渐将气候变化纳入国家经济发展战略的影响因素范围。此时经济发展的目标转变为在追求速度的同时也注重发展质量,但从本质上来说,这一阶段追求经济发展质量还是服务于发展速度这一目标。而随着中国经济的发展,中国想更多地参与国际事务。随着苏联解体,世界形成"一超多强"的局面。中国在 1997 年亚洲金融危机中起到了担当作用,这些因素明确了中国作为"负责任大国"的身份认知。在国际体系方面,面对所谓的"中国环境威胁论",中国开始加大环境治理力度,改善生态状况,并且科学评估中国的环境问题带给外部的影响。美国退出《京都议定书》,全球气候治理领导者的角色开始出现缺失。这也在客观上减轻了中国的减排压力,给中国经济创造了宽松的发展条件。中国和欧盟加强了在气候变化中的合作,提升了中国对全球气候治理的参与度。这一时期国际原油价格上涨,且可再生能源和新能源处于起步阶段,应用成本较高,因此中国还是倾向于采用煤炭和天然气作为替代,这就使得中国参与气候治理表现出两面性。这些因素使得中国对气候治理的参与,相对于前一个阶段不再消极,但整体呈现出谨慎而保守的态度,表现为承认角色。

2006—2015 年,经过改革开放近 30 年的发展,中国经济取得了举世瞩目的成就。但是,到"十五"规划末期,中国还未摆脱传统工业化道路的发展模式,主要还是依靠大规模的资源消耗和高资本投入来实现经济增长,因此"十一五"和"十二五"时期转变经济发展方式已经成为国家的首要利益认知。2010 年中国成为全球第二大经济体,综合国力的提升推动中国承担更多的国际责任。中国新兴国家的身份认知逐步加强,尤其是中国成功地抵御了2008年的国际金融危机之后，新兴国家的身份认知进一步得到强化。在国际上与中国一起崛起的发展中国家，组成了新兴国家群体。新兴国家群体为世界注入了新的活力，改变了原先由欧美主导的世界格局。这一时期，全球石油价格出现较大波动，煤炭消费的增长也十分有限，新能源的使用量开始出现较大增长态势。在科技发展的推动下，国际能源结构开始向绿色能源方向发展，这也影响了中国的气候治理参与。因此，基于中国对全面转变经济发展方式的利益认知和新兴国家的身份认知，以及受新兴国家群体崛起和油价大幅度动荡的国际能源体系影响，中国在这一阶段对全球气候治理的参与表现为对角色的接受，开始了对全球气候治理的主动与开放参与。

《巴黎协定》开创了全球气候治理的新局面，建立在"自愿"原则基础上"自下而上"的减排方式降低了发达国家与发展中国家之间的对抗性，提高了各国的履约积极性。但美国的退出和欧盟影响力的式微又给"后巴黎"时代蒙上了阴影。在这种情况下，中国作为全球气候治理"引领者"的角色开始逐渐突出。而促成中国成为"后巴黎"时代全球气候治理引领者角色的，包括中国经济"新常态"的利益认知、"日益走近世界舞台中央"的身份认知以及制度碎片化和领导力缺失的全球治理体系。此时又恰逢中国提出"人类命运共同体"这一解决全球治理困境的"中国方案"，这与气候治理存在天然的契合，人类命运共同体理念也成为新形势下中国参与全球气候治理的重要理念支撑。在"人类命运共同体"理念的指导下，中国积极落实《巴黎协定》，积极提供国际气候公共产品，践行"引领者"这一角色。

基于上述对中国参与全球气候治理角色的研究，本书得出以下基本结论。其一，中国的自身利益认知和身份认知是决定中国在全球气候治理中角色的最根本因素，而将物质因素和观念因素相结合，区别于现实主义"国家利益是外交政策形成的最根本原因"，也区别于建构主义"国家利益是国际体系的建构"，将现实主义和建构主义相结合，形成了国家在面对利益时的主观认知。面对欧美发达国家所搭建的全球气候治理平台，中国更倾向于从自身的利益和身份出发，基于自身的利益认知和身份认知，增强适应自身应对气候变化的能力，最终更有效、更积极地参与全球气候治理。其二，中国参与全球气候治理的角色变化，是世界权力格局转变的一种表征,也是中国逐步崛起的过程。这明确了中国参与全球气候治理角色形成的基本机制,也可以更好地指导中国参与气候外交。

本书在我博士学位论文的基础上修改而成,在写作过程中我得到了很多师长及亲朋好友的帮助,在此对他们表示感谢。

首先,感谢我的博士生导师刘昌明教授。刘老师不但在论文写作过程中给予我大量的指导,在生活上也时时刻刻为我提供帮助。在他的帮助下,我顺利完成博士学业。刘老师渊博的学识、正直无私的品格,成为我未来道路上的方向标,我一定不辜负刘老师的期望。

其次,感谢我的硕士生导师丁金光教授。丁老师是我进入环境政治和全球治理研究领域的领路人,他坚定了我从事学术研究的决心,他的谦虚谨慎一直影响着我。与此同时,感谢在学术道路上给予我帮助的山东大学政治学与公共管理学院的刘玉安、杨鲁慧、王学玉、朱贵昌、张淑兰、黄登学、李慧明、李昕蕾等老师,感谢好友姚仕帆教授的帮助。

再次,感谢我的同门孙云飞、孙通、张程锦、马海波、杨慧、吕梦荻、李青青、赵敏、丁璇等在生活和学习上提供的帮助,感谢王发龙师兄给予的指导,感谢马红邑博士给予的支持,感谢黎力、许翔、刘斌等好友的帮助,感谢孙启铭在文献收集方面给予的大力协助。感谢山东大学政治学与公共管理学院足球队队友们的鼓励,感谢孔新峰教授长久以来的支持。感谢中国社会科学出版社的周佳编辑,正是因为她认真负责的态度才使得本书顺利出版。

最后,感谢我的家人。感谢父母一直以来的支持,为我创造了好的学习环境;感谢岳父岳母的帮助,让我可以心无旁骛地完成学业;感谢我的妻子对我无条件的包容,对我生活上无微不至的照顾,没有她的支持和付出,我很难顺利完成写作。

本书的出版是对我前期学术研究的一个阶段性总结,但限于本人学术水平,书中有很多未尽之处,希望学界同仁给予批评指正,这也是对我的一种鞭策,我将继续努力。

目　录

导　论 ……………………………………………………………… (1)
 第一节　问题的提出与研究意义 …………………………………… (1)
 第二节　研究综述与创新之处 ……………………………………… (4)
 第三节　研究思路与框架 …………………………………………… (31)
 第四节　研究方法 …………………………………………………… (32)

第一章　中国全球气候治理角色的理论框架与变量组合 ………… (33)
 第一节　全球气候治理的论析 ……………………………………… (33)
 第二节　国家角色的论析 …………………………………………… (54)
 第三节　国家利益、身份认知、国际体系：变量设置与
     研究假设 ………………………………………………… (77)
 本章小结 ……………………………………………………………… (89)

第二章　拒绝角色：中国对全球气候治理的被动参与 …………… (90)
 第一节　基于经济高速增长的国家利益观 ………………………… (92)
 第二节　"后起的和平发展者"的身份认知 ……………………… (99)
 第三节　紧张的国际环境和宽松的国际能源体系 ………………… (103)
 第四节　拒绝角色的变量作用过程及国际参与 …………………… (115)
 本章小结 ……………………………………………………………… (119)

第三章　承认角色：中国对全球气候治理的谨慎而保守参与 …… (122)
 第一节　改变经济增长方式的国家利益认知 ……………………… (123)

第二节 "负责任大国"的身份认知 …………………………（133）
第三节 气候治理主体转变与油价大幅上升的国际体系 ……（138）
第四节 承认角色的变量作用过程及气候治理参与 …………（154）
本章小结 ……………………………………………………………（158）

第四章 接受角色：中国对全球气候治理的主动与开放参与 ……（160）
第一节 全面转变发展方式的国家利益认知 …………………（162）
第二节 新兴国家的身份认知 …………………………………（167）
第三节 新兴国家群体性崛起与国际油价动荡的国际能源体系 …………………………………………………………（174）
第四节 接受角色的变量作用过程及气候治理参与 …………（184）
本章小结 ……………………………………………………………（191）

第五章 "后巴黎"时代中国在全球气候治理中的角色 ……………（193）
第一节 "后巴黎"时代全球气候治理的引领者 ………………（194）
第二节 "后巴黎"时代全球气候治理的中国方案 ……………（201）
本章小结 ……………………………………………………………（209）

结 论 ……………………………………………………………………（211）

参考文献 ………………………………………………………………（221）

导　　论

第一节　问题的提出与研究意义

一　问题的提出

国际能源署（IEA）发布的《2009世界能源主要统计》资料数据显示，2006年中国在能源消费部门排放的二氧化碳量为60.2785亿吨，这一数据比美国的57.6931亿吨多2.5854亿吨。虽然此前有多方观点指出中国的温室气体排放量已超过美国，但此次是第一次通过国际机构的官方统计确认这一事实。中国人口众多，随着工业化和产业化的加速进行，该数据也在持续增长。尤其是随着世界经济从新冠疫情危机中强劲反弹，并严重依赖煤炭推动增长，2021年全球能源相关二氧化碳排放量增长了6%，达到363亿吨，为历史最高水平。作为唯一经历经济增长的主要经济体，2019—2021年，中国二氧化碳排放量增加了7.5亿吨。其中，2021年中国的二氧化碳排放量超过了119亿吨，占全球总量的33%。[①]

2016年，共和党候选人特朗普当选美国总统，他上台后不久就宣布退出《巴黎协定》。特朗普认为"《巴黎协定》旨在束缚美国，造成美国贫困，并使美国商界处于不利地位"。他还认为，《巴黎协定》将使美国国内生产总值减少3万亿美元，并使工作岗位减少650万个，但竞争对手

[①] "Global CO_2 Emissions Rebounded to Their Highest Level in History in 2021", IEA, March 8, 2022, https://www.iea.org/news/global-co2-emissions-rebounded-to-their-highest-level-in-history-in-2021.

中国和印度等国家的相关待遇却好得多。但他同时也表示将开启谈判，以重新进入《巴黎协定》，获得对美国公平的全新交易。[①] 与此同时，英国通过公投决定退出欧盟，这对传统上处于全球气候治理领导位置的欧盟造成了其内部分裂现象，加之欧盟近些年经济的缓慢发展，难民危机的影响，等等，使欧盟在全球气候治理中的领导力明显下降。所以，美国的退出以及欧盟影响力的下降，造成全球气候治理面临领导力赤字的困境。

作为全球主要的温室气体排放国，中国在全球气候治理中的角色问题成为关注的焦点。尤其在美国消极面对全球气候变暖问题以及欧盟的领导力式微之后，有人提出中国应当成为全球气候治理的领导者，通过带领全球应对气候变化，不但可以解决面临的严峻的气候问题，还可以提高中国的国际声誉，扩大中国在全球的影响力。但也有专家和学者提出，中国目前还是一个发展中国家，人口多，面临经济发展、改善民生等多重的社会发展压力，所以还不足以担负起全球气候治理领导者的角色。

综上可见，中国如何定义自己在全球气候治理中的角色，不仅是国际社会关心的问题，也是中国应对未来气候变化挑战需要首先回答的问题。而要明确中国在全球气候治理中的角色，首先要回到以下问题：中国参与全球气候治理的立场与态度经历了何种演变？影响这种演变的因素有哪些？如何应对未来的全球气候治理？这也是本书将要探讨的问题。

二 研究意义

随着各国工业化的发展，温室气体排放量的增加导致全球气候变暖，而"污染无国界"，温室气体排放导致的全球气候变暖已经超出一国范围，成为全球性的重大问题，而气候问题早已超出了科学的范围，影响到经济、能源、生态和健康等各个领域，因此气候问题已成为全球范围内最为紧迫的问题之一，对中国参与全球气候治理问题的研究有重要的现实和理论意义。

[①] 《特朗普宣布退出巴黎协定 国际社会大表失望》，2022年3月14日，BBC中文，http://www.bbc.com/zhongwen/simp/world-40129266。

(一) 现实意义

中国改革开放40余年来,经济发展迅速,年均增长率保持在9%以上,取得了举世瞩目的成就。2010年中国的国内生产总值达到6.101万亿美元,[①] 中国超过日本成为全球第二大经济体。但是,与此同时中国的二氧化碳排放量超过美国,且排放量还在逐年增加(见图1)。作为当今世界上最大的发展中国家,中国的人口多、地域辽阔,中国面临日益严峻的环境问题、生态问题、能源问题等方面的压力,而要消除全球气候问题带来的影响,要求中国积极地参与到全球治理中去。中国一开始就参与到了全球气候治理的进程中,但是由于经济发展阶段的不同和不同时期的国际影响力,中国在不同阶段表现出了不同的态度,所以厘清中国在参与全球气候治理中的角色和影响角色演变的动因,对未来中国更为主动地参与全球气候治理具有十分重要的指导意义。参与全球气候治理本质上是外交行为在气候治理方面的表现,因此搞清楚影响中国角色转变的因素,可以更好地指导中国的对外行为,做到有的放矢。

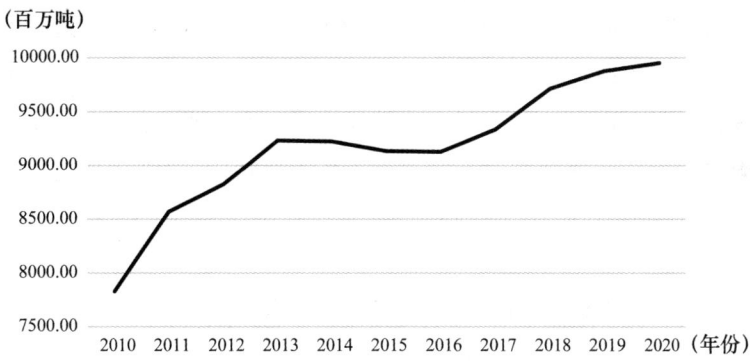

图1　2010—2020年中国二氧化碳排放量

资料来源:国际能源署。

---

① "GDP (current US $) - China", The World Bank, https://data.worldbank.org/indicator/NY.GDP.MKTP.CD?locations=CN.

（二）理论意义

亚历山大·温特指出，"国家是具有身份和利益的实体"。① 当前大部分成果对影响国家角色因素的考察集中在经济等物质方面，对国家外交政策的研究也集中在国家利益对外交政策的影响方面，而相对忽视了国家角色深层次的建构，将角色理论与国际关系体系理论截然分开。在哲学层面上，身份是使事物成为该事物的因素。② 角色理论作为社会学和心理学领域的理论，在政治学领域的应用相对单薄，实际上角色期望、角色观念以及国家的实际角色在很大程度上会影响外交政策文化。外交政策文化的概念问题不同于传统国际关系理论提出的国家利益定义的方法，与现实主义、自由制度主义和理性选择理论等形成鲜明对比的是，它认为利益不是给定的，而是取决于规范、信仰和价值观。这些组成的身份可能因国家而异。从定义上来说，我们可以把外交政策文化称为"一套对外交政策过程的态度、信仰和情感，并提供了在国际体系中支配行为的基本假设和规则"。③ 角色理论的使用有利于分析外交政策文化这一概念，通过角色期望和角色观念的概念，可以确定对国家外交政策文化的影响。由于角色期望和角色观念可以改变，国家的外交政策文化也可以改变。本书期望通过将分析国家外交决策中传统的利益因素和角色理论相结合，区别于现实主义"国家利益是外交政策形成的最根本原因"，也区别于建构主义"国家利益是由国际体系建构的"，力求一个更为完整和丰满的分析框架。

第二节 研究综述与创新之处

一 国外研究综述

西方国家对角色的研究起步较早，"角色"最早是借用舞台剧中的概

---

① ［美］亚历山大·温特：《国际政治的社会理论》，秦亚青译，上海人民出版社2008年版，第220页。
② ［美］亚历山大·温特：《国际政治的社会理论》，秦亚青译，上海人民出版社2008年版，第220页。
③ Valerie M. Hudson, "Foreign Policy Analysis: Actor-Specific Theory and the Ground of International Relations", *Foreign Policy Analysis*, Vol. 1, No. 1, 2005, pp. 1–30.

念，进而发展成为社会学和心理学的概念，国家角色则是将这一概念引入国际关系理论。随着气候问题的兴起，在气候谈判中每个参与者的角色常常因为各自的利益需求和客观环境的变化而变化，因此诸多学者都从理论和实践的角度对此展开研究。

（一）国际关系中的"角色理论"

角色理论，正如许多学者所分析的，认为国家是"行动者"，它们的行为与它们在国际社会所被认同的特定角色一致。Michael N. Barnet 等将角色描述为在特定情况下，"对与行为者有关系的人的态度和行为的期望，以及行为者对自己的期望"。[①] 角色后来成为一个合成现象，由行为者对其行为（角色概念）的主观认识、社会需求（角色期望）以及行为者所处的环境组合形成，这些因素既不具有确定性也不具有无限弹性。它们是像个人一样，依赖于简化和帮助引导自己穿越一个复杂世界的行为类别。角色为个人提供了一种稳定的身份认同感。William Bloom 等指出，如果没有这些因素，个人就不能对他们的环境施加秩序，从而在社会上遇到困难，甚至可能遭受心理上的崩溃。[②]

Glenn Chafetz 等认为，虽然有些人可能会怀疑这种理论在国家的应用，但是基于两个原因，可以将角色概念应用于国家和其他集体以及个人。第一，身份和角色概念是社会现象，对于一个国家的大多数人来说，它们是可以被分享的。第二，即使没有共同的角色概念，以国家名义制定外交政策的个人也会根据他们对国家在世界上的角色的想法，以及他们的选民可以接受的角色来确定对外政策。[③] 由于不同的发展程度以及国家政治结构等问题，政策制定者可以将这些概念作为指导原则，然后转化为政策（包括关于拥有核武器的政策）。上述学者通过角色理论，解释

[①] Michael N. Barnett, "Institutions, Roles, and Disorder: The Case of the Arab States System", *International Studies Quarterly*, Vol. 37, No. 3, 1993, pp. 271–296.

[②] William Bloom, *Personal Identity, National Identity and International Relations*, Cambridge: Cambridge University Press, 1993. p. 81

[③] Glenn Chafetz, "The Political Psychology of the Nnuclear Nonproliferation Regime", *The Journal of Politics*, Vol. 57, No. 3, 1995, pp. 743–775.

白俄罗斯和乌克兰遵守核不扩散制度的行为。①

（二）角色理论在外交政策中的应用

Kalevi J. Holsti 最早将角色理论引入国际关系和外交政策领域，相比单纯的国际关系研究，将社会学的理论引入国际关系研究和外交政策分析具有天然的理论优势，将"角色"这一原本是社会心理学中用来研究人的理论用于对国家角色的认知，研究国家角色的变化和国家外交政策之间的关系，是国际关系领域重要的理论视角。霍尔斯蒂确定了17个基本的国家角色概念，以及其他一些国家特有的角色观念。17个国家角色："革命解放者堡垒"，这一角色下的政府认为他们有责任组织或领导各类外国的革命；"地区领导"，这个国家角色概念的主题，指的是政府在其确定的某一特定区域内与各国的关系中所感知到的责任或特殊责任；"地区保护者"，这一角色构想虽然可能意味着在区域或问题领域基础上承担特殊的领导责任，但也强调为邻近区域提供保护的功能；"活跃的独立国家"，大多数支持"不结盟"的政府声明，不过是对"独立"外交政策的肯定，而不是对任何大国的军事承诺；"解放的支持者"，与"革命解放者堡垒"的国家角色观念的堡垒不同，"解放的支持者"并没有表明组织、领导或支持海外解放运动的正式职责；"反帝国主义者"，帝国主义被认为是严重的威胁，包括共产党执政的许多政府，认为自己是反对这种邪恶的"斗争"的代理人；"信仰的捍卫者"，一些国家的政府认为他们的外交政策目标和承诺是为了保护价值体系免受攻击；"调停者"，相当多的政府认为自己有能力负责实现或执行特殊任务来调和其他国家或国家集团之间的冲突；"区域子系统的合作者"，这个国家角色概念与"调停者"的概念不同，因为它们不仅仅是偶尔涉及冲突地区或问题，更确切地说，是与其他国家共同努力，建立更广泛的社区或相互交叉的子系统，如共产主义运动；"开发者"，这个国家角色概念的主题，表明了援助不发达国家的特殊义务；"桥梁国家"，这个国家角色的概念往往以模糊的形式出现，如果有的话，其政策似乎也不明显，"调解者"角色意

---

① Glenn Chafetz, Hillel Abramson, Suzette Grillot, "Role Theory and Foreign Policy: Belarussian and Ukrainian Compliance with the Nuclear Nnonproliferation Regime", *Political Psychology*, 1996, pp. 727 – 757.

味着各种形式的外交进入冲突的领域,"桥梁国家"的概念则比它更加短暂;"忠诚的盟友",如果通过互助和其他类型的条约来计算当前所有当代联盟的承诺,系统中几乎一半的国家将被归类为"忠实的联盟伙伴";"独立国家",政府根据国家利益而不是为了支持其他国家来做出承诺或者国家政策;"示范国家",这个国家角色观念强调通过追求某些国内政策,在国际体系中推广声望和获得影响力的重要性;"内部发展国家",这一概念几乎没有涉及国际体系内的任何特定任务或职能;"孤立国家",这类国家的目的是尽可能减少与外部世界的接触;"受保护国",有些国家宣称其他国家有保护他们的责任,但自己对外并没有责任或者义务。①

沃克受霍尔斯蒂的影响,他在随后的研究中,将两个超级大国的冲突和合作行为模式与他们自己的国家角色概念以及超级大国对这些国家行为的期望联系起来。他针对 Kenneth Waltz 的新现实主义提出了不同的见解,相对于华尔兹将焦点放在国际政治上,沃克重点观察国家的外交政策,他讨论了角色理论与国际体系的关系,他定义了在外交政策中的三种国家角色,分别是"消费者"(consumer)、"生产者"(producer)和"好战国"(belligerent)。"消费者"指代那些外交政策的目的是获得或维持外国援助的国家。国外援助有多种形式,包括经济援助、军事援助及外交支持。而这种援助的提供国就是"生产者"。"好战国"的角色是,国家要么拒绝别国的援助请求,要么在面对目标的抵抗时进行打击。除此之外,还有两个辅助类型的国家角色——"推动者"(facilitator)和"煽动者"(provocateur)。"推动者"是试图在其他国家之间建立或维持交流过程和一系列共同的期望的角色。"煽动者"则是试图破坏已经存在的这种关系或阻止它们存在的一种国家角色。在"推动者"角色中,国家代表另一个国家请求或提供援助,产生这一行为的原因是"推动者"与"推动者"所代表的国家之间的关系存在潜在冲突,双方关系的破坏又会影响"推动者"的国内政策。"煽动者"之所以选择挑衅的外交政策,其原因是其他国家之间建立起来并持续发展的交流机制给"煽动者"

---

① K. J. Holsti, "National Role Conceptions in the Study of Foreign Policy", *International Studies Quarterly*, Vol. 14, No. 3, 1970, pp. 233–309.

国家带来了威胁。①

国家角色观念与外交政策行为具有很强的对应关系，可以通过国家角色解释并最终预测外交政策行为模式的潜力。Naomi Bailin Wish 系统地将广泛的国家角色概念进行了分类，并对这些概念与外交政策行为的许多方面之间的关系进行了实证调查。他认为外交政策专家在试图解释国家外交政策行为的模式时，通常侧重于国家总体属性或决策者的综合态度和个人特征，为此提出了国家属性作为国家角色观念来源的"能力—动机"两阶段模式，他认为两阶段的国家属性角色概念模型将为外交政策行为提供更充分的替代解释。② 该模型包括三个变量——国家属性、国家角色观念和外交政策行为，这一概念框架表明，国家属性与外交政策行为之间存在直接或间接的关系。③ 研究表明，国家属性直接影响到外交政策行为，这在很大程度上决定了一个国家的资源及其使用能力。他假设国家属性也是国家角色观念的众多来源之一，为外交政策行为提供指导方针、规范或标准。总结国家属性与国家角色概念之间的关系可以发现，国家经济发展的规模和水平与影响和支配地位的角色概念特征密切相关。无论是规模还是经济发展，都与统治地位、影响范围的大小或程度以及对领土问题的关注正相关。另外，国家的政治倾向与其动机兴趣和关心的问题更密切相关。来自开放国家的决策者在政治和外交问题或普世价值观和意识形态中扮演更大的角色，这种国家占较小的比例。这些结果表明，国家属性的变化在许多情况下与国家角色构成的变化有关。

Margaret G. Hermann 等将亚洲和非洲国家的案例运用到理论验证中，证明了国家对角色的设定和外交角色变迁之间存在的关系。Hermann 将撒哈拉以南非洲的领导人作为主要研究对象。作为一党制国家的政府首脑，政府中的其他人为首脑服务，这些领导人的行为会影响他们的政府在外交政策领域的表现。领导人的个人特征，可能会影响他们政府的外交政

---

① Stephen G. Walker, "National Role Conceptions and Systemic Outcomes", in Lawrence S. Falkowski, ed. *Psychological Models in International Politics*, Boulder, CO: Westview Press, 1979.

② Naomi Bailin Wish, "National Attributes as Sources of National Role Conceptions: A Capability-motivation Model", *Role Theory and Foreign Policy Analysis*, 1987, pp. 94 - 104.

③ Naomi Bailin Wish, "Foreign Policy Makers and Their National Role Conceptions", *International Studies Quarterly*, Vol. 24, No. 4, 1980, pp. 532 - 554.

策行为。这些特征结合在一起,使各国领导人对外交事务有不同的定位,即形成对于世界的某些独特的观点,在此基础上各国领导人会选择其认可的政治风格指导其对外行为。① 在 12 位非洲领导人的研究中,Hermann 发现了六种这样的取向。因此,知道了领导人的定位是什么,就知道他会对他的政府采取什么样的外交政策行为。西蒙尝试使用与角色理论相关的概念来描述和理解东南亚外交政策选择和实施的动态。他假设"角色"在重要性方面与"政策"是相同的,因此,与角色分析相关的研究过程很容易和有效地用于政策分析。具体来说,角色制定作为一种用于描述行为的概念,也应适用于政策实施的描述,而角色定位作为一种用于分析许多可能性中的一个或多个角色的选择的概念,在理解政策的采用方面应该是有价值的。简而言之,这个论点的理由基于两点。第一,"角色"和"政策"具有相似的规范性特征。角色是一套规范,规定了在特定情况下对共同构成角色的其他角色组成部分的行为。第二,角色分析超越了经典的政策分析,因为与角色分析相关的规范包含了与传统政策分析相关的理性规范。② 合理的政策分析会使用组标准来评估特定行为是否有助于保护或实现特定政策目标,角色分析超出了这一评估,其包括行为是否符合其他成员的角色期望、观众的要求以及个人的角色观念或组织颁布角色。③ 因此,在角色理论的背景下,一个良好的外交政策不仅可以保护或实现其目标,还能满足其他国家的期望和要求。

Michael Grossman 利用角色理论来研究苏联解体后俄罗斯国家角色的转变,以及由此带来的俄罗斯外交政策的变化。Grossman 提出,可以采用角色理论解释个人行为的相同路径来研究国家的外交政策。为了将角色理论应用于对外政策分析,他提出了两个假设。其一,国家领导人和外交政策精英是政策制定过程中的重要角色。他们决定一个国家将追求的角色类型,并根据他们确定的角色行事。其二,国际体系可以作为一

---

① Margaret G. Hermann, "Explaining Foreign Policy Behavior Using the Personal Characteristics of Political Leaders", *International Studies Quarterly*, Vol. 24, No. 1, 1980, pp. 7 - 46.

② Sheldon W. Simon, "Realism and Neoliberalism: International Relations Theory and Southeast Asian Security", *The Pacific Review*, Vol. 8, No. 1, 1995, pp. 5 - 24.

③ Sheldon W. Simon, "Constructing a Security Community in Southeast Asia: ASEAN and the Problem of Regional Order by Amitav Acharya", *International Journal*, Vol. 56, No. 3, 2014, p. 536.

种社会制度。因此,与其他社会制度一样,它是分层的,它是在一个分层的国际体系中,领导人确定各国之间的分歧,并根据他们所认为的国家所扮演的角色行事。在国内社会中,个人的角色往往由外部因素决定,并且行为往往是对社会期望的回应,而在国际体系中,他人在决定角色观念方面所发挥的作用是有限的。在国内社会,人们对特定角色的行为有一定程度的共识,而在国际领域,由于存在广泛的异质性,这种共识往往很难找到。此外,他引用霍尔斯蒂的话,"国家主权对国家外部对策的影响相对较小"。随后,研究国家角色观念的研究人员往往依赖于"自我定义的角色观念,牺牲改变角色对策"。角色理论为国家行为研究提供了有用的工具,因为它集成了许多可能影响国家外交政策的特殊变量。① Christer Jönsson 和 Ulf Westerlund 指出,除了确定行为之外,角色还假定限制外部政策行为的范围,"某些类型的行为与某些角色有关",在这方面,角色可以作为实质性决策机制发挥作用。② Charles Kegley 观察到,在做出困难决策时,"决策者承认有必要通过制定一系列规则来减轻任务的负担"。因此借鉴了常用的制度框架,他提出了决策机制的概念。他认为,在外国决策团体中,同样存在一种决策制度,其功能类似于一套基于共识的行动规则,它限制了一个国家在对外行为中可允许的选择范围。③

Philippe G. Le Prestre 对冷战后国家对自身角色的寻求进行了论述。他指出,苏联解体后俄罗斯登上历史舞台,并宣誓了自己的主导地位;失去了苏联这一强大的对手,美国在新的历史舞台上表现出一定的矛盾心理,它更愿意担任一个全球的指挥者而不是行动者;德国和日本都不想成为世界舞台上的配角,并积极寻求成为正常国家的路径;法国和英国依靠他们原有的角色和所具备的政治、外交等领域的专业技能和经验,

---

① Michael Grossman, "Role Theory and Foreign Policy Change: The Transformation of Russian Foreign Policy in the 1990s", *International Politics*, Vol. 42, No. 3, 2005, pp. 334–351.

② Christer Jönsson, Ulf Westerlund, "Role Theory and Foreign Policy", in Christer Jönsson, ed. *Cognitive Dynamics and International Politics*, London: Frances Pinter, 1982, pp. 122–157.

③ Charles W. Kegley, "Decision Regimes and the Comparative Study of Foreign Policy", in Charles F. Hermann, Charles W. Kegley, James N. Rosenau, eds. *New Directions in the Study of Foreign Policy*, Boston: Allen and Unwin, 1982, p. 225.

在不断变化的国际舞台上稳固自己的地位；中国在世界上的作用越来越大，而加拿大则在考虑如何继续留在这个舞台上。[①] Henning Tewes 则用角色冲突的视角对德国在扩大过程中外交政策的两难状况进行了分析。角色理论对外交政策研究的用处在于它提供的概念工具，可以追踪一个国家的身份以及其外交政策文化的发展和它持续推行的特定政策之间的联系。在这里，角色被定义为一个国家外交政策行为的一种持续模式。这种模式是由来自他人的角色预期形成的，它将规范和期望附加到特定的立场上。因此，角色期望是社会结构和一般角色行为之间的概念桥梁，而在外交政策分析中，则是国际体系和它对国家行为影响之间的概念桥梁。因此，任何国家的外交政策都受到国家外部期望的影响。[②]

（三）对气候变化问题的争议

虽然全球变暖已经成为各国科学家和学者公认的现象，但是也有人对此提出过不同意见，针对这一现象，观点纷呈。

根据 Michael H. Glantz 的观点，科学界对温室气体排放导致全球变暖这一认识经过十多年激烈的讨论，出现了三个派别，分别是"鹰派""鸽派""猫头鹰派"。[③] "鹰派"认为，二氧化碳导致全球变暖的证据十分具有说服力，并且全球变暖正在进行中，这一派是全球气候变暖的坚定支持者。"鸽派"则认为现有的证据不足以证明全球气温在上升，科学上还存在不确定性，同时这一派中有人相信，人的创造力和应对危机的能力足以应对气候变化问题。而"猫头鹰派"则持中立立场，它们认为虽然目前的科学证据很有说服力，但是仍有很多谜团需要破解，例如，区域的发展对全球变暖的影响。尽管现有的证据还有一定的不确定性，但是支持"鹰派"观点的人越来越多。除了科学界，在政策制定者中也存在这三派的分化，例如，在欧盟国家的政策制定者中，"鹰派"属于中坚力

[①] Philippe G. Le Prestre, "Defining Foreign Policy Roles after the Cold War", in Philippe G. Le Prestre, ed. *Role Quests in the Post – Cold War Era: Foreign Policies in Transition*, Buffalo: McGill-Queen's University Press, 1997, p. 11.

[②] Henning Tewes, "Between Deepening and Widening: Role Conflict in Germany's Enlargement Policy", *West European Politics*, Vol. 21, No. 2, 1998, pp. 117 – 133.

[③] Michael H. Glantz, "Politics and the Air Around Us: International Policy Action on Atmospheric Pollution by Trace Gases", in Michael H. Glantz, ed. *Societal Responses to Regional Climate Change: Forecasting by Analogy*, Boulder: Westview Press, 1988, p. 72.

量,主张采取有效的抑制全球变暖的措施,而美国和加拿大的政策制定者则是以"鸽派"为主流,当然"猫头鹰派"在各个国家也都占有一定比例。正是持有不同观点的政策制定者的同时存在,使得气候问题成为一个较为棘手的问题,又因为气候问题的紧迫性远远没有到达政策制定者所认为的不得不面对的地步,因此大多数国家还没有一个行之有效的应对全球变暖的决议。[1]

Stephen H. Schneider 认为,化石燃料的使用使大气中二氧化碳的水平增加,这是没有争议的,但是由于气温的上升没有使生活出现明显的变化,社会上对全球变暖这一问题是存在质疑的,尤其是媒体对这一问题存在误导性。他认为整个自然空间的变化不会在短期内有明显的迹象,如果出现了这一迹象,那么人类将会处于十分被动的局面,所以政策的制定者应该有足够的远见和判断力,因为相对于科学性,政策的制定更体现为一种价值判断。[2]

Stephan Lewandowsky 等指出,虽然大多数专家都认为二氧化碳的排放正在造成人为的全球变暖,但公众对这一问题的关注度却在下降。造成这种情况的一个原因是政治博弈和既得利益集团的"制造怀疑",这往往会对科学的共识形成挑战。[3]

Madhav L. Khandekar 等认为,从 20 世纪 80 年代中期开始,对于人类活动造成的温室气体排放导致全球变暖这一事实开始有所争论。媒体所提出的全球变暖争论通常集中在地球的平均温度上升、极端天气事件以及未来全球极端天气事件频发的气候预测上,但是事实上,气候变化问题比地球平均温度升高和极端天气事件的增加要复杂得多。他们的一些研究质疑了政府间气候变化专门委员会(IPCC)报告中对气候变化的许多预测,目前对全球变暖的科学认识正在形成一种反对意见,这与

---

[1] Michael H. Glantz, "Politics and the Air Around Us: International Policy Action on Atmospheric Pollution by Trace Gases", in Michael H. Glantz, ed. *Societal Responses to Regional Climate Change: Forecasting by Analogy*, Boulder: Westview Press, 1988, p. 72.

[2] Stephen H. Schneider, "The Global Warming Debate Heats Up: An Analysis and Perspective", *Bulletin of the American Meteorological Society*, Vol. 71, No. 9, 1990, pp. 1292 – 1304.

[3] Stephan Lewandowsky, Gilles E. Gignac, Samuel Vaughan, "The Pivotal Role of Perceived Scientific Consensus in Acceptance of Science", *Nature Climate Change*, Vol. 3, No. 4, 2013, p. 399.

IPCC 认为的全球变暖不一致。他们根据调查指出，全球变暖的怀疑论者或反对者提出的反对意见似乎比全球变暖倡导者提出的支持观点更可信，此外，未来 50—100 年气候变化的预测是基于未充分核实的气候模式，因此被认为是不可靠的。①

针对 IPCC 1995 年的评估报告，弗吉尼亚大学环境科学教授 S. Fred Singer 做出了针锋相对的回应，他认为根据现有的数据无法证明全球变暖，人的活动对全球变暖是否有影响还不能确定，对于未来气候变化的预测还没有完全可以确信的方法，他还指出即使未来全球变暖了，也会是利大于弊。②

除了学者和科学家对全球变暖的争议进行了研究，美国的皮尤研究中心（Pew Research Center）曾就全球变暖问题对美国民主党、共和党和独立人士进行调查，结果表明多数人赞同全球气候正在变暖，而且赞同的人数有所增加，但是也有相当数量的人对此表示怀疑，同时在表示赞同的人当中，对气候变暖的成因也出现了不同的意见。从 2012 年的调研数据来看，有 85% 的民主党人士说有确凿的证据表明全球气候一直在变暖，高于 2011 年的 77%。有 48% 的共和党人士认为有确凿的证据表明气候变暖，而在 2009 年和 2011 年这一数据分别为 35% 和 43%，认为有确凿证据证明气候变暖的共和党人士的比例仍然低于 2006 年和 2007 年的水平。有 65% 的独立人士认为全球正在变暖，而这一数据在 2009 年是 53%。民主党中对导致气候变暖原因的分化比较明显，77% 的自由派民主党人士认为全球变暖主要是人为原因，而保守派和中间派民主党人士则有 51% 认为是人为原因导致了气候变暖。③

（四）对全球气候治理主体的研究

全球气候治理包含三个关键要素，其中最基本的就是治理主体。当前，全球气候治理主体日益多元化和丰富，除了传统的主权国家、政府

---

① Madhav L. Khandekar, T. S. Murty, Padala Chittibabu, "The Global Warming Debate: A Review of the State of Science", *Pure and Applied Geophysics*, Vol. 162, No. 8, 2005, pp. 1557 – 1586.

② S. Fred Singer, "Human Contribution to Climate Change Remains Questionable", *EOS, Transactions American Geophysical Union*, Vol. 80, No. 16, 1999, pp. 183 – 187.

③ "More Say There Is Solid Evidence of Global Warming", October 15, 2012, Pew Research Center, http://www.people-press.org/2012/10/15/more-say-there-is-solid-evidence-of-global-warming/.

间国际组织之外，还有越来越多的跨国公司和非政府组织，随着近些年的发展，地方政府和城市等国内治理主体也成为全球气候治理不可或缺的一部分。

城市作为经济的活动中心和人口集中的地方，产生了大量温室气体，因此城市的气候治理对整个气候治理系统具有决定性的意义。Vanesa Castan Broto 等通过对全球100个城市的数据进行分析，认为城市是解决气候变暖问题的关键，而以往的研究则忽视了城市治理者在气候治理决策中的位置。[1] David J. Gordon 认为目前的国际机制无法有效地应对全球变暖问题，全球城市化的加快和城市人口数量的增加，以及城市相对较强的经济实力和集中的生产力，使得城市进入了气候治理的议程。他通过对跨国城市网络的研究，来了解城市作为气候治理主体的优势和存在的局限。[2] Heike Schroeder 和 Harriet Bulkeley 指出，迄今为止大多数气候治理的政策和手段都围绕国家来设计，但当今跨国公司、国际性大都市等一批非国家行为体逐渐成为气候治理的主体，并开始提出自己认为应对气候变化的倡议和具体的治理方法。城市作为经济和工业中心，已经成为二氧化碳的主要产生地。对大城市来说，气候变化不仅是一个环境议题，更是一个政治议题。他们指出城市如何解决气候变化，还没有很好的方法。[3] Markus Fraundorfer 从人权的角度解读城市在气候治理中的作用，指出城市在推动人权立法以应对气候变化的作用被忽视了，世界上一半以上的人口生活在城市中，因此城市也已经成为塑造和促进环境权利的关键角色。[4]

有的学者则研究了不同城市之间气候治理的差异，Kristine Kern 与 Gotelind Alber 认为，过去的20年地方政府成为气候变化政策的主要制定者，许多城市都制定了自己的气候政策、制订了行动计划。而面对气候

---

[1] Vanesa Castan Broto, Harriet Bulkeley, "A Survey of Urban Climate Change Experiments in 100 Cities", *Global Environmental Change*, Vol. 23, No. 1, 2013, pp. 92 – 102.

[2] David J. Gordon, "Between Local Innovation and Global Impact: Cities, Networks, and the Governance of Climate Change", *Canadian Foreign Policy Journal*, Vol. 19, No. 3, 2013, pp. 288 – 307.

[3] Heike Schroeder, Harriet Bulkeley, "Global Cities and the Governance of Climate Change: What is the Role of Law in Cities?", *Fordham Urban Law Journal*, No. 36, 2009, p. 313.

[4] Markus Fraundorfer, "The Role of Cities in Shaping Transnational Law in Climate Governance", *Global Policy*, Vol. 8, No. 1, 2017, pp. 23 – 31.

变化，不同地方政府的反应差别较大，主要原因在于，气候变化对各个地方的影响程度不同，各地方对此的意识和进行决策的敏感性不同；面对气候变化，不同城市所拥有的管理权限和能力存在差异；国家虽然会支持地方的倡议，但每个地方所拥有的资源不同，导致了能力的差异。[1]

城市作为治理主体的地位应当得到重视，但也会遇到很多限制因素，Thomas G. Measham 等认为市政规划是重要的温差气体减排手段，但是他以悉尼为例提出了，地方政府在治理气候变暖过程中会受制于缺少资源和信息等因素，同时领导力、制度和行动计划等因素能否处理好，直接决定了它们会成为限制还是推动力。[2]

Jörn Birkmann 等则提出了关于城市如何参与治理的观点。他们强调在实施适应战略的过程中要将正式和非正式方法相结合，整合不同的知识类型，评估具体措施的负面影响，要注意不同实施手段是否存在冲突，适应气候变化战略应该与城市总体的可持续发展战略相结合。他们总结城市的适应气候变化战略，应该在程序和知识储备方面有所加强以应对气候变化，而非仅仅关注调整物理结构和改善环境。[3] Robin Leichenko 将气候变化与"城市复原力"相结合，认为学术界对复原力有基本的共识，那就是城市必须适应更广泛的冲击和压力，为应对气候变化做好准备；必须将促进气候变化抵御能力的努力与促进城市发展和可持续性的努力连接在一起。[4] Jan Corfee-Morlot 等认为，市政府和城市利益相关者设计和实施具有成本效益的适应政策非常重要。因此，他们提出多层治理的框架，纵向之间可以避免中央政府和地方政府之间出现政策空白地带，横

---

[1] Kristine Kern, Gotelind Alber, "Governing Climate Change in Cities: Modes of Urban Climate Governance in Multi-Level Systems", *The International Conference on Competitive Cities and Climate Change*, Milan, Italy, 9 – 10 *October*, 2009, pp. 171 – 196.

[2] Thomas G. Measham et al., "Adapting to Climate Change Through Local Municipal Planning: Barriers and Challenges", *Mitigation and Adaptation Strategies for Global Change*, Vol. 16, No. 8, 2011, pp. 889 – 909.

[3] Jörn Birkmann et al., "Adaptive Urban Governance: New Challenges for the Second Generation of Urban Adaptation Strategies to Climate Change", *Sustainability Science*, Vol. 5, No. 2, 2010, pp. 185 – 206.

[4] Robin Leichenko, "Climate Change and Urban Resilience", *Current Opinion in Environmental Sustainability*, Vol. 3, No. 3, 2011, pp. 164 – 168.

向之间可以促进同级政府之间的相互借鉴和学习。①

除了城市以外,诸多学者将范围更为宽泛的地方政府作为治理主体,Arun Agrawal 认为地方机构在适应气候变化方面扮演着角色。总体而言,不同的地方机构以三种重要方式塑造气候灾害对生计的影响。首先,地方机构能够影响和控制当地的环境风险和变异,从而改变当地的气候影响和脆弱性。不同的地方机构可以通过管理土地、水资源、自然保护区、城市规划等方式来影响环境,这些因素都会对当地社区的适应能力产生影响。其次,它们创建激励框架,使个体和集体行动得以展开。地方机构可以设立奖励措施,例如补贴措施的实施、提供培训和技术支持、为适应和减轻气候变化影响的倡议提供资金支持等。这些激励措施可以促使当地社区采取更积极的适应措施,加强他们的适应能力,并促进社区的可持续发展。最后,地方机构是外部干预的重要媒介。外部干预可以通过政策、项目、援助等形式进行,这些干预可能会影响当地社区的实践。例如,外部机构可能会向当地社区提供新的技术、资源或知识,这些新的干预措施可能会加强当地社区的适应能力。但是,这些干预也可能会破坏当地社区的实践,例如传统农业实践、当地知识和文化,从而削弱社区的适应能力。因此,地方机构需要平衡外部干预和维护当地社区的现有实践之间的关系,以促进社区的可持续发展。

Harriet Bulkeley 和 Kristine Kern 以不同地区的地方治理案例对地方治理的方式和作用进行了研究,他们对比了英国和德国在地方气候治理方面的异同,提出对气候的治理不应该只把目光停留在国际层面,还要关注地方的气候保护政策,同时他们指出在短时期内英国与德国的地方气候治理差异在缩小,两个国家的地方气候治理行动都集中在能源领域。另外,治理模式在实现地方气候变化目标方面变得至关重要。② Miranda A. Schreurs 则以东亚为例指出气候变化是一个需要多层次政府,同时在政治、经济和社会领域综合行动的问题,国家、地区和地方政府在制定气

---

① Jan Corfee-Morlot et al., "Cities, Climate Change and Multilevel Governance", OECD Environment Working Papers, No. 14, 2009, p. 1.

② Harriet Bulkeley, Kristine Kern, "Local Government and Climate Change Governance in the UK and Germany", *Urban Studies*, Vol. 43, No. 12, 2006, pp. 2237 – 2259.

候减缓和适应战略方面具有明显的互补作用。与国际和国家层面受到的关注相比，城市和地区政府在应对全球气候变化方面的作用受到的关注较少，了解地方的气候变化减缓和适应战略的作用至关重要。市政当局对当地的情况比较熟悉，这是国家政府所不具有的，他们能够制定最符合其特定经济、社会、文化和地理条件的政策和解决方案，同时地方政府比国家更为灵活，是政策的先行者，会影响国家的整体战略。[①] Eva Gustavsson 等提出了多层治理的两种类型，第一种类型强调治理发生的多个层级，通常是不同的行政单位（如城市、州、国家），在不同层级的行政单位中多种行为主体参与气候治理，而政府是各层级治理的管理中心；第二种类型主要由不同社会组织层级之间的公共和私人行为者之间的网络所主导，不同层级的公共和私人组织之间通过网络来合作，共同解决问题和实现目标。[②]

Michele Betsill 等则在全球的整体格局中考察气候治理，提出关于多层治理的观点。他们指出，《联合国气候变化框架公约》（UNFCCC）被认为是最重要的气候治理平台，而许多"跨国主义者"却对此持消极态度，甚至会忽视其作用，希望能有新的替代形式，但实践中不同类型的倡议是相互作用的，因此他们提出应该协调全球的气候治理格局。[③] Mark Purdon 从比较政治学的角度对气候治理的主体展开研究，他认为国际层面全球气候治理的重要性不言而喻，但是它不能完全支配或决定其他层面的气候政治，他认为许多对气候治理在国家之间的协调的研究会忽略一国的国内政治，而比较政治学则可以纠正这一错误，这一方法同样适用于研究发达国家、新兴经济体和最不发达国家之间进行气候治理的异同。因此通过比较气候政治，可以充分理解和解释地方、国家和国际层

---

① Miranda A. Schreurs, "Multi-Level Governance and Global Climate Change in East Asia", *Asian Economic Policy Review*, Vol. 5, No. 1, 2010, pp. 88 – 105.

② Eva Gustavsson, Ingemar Elander, Mats Lundmark, "Multilevel Governance, Networking Cities, and the Geography of Climate-change Mitigation: To Swedish Examples", *Environment and Planning C: Government and Policy*, Vol. 27, No. 1, 2009, pp. 59 – 74.

③ Michele Betsill et al., "Building Productive Links Between the UNFCCC and the Broader Global Climate Governance Landscape", *Global Environmental Politics*, Vol. 15, No. 2, 2015, pp. 1 – 10.

面的气候治理行为。① Barry G. Rabe 指出,气候变化政策通常被认为是一个国际治理问题,很容易想到采取全球战略,而《京都议定书》签订后的十几年经验表明,单单是国家间的合作并不足以解决问题,实际过程要复杂得多,而通过美国和加拿大的经验可以看出,对国际事务参与的深度并不能说明对国内事务解决的有效性,因此应该重视多层次的治理体系,气候问题不仅仅是个国际问题,也应该在不同层次的行为体之间展开合作。② Joyeeta Gupta 指出了在多层治理中面临的困境和挑战,她认为如果中央政府下放权力推动气候治理却没有转移足够的资源,会限制地方政府采取行动,而这种情况在中央权力过度集中的国家尤为严重。她认为地方政府不应该只是简单地执行中央政府的政策,而应该主动采取措施,这会更有利于实现气候治理。③

私人部门也是学者考察的主体之一,Sverker C. Jagers 和 Johannes Stripple 指出,《联合国气候变化框架公约》及其一系列的法律协定并非气候治理唯一的依据和平台,而应该放眼更为普遍的做法,采用一切有针对性的机制和措施。从这一意义来讲,国家并非唯一的实施主体,非政府组织和私人部门也是气候治理的重要形式。④ Ans Kolk 等通过碳排放交易来说明,跨国公司是如何通过自己的运作从而在全球气候治理中成为一种新的治理形式的。⑤ Philipp Pattberg 指出,公私伙伴关系(私有化和跨国化二者的关系)是全球环境治理大趋势的一部分,但是迄今为止,该领域的研究主要集中在概念层面,提出了不同类型的跨国气候治理。⑥

---

① Mark Purdon, "Advancing Comparative Climate Change Politics: Theory and Method", *Global Environmental Politics*, Vol. 15, No. 3, 2015, pp. 1 – 26.

② Barry G. Rabe, "Beyond Kyoto: Climate Change Policy in Multilevel Governance Systems", *Governance*, Vol. 20, No. 3, 2007, pp. 423 – 444.

③ Joyeeta Gupta, "The Multi-level Governance Challenge of Climate Change", *Environmental Sciences*, Vol. 4, No. 3, 2007, pp. 131 – 137.

④ Sverker C. Jagers, Johannes Stripple, "Climate Govenance Beyond the State", *Global Governance*, No. 9, 2003, pp. 385 – 399.

⑤ Ans Kolk, Jonatan Pinkse, "Business and Climate Change: Emergent Institutions in Global Governance", *Corporate Governance: The International Journal of Business in Society*, Vol. 8, No. 4, 2008, pp. 419 – 429.

⑥ Philipp Pattberg, "Public-private Partnerships in Global Climate Governance", *Wiley Interdisciplinary Reviews: Climate Change*, Vol. 1, No. 2, 2010, pp. 279 – 287.

Roger Few 认为公众参与是应对气候变化的重要途径，但是公众参与气候治理的实践应该借鉴公众对其他公共事件的参与经验。他也指出了公众参与可能存在的问题，让广泛的利益相关者参与决策，给气候政策带来了根本性的挑战，其中很多是根植在权力关系中的。在对气候变化采取预期应对措施的情况下，由于问题的长期性和不确定性，这些挑战被放大。如果不适当考虑这些问题，公众参与原则和预期性适应之间可能会出现矛盾，导致最初的公众参与目标不能实现，因此要从一开始就明确公众参与的范围和限制。①

有的将不同国家类型单独作为治理主体来考察，William Neil Adger 等认为气候变化会加剧经济和社会的脆弱性，尤其是对那些对资源依赖性强的国家来说，它们对气候变化的反应更为敏感，农业等是发展中国家产业的主要组成部分，因此他们要面临更多的风险。②

（五）气候治理与国家利益

作为全球治理和国家外交体系的一部分，全球气候治理的国家间博弈本质上是对国家利益的追求和维护，而气候变化作为生态和能源系统变化的结果，直接会影响到国家的安全利益和经济利益，对经济利益又是短期内更为直接的影响。

国外学者尤其注重将成本和收益的概念引入气候治理。20 世纪 70 年代，经济学理论被引入对气候变化的研究。根据福利经济学理论，一个经济主体的行为导致另一个经济主体的成本和收益发生变化，这就产生了外部性问题。③ 这就涉及了市场的外部性，而温室气体排放就产生了外部性。因此，Nicholas Herbert Stern 将温室气体描述为世界上曾有过的最大的市场失灵问题。④对温室气体排放的限制以及国际合作所带来的经济、

---

① Roger Few, Katrina Brown, Emma L. Tompkins, "Public Participation and Climate Change Adaptation: Avoiding the Illusion of Inclusion", *Climate Policy*, Vol. 7, No. 1, 2007, pp. 46–59.

② William Neil Adger et al., "Adaptation to Climate Change in the Developing World", *Progress in Development Studies*, Vol. 3, No. 3, 2003, pp. 179–195.

③ David Held, Angus Fane-Hervey, Marika Theros, "The Governance of Climate Change: Science, Economics, Plitics and Ethics", *Governance of Climate Change Science Economics Politics & Ethics*, Vol. 29, No. 5, 2011, pp. 947–949.

④ Nicholas Herbert Stern, *The Economics of Climate Change: The Stern Review*, Cambridge: Cambridge University press, 2007, p. 37.

环境和社会效应是研究的重点，William R. Cline 指出，从长远来看，目前对气候变暖的治理成本的付出，相对于未来全球变暖所带来的灾难来讲成本不高。[①] Richard S. J. Tol 用货币的形式评估气候变化对农业、林业、能源和水资源等的潜在影响，他通过研究得出结论：采用总和的方式，全球气温 1℃ 的变化将会对 GDP 带来 2% 的影响，标准差为 1%。[②] Pinninti K. Rao 则从国际贸易的角度来看气候变化问题，认为两者可以而且必须相互支持，气候变化的治理也可以根据这一特性来制定政策并实施。[③] Ian Bailey 和 Geoff A. Wilson 强调碳经济的作用，碳经济已成为政府、私营部门和个人减少温室气体排放战略的主要特征。然而，尽管碳排放显然占主导地位，但关于碳经济作为应对气候变化的战略措施的适宜性和影响仍存在重大问题。[④] Oliver Deke 等所做的报告指出，国家在经济上受气候变化影响的程度取决于一个地区的适应能力，不同地区对气候影响的脆弱性存在显著差异，经济体系的整体调整大大降低了来自气候的直接影响。[⑤]

（六）中国参与全球气候治理

国外对中国参与全球气候治理的研究主要集中在两个方面：一是对中国参与全球治理的角色的争议，有的研究认为中国已经是全球气候治理的领导者，而有的持怀疑态度；二是对中国参与全球气候治理的路径展开研究。

对于能否成为全球气候治理领导者，Edward Wong 指出在气候变化问题上，特朗普上台后中美出现了角色互换，面对全球的变暖问题，中国

[①] William R. Cline, "The Economics of Global Warming", Washington, D. C.: Institute for International Economics, 1992, p. 399.

[②] Richard S. J. Tol, "Estimates of the Damage Costs of Climate Change. Part 1: Benchmark Estimates", *Environmental and Resource Economics*, Vol. 21, No. 1, 2002, pp. 47–73.

[③] Pinninti K. Rao, *International Trade Policies and Climate Change Governance*, New York: Springer Science & Business Media, 2012, p. 77.

[④] Ian Bailey, Geoff A. Wilson, "Theorising Transitional Pathways in Response to Climate Change: Technocentrism, Ecocentrism, and the Carbon Economy", *Environment and Planning A*, Vol. 41, No. 10, 2009, pp. 2324–2341.

[⑤] Oliver Deke et al., "Economic Impact of Climate Change: Simulations with A Regionalized Climate-economy Model", Kiel Institute of World Economics, 2001, p. 47.

政府认为这是一个很重要的问题，应该改变能源结构，减少化石燃料使用，而美国对此的态度却十分消极。[1] 同时，他指出中国要想成为全球气候治理的领导者，也并非容易的事情，他认为美国仍然是全球事务的主要推动者，而在减少化石能源的使用上，中国国内存在巨大的阻力。[2] Chris Buckley认为，国际压力遏制了中国的碳排放，但更重要的是中国经济对重工业和煤炭的依赖度下降，而特朗普退出《巴黎协定》，让中国有机会成为温室气体减排这一国际责任的捍卫者。[3] Sabine Musca指出，中国正在实现甚至超出它的温室气体减排目标，世界的共识是中国已经成为温室气体减排的规则变革者。[4] David Held等指出，没有作为世界第一人口大国和第二大经济体的中国参与的全球气候治理是徒劳的，这也使得中国成为实现气候治理全球合作的关键，并且中国在参与联合国气候变化框架公约谈判中的态度，正在由一开始的消极和抵制逐渐转变为积极和主动。[5] 斯德哥尔摩环境研究所的Karl Hallding等指出，从历史来看，中国对气候变化的态度是消极的，对这个问题仅限于科学上的探讨，但从2012年以后，中国对于气候变化开始与其他国家进行建设性的对话。他还指出中国正处于气候变化和低碳发展的十字路口，中国实现低碳跨越式发展不仅对中国有重要意义，还可以为世界提供经验，实现低碳的跨越式发展。[6]

---

[1] Edward Wong, "China Poised to Take Lead on Climate After Trump's Move to Undo Policies", *The New York Times*, https://www.nytimes.com/2017/03/29/world/asia/trump-climate-change-paris-china.html.

[2] Edward Wong, "Can China Take the Lead on Climate Change? That Could Be Difficult", *The New York Times*, https://www.nytimes.com/2017/06/02/climate/china-climate-change-trump-paris-accord.html.

[3] Chris Buckley, "China's Role in Climate Change, and Possibly in Fighting It", *The New York Times*, https://www.nytimes.com/2017/06/02/world/asia/chinas-role-in-climate-change-and-possibly-in-fighting-it.html.

[4] Sabine Musca, "How Germany and China can Save Global Climate Governance-despite Trump", Mercator Institute for China Studies, https://blog.merics.org/en/blog-post/2017/07/06/how-germany-and-china-can-save-global-climate-governance-despite-trump/.

[5] David Held, Eva-Maria Nag, Charles Roger, "The Governance of Climate Change in China Preliminary Report, LSE-AFD Climate Governance Programme", 2011, p. 34.

[6] Karl Hallding, Guoyi Han, Marie Jürisoo, "A Balancing Act: China's Role in Climate Change", Environmental Policy Collection, 2009, pp. 11–14.

二 国内文献综述

国内关于角色理论的文献，相对于西方国家的研究，数量上差距较大，同时对单纯的角色理论的研究也是凤毛麟角，大多是从外交政策角度出发，研究中国在国际体系中的国际角色或者国家角色，而随着中国国际格局中影响力的增加和对全球气候治理问题参与的加深，对中国国家角色以及在气候谈判中角色的研究开始增加。

（一）国际关系中的"角色理论"

李敃窥和袁伟华都注意到了角色理论在国际关系中应用的缺点和不足。李敃窥从"一体化"的视角，通过分析角色理论的不同发展阶段，侧重分析该理论的缺点，认为角色理论在本体论、理论范式等方面都缺乏完整性。[①] 袁伟华则指出，虽然角色理论丰富了对外政策分析，并将对外政策分析和国际关系研究联系起来，但是角色理论呈现出精确性不足的缺点。[②]

作为分析国际关系和外交决策的角色理论，国家角色定位往往会从国际和国内两个角度进行确定，秦亚青、袁伟华、庞珣、李绘新、王俊生、印言蹊、张志洲便是从内外两方面分析了角色理论在国际关系和外交中的应用。秦亚青将国家身份定义为主权国家与主导国际社会的认同程度，按照认同程度的不同（正向认同、零向认同和负向认同），将国家定义为现状性、游离性和革命性三类。根据这一定义，他认为中国目前处于从一个革命性国家向现状性国家转化的阶段。[③] 袁伟华认为，之所以会形成国家角色，源于国家内部、国家外部以及二者的互动这三个方面。具体说来，就是在一套既定的规范中，国家自身的行为和对行为的认知，以及国家在与其他国家的互动中形成的他国对本国的期望。[④] 庞珣通过探

[①] 李敃窥：《"一体化"视角与国际关系角色理论的演进》，《国际政治科学》2014年第1期。

[②] 袁伟华：《对外政策分析中的角色理论：概念解释机制与中国—东盟关系的案例》，《当代亚太》2013年第1期。

[③] 秦亚青：《国家身份、战略文化和安全利益——关于中国与国际社会关系的三个假设》，《世界经济与政治》2003年第1期。

[④] 袁伟华：《对外政策分析中的角色理论：概念解释机制与中国—东盟关系的案例》，《当代亚太》2013年第1期。

究角色的国内和国际根源,分别将两个根源分为两种(国内根源可分为"紧迫性的"与"非紧迫性的",国际根源分为"高度体系限制"和"低度体系限制")并进行组合,得出了四种不同的国家类型。① 李绘新认为,角色分析理论的主要内容是对角色预期、角色认知和角色体现三个变量之间的相互关系进行研究。其中,角色预期来自行为体外部对它的主观预期,角色认知则是行为体本身的观念因素,两者共同作用形成了角色的体现。② 王俊生指出,国家的对外利益和国家对自我的认知是形成国家角色的两个必需的因素。③ 印言蹀区别了社会角色与国际角色,通过分析发达国家等其他国家对中国的角色预期、国际机制对中国角色的预期来确定中国的国际角色定位。④ 张志洲指出,国家的角色定位不仅与一国的国家力量和利益人有关,国际体系的变迁也会影响国家的角色。⑤

程蕴、吉磊和丁志刚等分析了国家角色转变的路径和原因。程蕴从分析冷战后日本的角色入手,提出了角色转变的两条路径:一种是采用类似外交决策过程分析的国内政治研究方法,另一种是采用国际政治的研究方法。⑥ 吉磊认为国家的角色不仅仅是由国家利益所决定的外交政策塑造的,在很大程度上是由国家采取的它所认为的适当行为决定的。⑦ 丁志刚从全球化的角度解读了国家角色的变化,认为全球化使得国家要让度一部分主权,使得国家角色从以往的掌握绝对主权向掌握相对主权转变。⑧

---

① 庞珣:《国际角色的定义和变化——一种动态分析框架的建立》,《国际政治研究》2006年第1期。
② 李绘新:《试析当代德国外交的不确定性——以角色分析理论为视角》,《现代国际关系》2004年第1期。
③ 王俊生:《中国全球角色的确立——兼评〈创造性介入:中国之全球角色的生成〉》,《太平洋学报》2014年第5期。
④ 印言蹀:《被期待的大国角色——新时期中国国际地位角色探析》,《国际观察》2015年第5期。
⑤ 张志洲:《变迁中的世界秩序与中国的角色定位》,《国际政治研究》2012年第4期。
⑥ 程蕴:《冷战后日本国家角色的转变过程分析——基于角色理论的探讨》,《日本学刊》2016年第4期。
⑦ 吉磊:《有效多边主义?——欧盟在联合国改革中的角色研究》,上海人民出版社2016年版,第45页。
⑧ 丁志刚:《全球化与国家角色》,《世界经济与政治》2002年第2期。

郭树勇等则从国家角色的建构路径来研究国家角色的定位。郭树勇认为决策制定者对国家所扮演的角色具有决定性的影响。[①] 李开盛和胡贵生指出，国际身份分为自然身份和社会身份，自然身份无法选择，而社会身份则是可以通过建构得到。[②]

（二）对中国国家角色的研究

改革开放以来，中国加强与世界的交往，从在国际上的旁观者和配角逐渐开始进入世界舞台。随着中国经济社会发展以及国力的增强，中国逐渐成为全球事务中不可或缺的角色，影响力大大增强，因此大国角色的建构成为一个当前话题。王缉思指出，"在日益错综复杂的世界政治中，中国将扮演四种角色：坚持可持续发展道路，促进各个文明之间的交融，保障国际格局的平稳过渡，倡导合理的国际规则和秩序"。[③] 俞新天指出，中国正处在发展的上升期，处于崛起的过程中，虽然还不是最发达的状态，但正在朝这个方向发展，因此属于"新兴大国"。[④] 刘丰则认为，中国自身角色变化的同时，也在改变着不合理的国际体系。中国不但成为全球治理的主要参与者，也努力改变着不合理、不公正的国际政治经济秩序。[⑤]

胡键、盛斌、印言蹊和张清敏则用不同的概念定义发展中的中国的国际角色。胡键指出，中国国际角色转换的同时伴随着国际体系的转型，而同一时期的这两个过程必然产生高度互动性，[⑥] 二者相互促进。盛斌等认为，当前全球经济复苏乏力，在反全球化浪潮发展的情况下，中国扮演了全球化和开放经济的引领者以及国家利益诉求的维护者这一角色。[⑦]

[①] 郭树勇：《全球治理领导权问题与中国的角色定位》，《人民论坛·学术前沿》2017年第14期。

[②] 李开盛、胡贵生：《民族复兴背景下当代中国的国家身份选择》，《国际社会科学杂志》（中文版）2010年第1期。

[③] 王缉思：《当代世界政治发展趋势与中国的全球角色》，《北京大学学报（哲学社会科学版）》2009年第1期。

[④] 俞新天等：《国际体系中的中国角色》，中国大百科全书出版社2008年版，第14页。

[⑤] 刘丰：《国际体系转型与中国的角色定位》，《外交评论》2013年第2期。

[⑥] 胡键：《中国国际角色转换与国际体系转型的互动分析》，中国的前言 文化复兴与秩序重构——上海市社会科学界第四届学术年会青年文集，2006年，第234页。

[⑦] 盛斌、王璐瑶：《全球经济治理中的中国角色与贡献》，《江海学刊》2017年第1期。

印言蹊指出，中国的实力不断增强，话语权不断提升，成功地扮演了负责任大国的角色。① 张清敏则指出，中国目前处于发展阶段，是国际社会中的"发展者"。②

中国在国际上的角色不是一成不变的，随着历史、社会、军事和经济等影响国家发展的因素的变化，中国的角色也在不断发生变化，而这一变化可以从不同角度来分析。李巍等分别从中国国际关系理论发展的契机和中国的对外安全战略角度来分析中国角色的变迁。③

根据亚历山大·温特的建构主义的观点，角色身份依赖文化，角色身份不属于内在属性，因此只能存在于和他者的关系之中。④ 根据温特的理论，国家角色如何呈现有赖于对角色的建构。陈翔等就中国国家角色的建构路径进行了研究。面对中国构建负责任大国角色所面临的障碍，陈翔指出应当从国内、周边与全球三个方面做好工作。⑤ 唐永胜从在国际体系结构中的位置、与国际体系的互动以及国家对国际政治特征变化的适应三个方面论述如何建构国家角色。⑥ 唐士其指出，相对于当前所面对的国内外环境，未来的环境对塑造国家角色更加重要。⑦ 张骥和康文中则从内层和外层两个方面，论述了国家对内角色和对外角色的建构。⑧

中国国家角色的构建，意味着我们以何种面貌参与全球治理、参与国际事务以及对现有国际秩序进行改革，但角色建构的过程必然会遇到种种困境，李宝俊等便从不同的视角研究中国角色构建的困境。李宝俊等指出，中国与一些国家在大国权力、大国责任以及对国家的评价标准

---

① 印言蹊：《世界体系转型背景下的中国国际定位》，《南京政治学院学报》2014 年第 2 期。
② 张清敏：《中国的国家特性、国家角色和外交政策思考》，《太平洋学报》2004 年第 2 期。
③ 李巍、唐健：《国际舞台上的中国角色与中国学者的理论契机》，《国际政治研究》2014 年第 4 期；孟祥青：《论中国的国际角色转换与对外安全战略的基本定位》，《世界经济与政治》2002 年第 7 期。
④ [美] 亚历山大·温特：《国际政治的社会理论》，秦亚青译，上海人民出版社 2008 年版，第 222 页。
⑤ 陈翔：《负责任大国：中国的新身份定位》，《世界经济与政治论坛》2016 年第 6 期。
⑥ 唐永胜：《中国国际角色分析》，《现代国际关系》2006 年第 10 期。
⑦ 唐士其：《新的国际安全与世界秩序调整下中国角色的塑造》，《国际政治研究》2012 年第 4 期。
⑧ 张骥、康文中：《中国国家身份的建构及对中国和平发展合作外交的影响》，《教学与研究》2008 年第 8 期。

等方面存在差异。① 胡键则从主观建构和客观认知方面指出了困境，认为中国国际角色的主观建构和角色的客观认知存在较大差距。② 王传剑从客观方面指出了中国角色建构的困境，即在国际体系改革方面缺乏明确的方向感，没有提出一个为广大发展中国理解和接受的全球治理新理念。③ 肖晞等也从客观方面论述了中国角色建构的困境，但其角度是现实主义理论，即国家的利己性，这使得国际社会对中国角色的转型和建构认知存在偏差。④

（三）对气候变化问题的争议

我国学者对气候变化问题的争议进行了探讨，并提出了自己的观点。对这一问题进行长期跟踪和研究的是王绍武教授，他对全球气温变暖的观点持肯定态度，认为20世纪气候变暖是无可置疑的，人类活动影响很可能是20世纪气候变暖的主要原因，至少是主要原因之一。⑤ 但同时他也指出了在全球气候变暖研究中的不确定性和依据的不足，他指出目前对全球气候变暖的研究存在资料方面的不确定性、气候变化机制方面的不确定性和预测方面的不确定性，⑥ 而政府间气候变化专门委员会第三次评估报告指出，20世纪气候的变暖可能是近千年来任何一个世纪中最强的，这一报告的依据是 Michael Mann 建立的千年温度变化曲线，王绍武等指出了这一曲线反演年到10年尺度气温变化的能力较差。⑦ 而对于气候变暖是否完全由人类活动造成，他们则给出了否定的答案。⑧

其他学者也从不同角度提出了气候变暖的不确定性，任国玉提出了导致全球变暖原因研究的不确定性，主要源自仪器和代用资料本身还存在很多偏差，人们对气候系统运行机理的认识还不完善，气候系统模式

---

① 李宝俊、徐正源：《冷战后中国负责任大国身份的建构》，《教学与研究》2006年第1期。
② 胡键：《中国国际角色的转换与国际社会的认知》，《现代国际关系》2006年第8期。
③ 王传剑：《全球治理新观察与中国角色再思考》，《当代世界》2010年第11期。
④ 肖晞、周旭亮：《中国国际角色与结构性认知》，《求索》2010年第8期。
⑤ 王绍武、龚道溢：《对气候变暖问题争议的分析》，《地理研究》2001年第2期。
⑥ 龚道溢、王绍武：《全球气候变暖研究中的不确定性》，《地学前缘》2002年第2期。
⑦ 王绍武、罗勇、赵宗慈等：《关于气候变暖的争议》，《自然科学进展》2005年第8期。
⑧ 王绍武、葛全胜、王芳等：《全球气候变暖争议中的核心问题》，《地球科学进展》2010年第6期。

还有待改进。① 江晓原则对气候变暖本身提出了强烈的质疑，认为全球变暖是一个"科学政治学"，其背后有着强烈的政治因素，他认为近些年全球气温的上升仅仅是地球气温长周期中一个小小的部分。②

（四）对全球气候治理主体的研究

中国学者对气候治理参与主体的研究相对较少，但也提出了自己独特的见解。庄贵阳等将参与全球气候治理的主体分成了八种，分别是主权国家、全球城市气候网络、跨国企业、政府间国际组织、非政府组织、大众传媒、个人和学术及研究机构，主权国家一直是全球气候治理的主体，但是各国能力和诉求的差异、国内政治的不稳定以及国家间博弈的影响，使得国家的主体地位受到挑战，使得非国家行为主体在气候治理中地位上升，尤其是巴黎气候大会后城市的主体地位空前高涨。③ 李昕蕾将公共经济学的"自主治理"引入跨国城市网络的气候治理，指出这一治理通过多中心治理模式和社会资本网络化，④ 避免了国际层面谈判滞缓以及搭便车现象。

（五）气候治理与国家利益

国内对气候治理与国家利益的研究基本是围绕气候变化—温室气体减排—能源—经济发展这样一个路径来进行的。李东燕指出了气候问题涉及国家利益的复杂性，国内涉及不同地区和行业的利益，而国际上则涉及全球公共产品的分配，因此气候变化超出了传统国际政治问题的范畴。⑤ 程晓勇从国际传播对气候治理的影响来说明了气候治理的利益驱动，他指出，气候治理的国际规范需要传播到各国内部，才能让国际社会认知和接受进而影响国家的利益变化，推动气候治理立场的变化，而

---

① 任国玉：《气候变暖成因研究的历史、现状和不确定性》，《地球科学进展》2008年第10期。

② 江晓原：《科学与政治："全球变暖"争议及其复杂性》，《科学与社会》2013年第2期。

③ 庄贵阳、周伟铎：《非国家行为体参与和全球气候治理体系转型——城市与城市网络的角色》，《外交评论：外交学院学报》2016年第3期。

④ 李昕蕾：《跨国城市网络在全球气候治理中的行动逻辑：基于国际公共产品供给"自主治理"的视角》，《国际观察》2015年第5期。

⑤ 李东燕：《对气候变化问题的若干政治分析》，《世界经济与政治》2000年第8期。

推动气候治理传播从现实主义角度来讲是大国利益的需要。[①] 庄贵阳指出，气候谈判并非单纯的环境问题，关系到国家的政治和经济利益，[②] 而低碳经济是解决气候变暖的潜在路径。陈刚指出，在应对全球气候变化问题上，一国是否参与新的国际制度、参与国际合作，很重要的推动因素是获得的非集体性收益的多少。[③]

（六）中国参与全球气候治理

国内学者和专家对中国参与气候治理的研究主要分为以下几个方面：通过低碳发展参与气候治理，中国参与国际气候谈判的立场对中国全球气候治理角色的影响，以及《巴黎协定》的签订对中国参与气候治理的影响。

何建坤等都认为低碳经济的发展是中国应对气候变化的必要选择。何建坤等指出，面对全球的经济和气候双重危机，低碳经济是破解双难题的关键，而低碳经济的发展既是对中国传统经济的挑战，也给中国参与气候治理带来了机遇。[④] 庄贵阳指出，作为一个负责任大国，中国既有发展本国的权利，也有保护全球气候的义务，而发展低碳经济与我国追求的资源节约型、环境友好型社会理念相一致。[⑤] 郭印等指出，应该学习其他国家低碳经济的先进经验，弥补中国的不足。[⑥] 段红霞指出，发展低碳经济对中国和国际气候变化都是一种双赢的选择。[⑦] 陈柳钦则认为中国目前已经是世界上低碳经济的主要践行者。[⑧]

气候谈判是参与全球气候治理重要的一部分，通过这一过程可以表达本国的主张和诉求，同时可以了解其他国家对气候治理的态度和立场，

[①] 程晓勇：《国际气候治理规范的演进与传播：以印度为案例》，《南亚研究季刊》2012 年第 2 期。

[②] 庄贵阳：《气候变化挑战与中国经济低碳发展》，《国际经济评论》2007 年第 5 期。

[③] 陈刚：《京都议定书与国际气候合作》，新华出版社 2008 年版，第 18 页。

[④] 何建坤等：《全球低碳经济潮流与中国的响应对策》，《世界经济与政治》2010 年第 4 期。

[⑤] 庄贵阳：《气候变化挑战与中国经济低碳发展》，《国际经济评论》2007 年第 5 期。

[⑥] 郭印、王敏洁：《国际低碳经济发展经验及对中国的启示》，《改革与战略》2009 年第 10 期。

[⑦] 段红霞：《国际低碳发展的趋势和中国气候政策的选择》，《国际问题研究》2010 年第 1 期。

[⑧] 陈柳钦：《低碳经济演进：国际动向与中国行动》，《科学决策》2010 年第 4 期。

进而取得国家间的合作。张海滨通过考察十多年来中国参与的气候谈判，认为中国的谈判立场态度稳中有变，并且越来越积极，更加愿意合作。① 针对中国立场的演变，严双伍等指出，中国参与气候谈判是中国外交的缩影，反映了中国外交的日渐成熟。② 面对日趋复杂的气候治理问题，王文涛和朱松丽建议，中国应该站在战略高度积极参与，因为作为一个全球性公共问题，只有各个国家的紧密合作，才能推动气候治理朝着更加有序、合理的方向发展。③

而中国参与全球气候治理并不是一帆风顺，需要充分考虑所面临的困境。田慧芳指出，中国参与气候治理面临三重困境，即大国发展滞后，新兴国家尚未成熟，大国提供公共产品的能力变弱；气候治理责任如何公平分摊存在分歧；中国自身的治理能力和低碳发展不足。④ 丁金光等则指出，中国在气候外交中的话语权较弱、话语效能差，因此需要转变，营造有利于参与气候治理的话语环境。⑤

2015 年的巴黎气候大会是气候治理历史上的一次重要转折，签署了具有里程碑意义的《巴黎协定》，为人类的气候治理指明了新时代的方向。张晓华等指出，中国对《巴黎协定》的通过有重要贡献，同时也应该在新机遇下提升自身的能力，开展更为积极主动的气候合作。⑥ 于宏源指出，《巴黎协定》对减排义务形成了新的分配共识，在这一新形势下，中国要在"适应"和"塑造"两方面提升自己，同时更为积极地参与《巴黎协定》。⑦ 曾文革等则对《巴黎协定》后中国参与全球气候治理的

---

① 张海滨：《中国在国际气候变化谈判中的立场：连续性与变化及其原因探析》，《世界经济与政治》2006 年第 10 期。

② 严双伍、肖兰兰：《中国参与国际气候谈判的立场演变》，《当代亚太》2010 年第 1 期。

③ 王文涛、朱松丽：《国际气候变化谈判：路径趋势及中国的战略选择》，《中国人口·资源与环境》2013 年第 9 期。

④ 田慧芳：《中国参与全球气候治理的三重困境》，《东北师大学报（哲学社会科学版）》2014 年第 6 期。

⑤ 丁金光、鲍庆祥：《中国在气候外交中的话语困境及提升路径》，《人民论坛》2014 年第 34 期。

⑥ 张晓华、祁悦：《"后巴黎"全球气候治理形势展望与中国的角色》，《中国能源》2016 年第 7 期。

⑦ 于宏源：《〈巴黎协定〉、新的全球气候治理与中国的战略选择》，《太平洋学报》2016 年第 11 期。

路径给出了建议，认为中国应该完善立法，加大生态文明建设力度，推进碳排放交易权立法，完善国际立法的国内实施。①

三 对研究现状的评价及本书研究视角的创新

通过对中国在全球气候治理中角色研究成果的综述，发现中外学者通过不同的研究角度、研究方法以及研究层次等对这一主题做出了理论贡献，为这一主题的后续研究奠定了基础，并提供了充分的理论储备和知识积累，但是也体现出一些问题和不足。为此，本书力求弥补现有成果的不足。

第一，在理论分析框架上，虽然角色理论被广泛地应用到国家的外交战略中，通过经济、政治、文化和军事等因素分析国家在对外交往中角色的变化和定位，但国家参与气候治理对这一理论的运用较少。对中国参与全球气候治理，仅有部分学者研究了中国在气候谈判中态度的变化，而对中国在全球气候治理中的整体角色定位尚缺少相关论述。因此，本书试图从主观与客观两个方面，在考察了中国国家利益的变化、国家身份定位的变化以及国际体系的变化后，从总体上考察不同阶段，中国在全球气候治理中的角色发展变化规律，以此来应对未来的气候变化挑战。

第二，在研究方法上，现有的研究缺乏历史的比较。毋庸置疑，纵向的历史比较有利于中国在未来参与全球气候治理中，总结历史经验并发现历史规律，减少不必要的弯路，但现存大多数文献将重点放在当前的经济和政治背景中考察并提出应对政策。诚然，气候问题的实时性十分重要，对应对当前面临的气候问题具有决定性作用，但是缺乏历史的比较和考察会导致政策缺乏延续性和前瞻性，最终不利于对全球气候的治理。本书将中国参与全球气候治理分成不同的历史阶段，分阶段考察影响中国参与全球气候治理角色的因素，并根据分析得出影响未来中国参与角色的因素。

第三，中国参与全球治理以及中国与国际制度的关系。中国参与全

---

① 曾文革、冯帅：《后巴黎时代应对气候变化能力建设的中国路径》，《江西社会科学》2016年第4期。

球治理起点是国内,经过国际这一过程最终要回到国内。现存文献大多研究中国与国际制度的关系,这一研究关注在国际制度下中国所产生的行为,强调的是行为改变的结果而忽视产生结果的原因,同时还有一部分学者在考察中国参与全球气候治理的过程中过于关注经济动因,完全将气候治理看作市场行为,缺乏对整体利益的考察。因此本书根据国家行为来考察产生这些行为的原因,并考察了产生行为的包括经济动因在内的综合性因素。

第三节 研究思路与框架

一 研究思路

本书遵循了研究的基本思路,即提出问题、构建理论框架、分析问题、得出结论和提出建议。本书的导论部分提出了为什么要研究中国在全球气候治理中的角色,以及对这一问题进行研究的现实意义和理论意义。根据研究问题,本书梳理了国内外对角色和全球气候治理论述的相关文献,提炼其中的研究经验并发现其中的不足,提出本书的创新点,在此基础上确立本书的研究思路和研究方法。

二 研究框架

按照上述研究思路,本书的主体分为三大部分。

第一部分,对本书涉及的基本概念进行论析,包括气候变化、全球气候治理、角色理论和国际关系中的角色等概念,然后分析国家在全球气候治理中角色的影响因素,由此提出本书的研究假设和理论框架。

第二部分,分析中国与全球气候治理之间的关系,包括气候变化对中国的影响,中国参与全球气候治理的影响因素,中国参与全球气候治理的国内外政策,等等,从整体上了解中国与全球气候治理之间的关系,在此基础上展开后文的论述。

第三部分,按照时间顺序,通过考察国家利益认知、身份认知和国际体系这三个变量的组合,找出中国在不同时期参与全球气候治理的角色。

本书的结论部分。其一,对本书的研究假设和理论框架以及由此展开的研究做进一步的归纳和概括，明确中国参与全球气候治理的影响因素和规律。其二，对未来需要进一步研究的问题进行了探讨，那就是在中国参与全球气候治理的过程中，必然要与中国国内的利益产生一定的冲突，因此如何妥善地处理它与国内利益的关系就成为可待研究的问题。在美国退出和欧盟式微的情况下，其他行为体对气候治理的参与便成为更重要的研究对象，中国与他们的合作就有了更大的研究价值。

第四节　研究方法

1. 历史分析法

中国参与全球气候治理的角色演变，归根到底是一个历史演变的过程。在这一过程中，中国的国家利益、综合国力、国家发展阶段和所面对的国际环境处于不停发展变化的状态。因此，影响中国参与全球气候治理的因素也会有所不同，进而出现角色的转变。通过对不同历史时期的变量组合进行分析，并对由此造成的不同角色进行比较，发现其中的规律，以此来对以后的国际参与加以指导。

2. 系统分析法

以往对中国参与全球气候治理的研究往往集中于主观方面国家利益的分析，但本书希望通过一个更为系统的分析视角来进行分析。将中国的利益认知、身份认知和国际体系作为变量组合，这其中包含了影响中国角色的主观因素和客观因素，通过考察这三种变量的相互作用，可以更系统和全面地考察中国参与全球气候治理角色转变的规律和原因。

3. 量化分析法

量化分析主要采用统计、数字等方法来对社会现象进行系统性的经验考察。在国家利益这一变量的研究中，本书采用了量化分析方法，主要包括通过温室气体排放量和化石能源的使用量来定义中国的发展阶段。在国家利益认知对气候治理角色的影响中，清洁能源和新能源的使用量变化也是重要指标。随着中国经济的发展，化石能源的使用对中国的环境和社会造成了一定的负面影响，因此清洁能源和新能源开始成为化石能源的替代品。本书中的一个基本因果关系是，清洁能源使用量的比重越大，中国参与气候治理的角色越积极。

第一章

中国全球气候治理角色的理论框架与变量组合

科学研究都是在一系列基本理论基础之上建立起来的，而要想构建一定的理论框架并开始科学研究，则需要以梳理基本概念为起点。鉴于此，本章首先对涉及全球气候治理的诸多概念进行梳理，包括基本概念、属性、分类等，确定本书的研究主题和涉及范围。其次，对国家角色的概念、分类、影响因素等进行论述，确定本书的研究视角和理论应用。最后，通过分析气候治理与国家角色之间的逻辑关系，在国家利益、身份认知和国际体系三个影响国家角色的维度上构建本书的理论框架。

第一节 全球气候治理的论析

研究中国的全球气候治理，应该从气候变化问题、全球治理、气候治理等基本概念出发，夯实理论基础，为后文的研究做好铺垫。全球气候治理是全球治理的一种特殊形式，有着全球治理的基本特征；而对国家来说，相对于国家的其他治理形式，气候治理又有着自己的特点。

一 气候变化问题

（一）气候变化的概念

本书涉及的气候变化问题特指全球变暖，即温室气体的排放使全球的大气和海洋温度上升而带来的气候变化，在温室气体的不断累积中，地气系统能量吸收与发射之间出现了失衡的现象。科学家通过仪器观察到的全球气候变化,是自20世纪中叶以来变化最快的。[①] 2013年,政府间气候变化专门委员会第五次评估报告得出结论:自20世纪中期以来,人类影响很可能是观测到的气候变暖的主要原因,[②] 而来自人类的影响最大的是二氧化碳、甲烷和氧化亚氮等温室气体的排放。该报告提到,气候模型预测表明,在21世纪全球地表温度在最低排放情况下,可能会进一步上升0.3—1.7℃,在最高排放情况下,可能上升2.6—4.8℃。[③] 这些发现得到了主要工业化国家的科研机构的认可,并没有受到任何国家或国际科学机构的争议。

1880—2012年,全球陆地和海洋表面温度增加了0.65—1.06℃,[④] 1906—2005年,地球表面平均温度上升了0.74±0.18℃,而在这期间,过去50年的变暖速度几乎是过去100年的两倍(见图1-1)。[⑤] 虽然媒体会将近地表大气温度的平均值作为衡量全球变暖的指标,但自1970年以来储存在大气系统中的大部分额外能量都是在海洋中积累的,这部分能量的剩余部分则加速了冰川融化,并加速提升了大陆和大气层的温度。[⑥]

卫星温度测量结果证实,自1979年以来对流层低层的平均温度每10年增加0.12—0.135℃,[⑦] 气候指数显示在1850年之前的一两千年间,气

[①] IPCC, "Summary for Policymakers", *Climate Change 2013: The Physical Science Basis*, Cambridge: Cambridge University Press, p. 22.

[②] 政府间气候变化专门委员会:《气候变化2014 综合报告 决策者摘要》,https://www.ipcc.ch/site/assets/uploads/2018/02/AR5_SYR_FINAL_SPM_zh.pdf。

[③] IPCC, "Technical Summary", *Climate Change 2013: The Physical Science Basis*, Cambridge: Cambridge University Press, p. 93.

[④] IPCC, "Technical Summary", *Climate Change 2013: The Physical Science Basis*, Cambridge: Cambridge University Press, p. 39.

[⑤] IPCC, "Climate Change 2007: Working Group I: The Physical Science Basis", https://wg1.ipcc.ch/publications/wg1-ar4/faq/docs/AR4WG1_FAQ-Brochure_LoRes.pdf.

[⑥] Monika Rhein et al., "Observations: Ocean", in *Climate Change 2013: The Physical Science Basis. Contribution of Working Group I to the Fifth Assessment Report of the Intergovernmental Panel on Climate Change*, Cambridge University Press, 2013, pp. 25-315.

[⑦] Kevin E. Trenberth et al., "Observations: Surface and Atmospheric Climate Change", in IPCC, *Climate Change 2007: The Physical Science Basis*, Cambridge: Cambridge University Press, 2007, pp. 235-336.

温一直保持相对稳定的状态，中世纪温暖期和小冰期则具有区域性变化。[1] 这一检测结果与许多独立科学团体记录的大范围观测结果一致，在这一变化下出现了海平面上升、冰雪大面积融化、海洋热含量增加、湿度增加以及春季提前等现象，而这些现象偶然出现的概率几乎为零。[2]

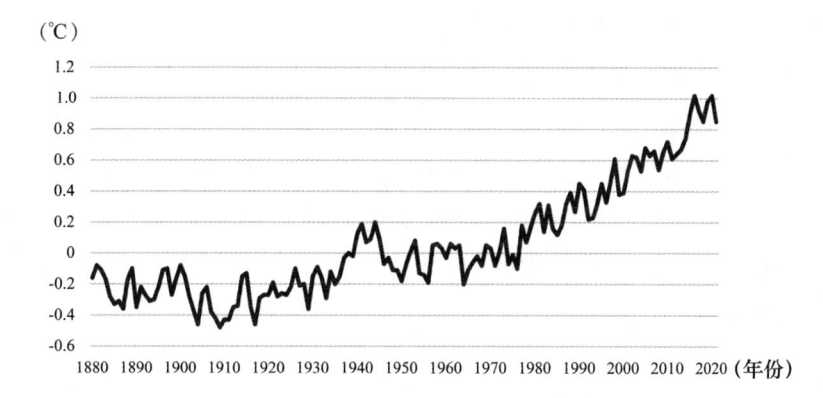

图1-1 全球陆地—海洋年平均气温

资料来源：美国国家航空航天局戈达德太空研究所（https://climate.nasa.gov/vital-signs/global-temperature/）。

全球各地的气温变化幅度较大，自1979年以来，陆地温度增加幅度大约是海洋温度增幅的两倍，[3] 这是由于海洋有效热容量较大，海洋因蒸发而失去更多热量，因此海洋温度比陆地温度增加得缓慢。自18世纪工业化开始以来，由于北半球海冰和冰雪融化，两半球之间的温差开始增加，在过去的100年里，北极的平均气温增幅几乎是世界其他地区的两

---

[1] K. Jansen et al., "What Do Reconstructions Based on Palaeoclimatic Proxies Show?", in IPCC, *Climate Change 2007: The Physical Science Basis, Contribution of Working Group 1 to the 4th Assessment Report of the Intergovernmental Panel on Climate Change*, Cambridge: Cambridge University Press, 2007, pp. 466–478.

[2] J. J. Kennedy et al., "How Do We Know the World Has Warmed", *Bull Amer. Meteor. Soc.*, Vol. 91, No. 7, 2010, pp. S26–S27.

[3] Kevin E. Trenberth et al., "Observations: Surface and Atmospheric Climate Change", in *Climate Change 2007: The Physical Science Basis*, Cambridge: Cambridge University Press, 2007, pp. 235–336.

倍。虽然北半球比南半球排放的温室气体多，但这并不意味着气候变暖只发生在北半球，因为主要的温室气体持续存在的时间足够长以至于可以在半球之间扩散。[1]

海洋的热惯性和其他间接影响的缓慢反应，使得气候需要几百年甚至更长的时间才能适应过去的强迫性变化。一项气候研究得出结论，如果温室气体稳定在2000年的水平，地球表面温度仍将上升约0.5℃；另一项研究则发现如果温室气体稳定在2005年的水平，则地球温度将升高1℃。[2] 全球变暖一部分是由于自然驱动力，而另外一部分则是由于人类排放，与人类排放相比较，自然原因的影响在逐渐减小。在短期内，全球的气温可能与长期的发展趋势出现不同并掩盖长期趋势，例如，2002—2009年地球表面温度的相对稳定，后来被媒体和一些科学家称为全球变暖缺陷。[3]

自有记录以来的17个最热年份中有16个发生在2000年以后。[4] 虽然气温破纪录的年份容易引发社会的关注，但是科学家批评媒体对破纪录年份的过度关注，尤其像厄尔尼诺—南方涛动现象（El Niño-Southern Oscillation，ENSO），这样的海洋振荡可能导致特定年份的气温异常偏高或偏低，但与气候变化的整体趋势无关。Gavin Schmidt 表示，相对于任何一年的单一记录，长期的趋势或预期记录更加重要。[5]

（二）气候变化的成因

就气候系统本身来说，在几年到十几年的时间里，它会出现随机的

---

[1] D. Ehhalt et al., "Atmospheric Chemistry and Greenhouse Gases", No. PNNL-SA-39647 Pacific Northwest National Lab (PNNL), Richland, WA (United States), 2001, p. 239.

[2] Gerald A. Meehl et al., "How Much More Global Warming and Sea Level Rise?", *Science*, Vol. 307, No. 5716, 2005, pp. 1769–1772.

[3] Matthew H. England et al., "Recent Intensification of Wind-driven Circulation in the Pacific and the Ongoing Warming Hiatus", *Nature Climate Change*, Vol. 4, No. 3, 2014, p. 222.

[4] Christopher Cole Mooney, "U. S. Scientists Declare 2016 the Hottest Year on Record: That Makes Three in A Row", The Washington Post, https://www.washingtonpost.com/news/energy-environment/wp/2017/01/18/u-s-scientists-officially-declare-2016-the-hottest-year-on-record-that-makes-three-in-a-row/? utm_term=.ba07ede33957.

[5] Gavin Schmidt, "Thoughts On 2014 and Ongoing Temperature Trends", *Real Climate*, http://www.realclimate.org/index.php/archives/2015/01/thoughts-on-2014-and-ongoing-temperature-trends/.

气温变化，但是从长期来看，全球气候的整体性升温，其影响则主要来自外部力量，[①] 这种"外部力量"并不一定是指来自地球外部的影响。这种外部影响可以是大气成分的变化，例如，温室气体浓度的增加，太阳光度的变化，火山喷发以及地球绕太阳轨道的变化，等等。而在这其中，据政府间气候变化专门委员会第五次评估报告，1951—2010年人类活动造成全球变暖的可能性为95%—100%（见图1-2），[②] 人类活动包括增加大气中温室气体的浓度、森林砍伐导致的土地表面变化以及增加大气中颗粒物的浓度。

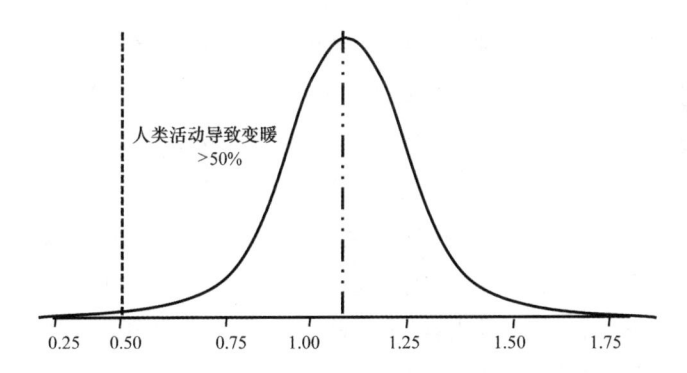

图1-2 1950年以来地表温度趋势中可归因于人类活动部分的概率密度函数

资料来源：政府间气候变化专门委员会第五次评估报告（https：//www.wikiwand.com/en/Attribution_of_recent_climate_change）。

多重证据证明了近期气候变化归因于人类活动。在目前设定的气候模型上，如果抛开人类活动只看自然影响（如太阳活动和火山等），其结果与全球变暖的事实不符，因此可以证实人类活动就是全球变暖的主要原因。政府间气候变化专门委员会将近期全球变暖归因于人类活动，得

[①] Patrick T. Brown et al., "Unforced Surface Air Temperature Variability and Its Contrasting Relationship with the Anomalous TOA Energy Flux at Local and Global Spatial Scales", *Journal of Climate*, Vol. 29, No. 3, 2016, pp. 925-940.

[②] IPCC, "AR5 Climate Change 2014: Impacts, Adaptation, and Vulnerability", https://www.ipcc.ch/report/ar5/wg2/.

到了科学界大多数的支持，并得到全球197个科学组织的支持。[1]

温室效应是指行星的大气层因为吸收辐射能量，使得行星表面升温的效应，它会使大气层的低层大气和表面温度升高。在地球上，自然状态下发生的温室气体行为会使温度比正常状态下高出33℃。没有地球大气层，地球的平均温度将远低于水的冻结温度。主要的温室气体是水蒸气，其造成大约36%—70%的温室效应，二氧化碳会导致9%—26%的温室效应，甲烷会导致4%—9%的温室效应以及臭氧会导致3%—7%的温室效应。[2] 工业革命以来的人类活动增加了大气中温室气体的数量，导致二氧化碳、甲烷、对流层臭氧、氟氯烃和一氧化二氮的辐射强度增加。自1750年以来，二氧化碳和甲烷的浓度分别增加了36%和148%，这一水平比过去80万年中任何时候都要高得多。[3] 在过去的20年里，化石燃料的燃烧产生了人类活动中二氧化碳增加量的3/4，其余的增加主要是由于土地利用的变化，特别是砍伐森林造成的，另一个重要的非燃料来源的人为二氧化碳排放是石灰石的煅烧过程。2011年燃烧化石燃料所产生的二氧化碳排放量约为348亿吨，这一数据比1990年增加了54%，其中煤炭燃烧所产生的排放量占43%，石油占34%，煤气占18%，水泥占4.9%，其他气体燃烧占0.7%。[4]

2013年5月，夏威夷莫纳罗亚观测站的数据显示，全球二氧化碳浓度第一次超过400百万分比浓度，[5] 气象学家Brian Hoskins表示，这是450万年以来二氧化碳第一次达到这一浓度。[6] 目前，燃烧化石燃料中释

---

[1] National Research Council, *Climate Change Science: An Analysis of Some Key Questions*, Washington DC: National Academies Press, 2001, pp. 44 – 45.

[2] Abhinav Singh, Bharathi M. Purohit, "Public Health Impacts of Global Warming and Climate Change", *Peace Review*, Vol. 26, No. 1, 2014, pp. 112 – 120.

[3] "Atmosphere Changes", https://web.archive.org/web/20090510053004/http://www.epa.gov/climatechange/science/recentac.html.

[4] Corinne Le Quéré et al., "The Global Carbon Budget 1959 – 2011", *Earth System Science Data Discussions*, Vol. 5, No. 2, 2012, pp. 1107 – 1157.

[5] 《二氧化碳浓度再创新高 遏制气候变化刻不容缓》，2014年7月4日，人民网，http://env.people.com.cn/n/2014/0704/c1010 – 25239793.html。

[6] "CO_2 at Highest Level for Millions of Years", *Finical Times*, https://www.ft.com/content/e00ba374-b9a4-11e2-bc57-00144feabdc0.

放的二氧化碳中约有一半没有被植被和海洋吸收,而且仍然存在于大气中。① 20世纪最后30年,人均国内生产总值和人口数量增长是温室气体排放量增加的主要原因,化石燃料使用的增加以及土地使用方式的变化使得温室气体排放量持续上升,预计未来温室气体排放水平的变化将取决于不确定的经济、社会、技术和自然发展。根据目前的经济发展方式以及发展规模,在可预期的未来,二氧化碳排放量在21世纪内会继续上升。

(三)气候变化的影响

广泛的证据表明气候系统已经升温,全球温度上升变化的加剧,会对气候、海洋等带来一系列的负面影响。全球的陆地与海洋温度将升高,海平面上升,北半球积雪减少,北极海冰范围下降,同时也会影响到粮食生产、人类健康以及整个生态系统,从而改变社会的发展模式。

目前通过科学测量已经观察到,全球许多地区降水的数量、强度、频率和类型发生变化,即使在原先降水量较少的地区大范围的降水也有所增加。政府间气候变化专门委员会2012年的报告指出,人类影响导致全球范围内强降水事件的增加。对未来降水变化的预测显示,全球平均降雨量总体上有所增加,降水的地点和方式都发生了重大变化。② 预测表明,亚热带地区的降雨量减少了,而在低纬度地区和一些赤道地区的降水量增加了。换句话说,目前处于干燥状态的地区将会变得更加干燥,而目前潮湿的地区将会变得更加潮湿。自20世纪50年代以来的大部分陆地地区寒冷的天气将会变少,或者温度上升,而炎热的天气里温度将会继续升高并且出现的时间更为频繁,更多的极端天气(如洪水、干旱和热带气旋)出现的频率和强度都会增加。从近期来看,这种炎热天气出现的频率会持续增长,未来的天气变化将会导致更多极端天气现象出现,人为温室气体排放的高增长与极端温度的频率和严重程度的增加有关。在全球范围内,热带气旋的频率可能会减少或保持不变,全球平均热带

---

① "A Breathing Planet, Off Balance", Jet Propulsion Laboratory, Nov. 12, 2015, https://www.jpl.nasa.gov/news/news.php? feature = 4769.

② Thomas R. Karl et al., *Global Climate Change Impacts in the United States*, Cambridge University Press, 2009, pp. 77 – 78.

气旋的最大风速和降雨量可能会增加,热带气旋的变化可能因地区而异,通常会变化无常。

冰雪圈由地球上被冰雪覆盖的地区组成,目前观测到的冰雪圈变化包括北极海冰范围减少、高山冰川广泛退缩、北半球积雪减少。科学家在2007年评估了气候变化对夏季北极海冰范围的潜在影响,假定温室气体排放量高速增长,通过模型预测,夏季北极海冰可能在21世纪末基本消失,最早在2025—2030年,北极夏季可能出现无冰现象。21世纪,预计冰川和积雪将继续广泛地消融,在北美西部山区,气温升高和降水量变化预计会导致积雪减少,格陵兰岛和南极西部冰原的融化在长时间内可能导致海平面上升。[1]

海洋在全球变暖中的作用是复杂的,海洋作为二氧化碳的吸收体,吸收了大量原本会留在大气中的二氧化碳,但二氧化碳含量的增加导致了海洋酸化,大约1/3的人类活动排放的二氧化碳已经被海洋吸收。[2] 二氧化碳溶解在海水中,形成了碳酸,其具有酸化海洋的效果,以pH值的变化来衡量,海洋酸化对相当多的物种具有潜在的不利影响。此外,随着海洋温度的升高,它们吸收多余二氧化碳的能力也降低了,海洋还充当了吸收大气中多余热量的接收器。1961—2003年和1993—2003年的两个时期,海洋热含量的增加远大于地球热平衡中其他能量的存储,并且占地球系统热量增加的90%以上。[3] 全球变暖预计会对海洋产生持续的影响,包括海平面上升,由于热膨胀以及冰川、冰盖的融化,以及海洋表面变暖导致温度分层增加,其他可能的影响包括海洋环流的大规模变化。

有强有力的证据表明,全球海平面在20世纪逐渐上升,政府间气候变化专门委员会第四次评估报告指出,1961—2003年,全球平均海平面每年平均上升1.8毫米,范围为1.3—2.3毫米/年;1993—2003年,该

---

[1] Martin Parry et al., *Climate Change 2007: Impacts, Adaptation and Vulnerability*, Working Group Ⅱ Contribution to the Fourth Assessment Report of the IPCC, Cambridge: Cambridge University Press, 2007, pp. 44 – 45.

[2] Gian-Reto Walther et al., "Ecological Responses to Recent Climate Change", *Nature*, No. 416, 2002, pp. 389 – 395.

[3] S. Solomon et al., "Climate Change 2007: The Physical Science Basis", Contribution of Working Group I to the Fourth Assessment Report of the Intergovernmental Panel on Climate Change, Summary for Policymakers, *Intergovernmental Panel on Climate Change*, Vol. 18, No. 2, 2007, pp. 95 – 123.

比率上升至 3.1 毫米/年，范围为 2.4—3.8 毫米/年。有两个主要因素导致了海平面的上升，第一个是海水变暖导致热膨胀；第二个是冰的融化，陆地上主要的水源地是冰川和冰原，这在 20 世纪下半叶对海平面上升有一定的作用。人们普遍认为，长期的海平面上升将持续数个世纪，在第四次评估报告中，政府间气候变化专门委员会使用"排放情景特别报告"，预测海平面将持续上升到 21 世纪末。

气候变化将影响世界各地的农业和粮食生产，原因是大气中二氧化碳浓度升高，温度升高，降水和蒸腾作用机制改变，极端事件发生频率增加以及杂草、病虫害和病原体压力改变。一般来说，低纬度地区最有可能导致作物产量下降。截至 2007 年，区域气候变化对农业的影响很小，作物物候的变化为应对最近的区域气候变化提供了重要的证据，物候学是对周期性发生的自然现象的研究，以及这些现象与气候和季节变化的关系。科学家评估了气候变化对粮食安全的影响，认为气候变化可能会增加饥饿风险人群的数量，由于全球变暖，干旱的发生更加频繁，尤其在非洲、南欧、中东、美洲大部分地区、澳大利亚和东南亚地区会更加频繁，导致农作物歉收和牧场牲畜的损失。[1]

世界卫生组织 2009 年的一项研究评估了气候变化对人类健康的影响，根据评估，2004 年全球气候变化造成了人类 3% 的腹泻、3% 的疟疾和 3.8% 的登革热死亡，2004 年的总死亡率约为 0.2%，其中 85% 为儿童死亡。[2] 第四次评估报告指出，气候变化将给温带地区带来一些好处，例如，减少因寒冷带来的死亡率，以及一些混合效应（如非洲疟疾的范围和传播潜力的变化），但是气温上升对健康的负面影响，尤其是在发展中国家，将会抵消其带来的益处。科学家认为经济发展是适应气候变化的一个重要组成部分，然而，经济增长本身并不足以使世界人口免受气候变化带来的疾病和伤害，未来气候变化的脆弱性不仅取决于社会和经济

---

[1] Ya Ding, Michael J. Hayes, Melissa Widhalm, "Measuring Economic Impacts of Drought: A Review and Discussion", *Disaster Prevention and Management: An International Journal*, Vol. 20, No. 4, 2011, pp. 434–446.

[2] World Health Organization, "Global Health Risks: Mortality and Burden of Disease Attributable to Selected Major Risks", Geneva: World Health Organization, 2009, pp. 100–103.

变化的程度，还取决于如何分配变革的利益和成本。①

第四次评估报告指出，最近的气候变暖对自然生物系统产生了强烈的影响，数百项研究记录了已经发生的生态系统、植物和动物对气候变化的反应。例如，北半球的物种几乎一致地将它们的范围向北移动，以寻找更低的温度。到2100年，大气中的二氧化碳水平将远远高于过去65万年的水平，全球气温至少是过去74万年中最高的。随着未来的气候变化，预计生态系统的严重破坏情况将会增加，破坏的例子包括火灾、干旱、虫害侵袭、物种入侵、风暴和珊瑚白化事件。气候变化带来的压力，增加了生态系统的其他压力（如土地转换、土地退化、采伐和污染），对某些独特的生态系统造成严重破坏，以及一些极度濒危物种的灭绝。②

（四）全球变暖争议

虽然在科学界有一个共识，认为近几十年来全球地表温度有所上升，而这种趋势是由人为引起的温室气体排放造成的，③ 但在道德、社会和政治多方面也存在诸多争议。全球变暖的争议涉及公众关于全球变暖是否正在发生，发展到何种程度，将会产生什么影响，是否应采取行动遏制这种行为，以及如何采取行动，等等。④ 从全球范围来看，这一问题在美国的争议要高于其他国家和地区。对气候变化的存在和原因的争议包括变暖趋势是否超过正常的气候变化，以及人类活动是否对其产生重大影响，公众的争议通常也会反映出科学界内部的争议，包括气候系统对特定温室气体的适应性如何，全球气候变化将如何在地方和区域范围内发挥作用，以及全球变暖的后果如何。许多在科学界已经不再争议的问题，在政治界和经济领域却仍是争议话题，例如，人类对全球变暖的责任问题，有的政治家试图淡化、消除或者否认这一问题，这被科学家称为气

---

① Martin L. Parry et al., *Climate Change 2007: Impacts, Adaptation and Vulnerability*, Working Group II Contribution to the Fourth Assessment report of the IPCC Vol. 4, Cambridge University Press, 2007, p. 12.

② Charles van Riper III et al., "Projecting Climate Effects on Birds and Reptiles of the Southwestern United States", *US Geological Survey Open-File Report*, No. 1050, 2014, p. 100.

③ Naomi Oreskes, "The Scientific Consensus on Climate Change", *Science*, Vol. 306, No. 5702, 2004, p. 1686.

④ S. Lovejoy, "Scaling Fluctuation Analysis and Statistical Hypothesis Testing of Anthropogenic Warming", *Climate Dynamics*, Vol. 42, No. 9-10, 2014, pp. 2339-2351.

候变化领域的意识形态问题。在科学领域，对于气候科学的资金来源一直都受到质疑，而对于科学应对气候变化，首先考虑成本效益还是首先考虑紧迫性，也存在争论。

在1988年的美国大旱之前，美国媒体对全球变暖的报道十分少见，直到哥伦比亚大学教授James Hansen在参议院提出"我国的异常炎热天气归因于全球变暖",[1] 这一问题才开始引起关注。英国媒体对此的关注也始于1988年，此前时任首相玛格丽特·希尔达·撒切尔（Margaret Hilda Thatcher）在英国皇家学会发表演讲，主张采取行动反对人为导致的气候变化。[2] 英国在20世纪80年代关停了一系列的煤矿，这导致1984—1985年英国煤炭工人罢工。在此背景下撒切尔夫人强调气候变化给英国带来的风险，并以此推动核能的发展，由此公众的话语开始发生变化。[3] 欧洲国家对人类影响气候变化这一问题的接受程度比美国和其他国家更为广泛。[4] 2009年的一项调查发现，欧洲人认为气候变化是世界面临的第二大严重问题，仅次于"贫穷、缺乏食物和饮用水"，87%的欧洲人认为气候变化是一个非常严重或严重的问题，而只有10%的人认为这不是一个严重的问题。[5]

对全球气候变暖问题持批评态度的人，往往对科学界的其他问题也会持有批评态度，如臭氧问题、被动吸烟等。美国著名科学专栏作家Chris Mooney认为，在看似无关的争议中，那些持怀疑态度的科学家、评论员和智库是用意识形态的思考代替科学分析的结果。Mooney表示，在小布什政府时期，政府经常歪曲或压制科学研究结果，以符合政治目标

---

[1] Aaron M. McCright, Riley E. Dunlap, "Challenging Global Warming as A Social Problem: An Analysis of the Conservative Movement's Counter-Claims", *Social Problems*, Vol. 47, No. 4, 2000, pp. 499 – 522.

[2] Margaret Thatcher, "Speech at the Royal Society, 27 September 1988", *Science and Public Affairs*, No. 4, 1989, pp. 3 – 9.

[3] Anabela Carvalho, "Ideological Cultures and Media Discourses on Scientific Knowledge: Re-reading News on Climate Change", *Public Understanding of Science*, Vol. 16, No. 2, 2007, pp. 223 – 243.

[4] Thomas Crampton, "More in Europe Worry About Climate Than in US, Poll Shows", The New York Times, https://www.nytimes.com/2007/01/04/health/04iht-poll.4102536.html.

[5] Special Eurobarometer, "Europeans' Attitudes Towards Climate Change", 2009, p. 30.

或政治意识形态，这导致人们开始质疑政府在某些政治上有争议的问题上的行为和决策。政治学家 Roger Pielke Jr. 对 Mooney 的回应，认为科学不可避免地与政治交织在一起。据 2015 年《纽约时报》的相关报道，石油公司明白，自 20 世纪 70 年代以来，石油和天然气的燃烧可能会导致全球变暖，但多年来他们一直都在公开否认这一说法。①

科学共识通常是通过在会议上的交流、科学文献的发表和同行评议来达成的。在全球变暖的情况下，许多政府报告、国家的媒体和环保组织都表示，科学共识认为人类造成的全球变暖是真实存在的，并引起了广泛的关注。在对主流科学评估的反对者中，有人指出，虽然人们一致认为人类确实对气候有影响，但关于人为的全球变暖与自然原因产生的变暖程度及后果的对比，并没有普遍的共识。② 另外的反对者则指出，对于气候变暖这一问题要依靠科学证据来证实，而并非采用模糊不清的"共识论"来证明。③

政府间气候变化专门委员会的报告定义了气候变化的"标准"，这一标准得到了许多科学院和科学组织的支持。2001 年，16 个国家科学院发表了关于气候变化的联合声明，并支持 IPCC。④ IPCC 的反对者通常会攻击其流程、人员组成以及执行概要。2005 年，英国上议院经济事务委员会表示："我们对 IPCC 过程的客观性感到担忧，其中一些排放场景和摘要文件显然受到政治考虑的影响。"委员会对高排放情况表示怀疑，并说 IPCC 已经"淡化"了委员会所说的"全球变暖的一些积极方面"。⑤ 2008 年，美国参议院环境与公共事业委员会的少数派成员，在参议院最有声

---

① Timothy Egan, "Exxon Mobil and the G. O. P. : Fossil Fools", The New York Times, Nov. 5, 2015, https：//www. nytimes. com/2015/11/06/opinion/fossil-fools. html.

② Roy W. Spencer, *The Great Global Warming Blunder: How Mother Nature Fooled the World's Top Climate Scientists*, Encounter Books, 2012, p. 62

③ Robert M. Carter, *Climate: The Counter Consensus*, London: Stacey International, 2010, pp. 14 – 16.

④ James M. Inhofe, "The Science of Climate Change Senate Floor Statement", US Senate Comittee, July 28, 2003, https：//www. epw. senate. gov/public/index. cfm/2003/7/post-8070bc3a-6070-4bc1-8cc7-da6afe3e4740.

⑤ Great Britain: Parliament: House of Lords: Select Committee on Economic Affairs, "The Economics of Climate Change: 2nd Report of Session 2005 – 06", London: The Stationery Office Limited, 2005, p. 40.

望的全球变暖怀疑论者 Jim Inhofe 的领导下发布了一份报告，总结了对联合国政府间气候变化专门委员会（IPCC）报告存在的异议。该报告主要反驳了 IPCC 的一些结论和预测，认为其科学依据不足或者存在偏差。具体来说，该报告涉及 IPCC 对气温上升、海平面上升、极端气候事件等方面的预测和评估，认为这些预测存在不确定性和错误，甚至有些是基于错误的数据和假设得出的。[①]

其他关于气候变化的争议，存在于发达国家和发展中国家之间。以中国和印度为代表的新型工业国家的排放应该如何衡量，并承担什么样的国际责任，常常成为全球气候谈判中的争议话题。发展中国家认为，美国和欧洲等发达国家历史排放量巨大，并且新兴工业国家的人均排放量远远低于发达国家，这决定了它们应当承担更多的减排责任；而以美国为代表的发达国家则强调，目前中国、印度等发展中国家的总排放量已经超越大多数发达国家，因此要承担必要的减排成本，这一争议也常常成为气候谈判停滞不前的主要障碍。

对于气候变化的争议或者否定，常常被作为政治策略，它导致公众对气候变化问题的关注度下降和世界范围内政府的不作为。2010 年，安格斯·里德研究所（Angus Reid Institute）的一项民意调查显示，全球变暖的怀疑论在美国、加拿大和英国一直处于上升趋势。[②] 导致这一趋势的原因有很多，包括只关注经济问题而忽视环境问题，以及对联合国及其在讨论气候变化问题上的作用的消极看法。还有公众对这一话题的疲惫感，调查显示民众在探讨这一话题时，往往会被当作"极端主义"；其他民意调查则显示，54% 的美国被调查民众认为"新闻媒体使全球变暖显得比实际情况糟糕"。[③] 2009 年，针对"一些科学家伪造研究数据以支持他们自己的全球变暖理论和信念"这一问题进行的民意调查显示，59%

---

① "UN Blowback: More Than 650 International Scientists Dissent Over Man-Made Global Warming Claims", US Senate Comittee, December 10, 2008, https://www.epw.senate.gov/public/index.cfm/press-releases-all? ID = 2158072e-802a-23ad-45f0-274616db87e6.

② Rob White, "The Criminology of Climate Change" in R. White, ed. *Climate Change from A Criminological Perspective*, New York: Springer, 2012, pp. 1 – 11.

③ "54% Say Media Hype Global Warming Dangers", Rasmussen Reports, February 6, 2009, http://www.rasmussenreports.com/public_content/politics/current_events/environment_energy/54_say_media_hype_global_warming_dangers.

的美国人认为"至少有点可能",35%的人认为"非常"可能。①

二 全球气候治理

在学术界,气候治理已成为地理学家、人类学家、经济学家和商业研究学者关注的问题,本书主要从内涵、框架等方面对其进行阐述。

(一)全球气候治理的内涵

全球气候治理是全球治理的重要组成部分,是全球范围内多层次的主体为应对气候变化而做出的共同努力。各个主体围绕着气候条约中所确立的气候治理规则,以联合国的多边行动框架为指导,采用减缓、适应、资金支持和技术支持等方式来应对全球气候变化的危机。在政治生态学和环境政策中,气候治理是"旨在引导社会制度走向预防、减轻或适应气候变化带来的风险的外交、机制和应对措施"。② 广泛的政治和社会科学传统(包括比较政治、政治经济学和多层次治理)致力于构建和分析不同层次和不同领域的气候治理,这使得对气候治理传统的解释变得相对复杂。

在过去的30多年中,人们对气候变化的原因和后果的认识不断提高,越来越多的人担心这是一个难以解决的问题并将危害到人类的切身利益。气候变化被作为一个全球问题来处理,始于1992年的《联合国气候变化框架公约》,各国试图在国际舞台上解决这一问题,因此采取了多边环境协定的形式。1997年第三次缔约方大会(COP3)通过的《京都议定书》是全球气候治理的第一个行动计划,而随着《京都议定书》第一个承诺期在2012年结束,全球气候制度失去了具有法律约束力的协定,这也要求采取更加有效的办法来解决气候变化的问题。

总的来说,全球气候治理是指,为使得大气中温室气体含量保持在一定的水平,避免人类活动对大气系统造成破坏性的影响,政府或非政府的行为体按照一定原则进行沟通、协商和对话,最终在不同层次以及

---

① "Americans Skeptical of Science Behind Global Warming", Rasmussen Reports, December 3, 2009, http://www.rasmussenreports.com/public_content/politics/current_events/environment_energy/americans_skeptical_of_science_behind_global_warming.

② Sverker C. Jagers, Johannes Stripple, "Climate Govenance Beyond the State", *Global Governance*, Vol. 9, No. 3, 2003, pp. 385 – 399.

多利益攸关方中形成的正式或非正式的合作安排。

(二) 全球气候治理的框架

1. 《联合国气候变化框架公约》下的气候谈判

呼吁就气候变化采取协调一致的国际行动可追溯到30多年前。1988年,联合国大会宣布全球变暖为"人类共同关心的问题",[①]为联合国主持下的正式谈判铺平了道路,最终促成了1992年《联合国气候变化框架公约》的通过。《联合国气候变化框架公约》于1994年3月21日生效,目前已经有195个缔约方,这也是国际协议中成员最广泛的协议之一,是早期气候合作的里程碑。然而,由于需要全体一致的同意,广泛的参与才能转化为实质性承诺,所以这一框架的承诺起着程序性和纲领性的作用,更为具体的义务还需要随后的谈判来确定。1997年年底,国际社会通过了《京都议定书》,这是《联合国气候变化框架公约》的补充条款,它在"不少于55个参与国签署该条约且温室气体排放量达到附件一中的规定,签署国家在达到1990年总排放量的55%后的第90天"开始生效。[②]《京都议定书》在通过将近十年之后(尽管没有当时最大的温室气体排放国——美国的支持),于2005年2月16日生效。《京都议定书》标志着气候合作迈出了重要一步,但实际效果有限。由于《京都议定书》中具体规定的发达国家限制和减少排放的量化目标于2012年到期,因此其理事机构通过授权,由其缔约方谈判新的承诺。这一授权考虑到《联合国气候变化框架公约》和《京都议定书》成员的不同,使得谈判在两个单独但相互重叠的轨道上进行,并有不同的机构和程序。[③]此外,谈判中困难重重,随后的批准程序进展也不顺利,促使出现了国际社会参与应对气候变化的新渠道,包括区域和双边举措,此类举措包括就各种技术问题建立的非正式伙伴关系和正式的论坛,如全球甲烷倡议(Global Methane Initiative)、碳固存领导论坛(Carbon Sequestration Leadership Fo-

---

[①] "United Nations: General Assembly Resolution on Protection of Global Climate for Present and Future Generations of Mankind", *International Legal Materials*, Vol. 28, No. 5, 1989, pp. 1326 – 1329.

[②] 《京都议定书》第二十五条,第一款。

[③] Camilla Bausch, Michael Mehling, "'Alive and Kicking': The First Meeting of the Parties to the Kyoto Protocol", *Review of European Community & International Environmental Law*, Vol. 15, No. 2, 2006, pp. 193 – 201.

rum)、氢能经济国际伙伴关系（International Partnership for a Hydrogen Economy）、国际碳行动伙伴关系（International Carbon Action Partnership）等，这也进一步增加了国际气候合作的复杂性。

2007年12月，在《联合国气候变化框架公约》和《京都议定书》下的讨论取得了一些进展，从而通过了一项更为复杂的决议，即"巴厘岛路线图"（Bali Roadmap），"巴厘路线图"设定了两年的谈判时间，即2009年年底的哥本哈根大会完成2012年后全球应对气候变化新安排的谈判。2009年12月，世界各地的领导人齐聚哥本哈根，根据"巴厘岛路线图"的要求，这次会议确立了《哥本哈根协议》，作为2012年到期的《京都议定书》的替代。这期间进行了多个会议，包括《联合国气候变化框架公约》第15次缔约国会议、《京都议定书》第5次缔约国会议、附属科学与技术咨询会议、《京都议定书》附件一进一步承诺特设小组第10次会议及长期行动特设小组第8次会议。[1] 谈判进程困难重重，未能充分缩小意见分歧。相反，这次会议处于紧张和不信任的气氛中，一些国家元首和政府首脑拟定了一份新的文件，该文件表达十分含糊，因此几乎得到了不同派别的赞同。[2] 鉴于缺乏其他选择，大多数国家同意考虑《哥本哈根协议》，而有的国家指责《哥本哈根协议》缺乏减排决心，同时在制定协议的过程中缺乏民主。

尽管各方在这次不成功的首脑会议之后很快恢复了谈判，但很明显，大家对《联合国气候变化框架公约》的信任已经严重动摇。随后在坎昆和德班举行的气候问题首脑会议，虽然成效也不明显，但是相对于哥本哈根会议来说是成功的，而且正如一些观察员所声称的那样，这也是气候谈判的一个转折点。[3] 在气候融资和技术转让等一些具体问题上，国际

---

[1] "United Nations Climate Change Conference Copenhagen Overview Schedule", UNFCCC, December 8, 2009, http://unfccc.int/files/meetings/cop_15/application/pdf/overview_schedule_cop15.pdf.

[2] "Information Provided by Parties to the Convention Relating to the Copenhagen Accord", UNFCCC, https://unfccc.int/process/conferences/pastconferences/copenhagen-climate-change-conference-december-2009/statements-and-resources/information-provided-by-parties-to-the-convention-relating-to-the-copenhagen-accord.

[3] Lavanya Rajamani, "The Cancun Climate Agreements: Reading the Text, Subtext and Tea Leaves", *International & Comparative Law Quarterly*, Vol. 60, No. 2, 2011, pp. 499–519.

社会已经取得了一些进展，然而，仍存在许多分歧，比如关于未来气候协议的法律形式以及是否延长《京都议定书》的承诺等问题，正如2012年在卡塔尔多哈举行的气候峰会所表明的那样，这些分歧可能会导致外交进展再次破裂，而且很明显，国际气候合作将继续在比《联合国气候变化框架公约》和《京都议定书》更多的层次上得到推动。

《巴黎协定》于2015年12月12日在巴黎气候大会通过，这是继《京都议定书》后第二个具有法律约束力的关于气候变化的国际协约。因此，《巴黎协定》被世界各国寄予了厚望，《巴黎协定》通过以后还需要签署国根据本国法律，经议会或政令批准，同时批准的国家碳排放量需要占全球碳排放量的55%以上并且至少要达到55个国家，这样才能最终生效。2016年4月22日，《巴黎协定》在纽约开始开放签订，开放签订的第一天就有175个国家签署，创下了国际协定开放首日签署国家最多的纪录。2016年9月，G20会议前夕，中美两国率先批准了《巴黎协议》。中国方面，全国人大常委会批准加入《巴黎协定》，全票通过；美国方面，共和党占多数的国会反对奥巴马政府承诺的减少温室气体排放的措施，奥巴马选择使用行政协定（Executive Agreements）来避开参议院，直接与其他国家达成协议。[1]奥巴马政府认为，《巴黎协定》是1992年《联合国气候变化框架公约》下的协议，而美国国会当时批准了这个公约，因此《巴黎协定》无须再提交国会批准，可直接由各行政部门执行。[2]但是，随着特朗普的上台，美国退出《巴黎协定》，使得这一协定的未来又出现变数。

2. 气候治理的层次和主体

气候治理是多层次、多角色下的治理，并深深植根于社会和物质基础设施之中。气候治理是在不同治理规模下，在不同层次和空间实施的政策，这包括超国家行为体、国家、区域和地方。这些领域之间的互动，提出了关于治理气候变化的领导权问题，"自上而下"的传统领导结构不

---

[1] 《中美率先宣布批准〈巴黎协定〉离正式生效还有多远》，2016年9月4日，第一财经，http://www.yicai.com/news/5086546.html。

[2] 《〈巴黎协定〉在美国仍存变数》，2016年10月6日，新华网，http://news.xinhuanet.com/world/2016-10/06/c_1119668116.htm。

一定适用于气候治理领域,因为气候治理领域的情况要复杂得多。地方倡议可以横向联网,如 C40 城市气候领导小组(C40 Cities Climate Leadership Group),而一些国家利益又反馈到国际协定中。[①] 国家和非国家行为者的作用界限模糊不清,使人们对其在气候治理领域的相对作用产生了模糊不清的认识。非国家行为者在影响各国政府对国际气候协定,如《联合国气候变化框架公约》和《京都议定书》,所采取的立场方面发挥着关键作用。这些行为者包括科学家、商人、游说者和来自社区的行动者。直到20世纪90年代后期,它们的潜在影响力才逐渐被认识到。近年来,随着私营部门行为者提供应对气候变化的新机制,它们的作用开始被重视。非国家行为者参与气候治理,表明温室气体排放问题是由社会和经济因素导致的,这些因素根深蒂固并且难以解决,全球范围内涉及温室气体排放的各种复杂进程使解决气候变化问题更加困难。此外,在处理其他领域的问题时,我们的决策会对应对气候变化的努力产生影响。例如,制定关于贸易政策、能源安全政策和就业政策等方面的决策,可能会对减少温室气体排放、促进可持续发展等气候变化相关目标产生积极或消极的影响。

3. 基于市场的气候治理

在环境法和政策中,市场手段是利用市场、价格和其他经济变量为污染者减少或消除负面环境外部性的激励政策工具。基于市场的手段,力求通过对加工或产品征税或收费,或通过建立产权和促进建立一个使用环境服务的代理市场,来解决外部因素(如污染)的市场失灵问题。基于市场的手段,也被称为经济手段、基于价格的手段、新的环境政策手段。

这方面的例子包括与环境有关的税收、收费和补贴、排放量交易和其他可交易的许可证制度、存款退款制度、环境标志法、许可证和经济产权,如欧盟排放交易体系(European Union Emission Trading Scheme)。

回溯历史可以发现,气候治理越来越强调基于市场的解决方案或"灵活机制"。这是一种对传统气候治理"指挥和控制"规则的补充,而

[①] Harriet Bulkeley, "Climate Policy and Governance: An Editorial Essay", *Wiley Interdisciplinary Reviews: Climate Change*, Vol. 1, No. 3, 2010, pp. 311–313.

非代替。因此，在国际气候治理公约中确定的目标，是通过市场（如欧盟排放交易体系）、公私伙伴关系（如"第二类伙伴关系"）和行业自律（如减少天然气燃烧全球伙伴关系）来实现的。

值得注意的是，《京都议定书》为参与国提供了三种基于市场的机制，作为实现其约束性减排目标的手段，包括"碳市场"、"清洁发展机制"和"联合执行"。《京都议定书》的三个市场机制已被确定为碳市场治理的形式，是一种基于市场的气候治理形式，碳市场治理允许一个地方的碳排放量与另一个地方的减排量进行交换。它依靠的是与碳相当的衡量、监测和核查技术，使看似不同的活动出现在同一资产负债表上。迄今为止，碳市场治理的最大运作实例是欧盟排放交易体系，这是一个多国排放交易计划。该机制的支持者认为，它的重点是提高效率，在最具成本效益的地方减少碳排放。批评人士指出，截至目前，它允许参与行业从超额碳排放额度中获利，而对它们的碳排放量几乎没有影响。[1]

气候治理利益攸关方认为气候行动是一种代价高昂的负担，这种观点近年来多少有所改变。全球经济和气候委员会指出（Global Commission on the Economy and Climate），在采取措施以实现全球气温上升不超过2℃的目标时，有高达90%的可能性，这些措施可以与促进国家的经济发展、促进公平增长和提高普通人的生活水平的目标相一致。[2] 在这一成本效益分析背后有三个现象：第一，"负成本减少"意味着采取减少温室气体排放的措施不仅有助于保护环境，还可以降低总体成本。例如，在翻新建筑物以提高能源效率的情况下，所节约的能源费用可以抵消翻新的投资成本，从而实现负成本减排的效果。第二，规模经济和边干边学的创新可能会随着时间的推移使成本下降。第三，所谓的"共同效益"（如通过减少空气污染或通过恢复土地来保障生计等）可使个别国家受益。

4. 跨国气候治理网络

除了各国在国际上就气候治理问题进行国际协调之外，民族国家、

---

[1] Anna Pearson, Bryony Worthington, "ETS S. O. S: Why the Flagship 'EU Emissions Trading Policy' Needs Rescuing", July 4, 2009, https://ember-climate.org/project/eu-ets-s-o-s-why-the-flagship-emissions-trading-policy-needs-rescuing/.

[2] Stephan Wolters, Dennis Tänzler, "Diplomacy: Catalyzing the Climate Economy", Adelphi, https://www.adelphi.de/en/publication/diplomacy-catalyzing-climate-economy.

非国家行为体和私营部门也在全球范围内越来越多地参与多重并行的气候治理伙伴关系。这些行为体包括城市、地区、非政府组织和公司。他们的参与使得学者重新评估气候治理中的权力性质以及公共机构和私营部门之间的关系。

为了区分目前存在的气候治理网络的类型，有必要将各个组成部分分成若干小类。对气候治理的研究区分了多种参与者类型、治理方式和治理规模。所涉及的参与者类型分别为"公共气候治理伙伴关系"、"公私气候治理伙伴关系"和"私营气候治理伙伴关系"。治理方式包括自治、通过授权进行治理、通过规定进行治理和由权力进行治理。治理规模包括超国家、国家、区域和地方等。虽然这些办法都不是确定的，因为每种办法都有重叠之处，但在此认为，根据参与行为者界定伙伴关系是比较明确的区分。

公共气候治理伙伴关系，包括多边环境协定与全球城市和区域伙伴关系。多边环境协定可以采取无法律约束力的声明或具有法律约束力的条约的形式。国家间条约，如1992年在联合国环境与发展大会上签署的《里约环境与发展宣言》等框架公约。针对多边环境协定的批评主要有四个方面。第一，由于参与协议的各个国家在环境问题上存在着不同的利益和观点，因此在协商和制定协议的过程中，各国往往需要进行一系列的妥协。这些妥协可能会导致协议的政策和措施被削弱，无法真正解决环境问题。第二，如果一个国家拒绝参加（如美国退出《京都议定书》），它们仍然可以受益于参与国采取的措施（如减少温室气体排放量的措施），尽管它们本身不必采取行动。第三，发展中国家政府缺乏影响和影响谈判进程的能力，从而使发达国家在影响程序方面拥有不成比例的权力。第四，参加国际协定的国家数量较多，这将不可避免地导致国家之间的利益冲突，从而难以达成具有法律约束力的协定。全球城市和区域伙伴关系，源于在地方范围之外，城市气候治理的成功取决于城市和区域之间的横向和纵向合作。[①] 全球城市和区域伙伴关系展示出特别的前

---

① Kristine Kern, Gotelind Alber, "Governing Climate Change in Cities: Modes of Urban Climate Governance in Multi-Level Systems", The International Conference on Competitive Cities and Climate Change, 2008, pp. 171–196.

景。这些网络可以建立在公共的非国家网络中，例如，C40 网络，全球城市气候公约（Global Cities Covenant on Climate），气候保护城市计划（Cities for Climate Protection Programme，CCPP），国际地方环境倡议委员会（International Council for Local Environmental Initiatives）。通过这些网络，世界各地的参与城市可以采取缓解措施和适应战略。对全球城市和区域伙伴关系的一种批评是，它们的排他性限制了对参与城市和区域的影响，有可能使资源从实力较弱的城市和区域参与者那里抽走。

公私气候治理伙伴关系，也称为"第二类伙伴关系"。"第二类伙伴关系"是 2002 年在约翰内斯堡可持续发展问题世界首脑会议上制定的，与以往可持续发展政策以国家为中心的生态治理方式相对立的是，这种伙伴关系促进了私营和民间参与者加入可持续发展管理的过程。"第二类伙伴关系"是作为国际条约的公共、私营和民间组织之间的公私倡议的结果。"第二类"的标签有助于将它与"第一类"伙伴关系进行对比，后者是传统上以国家为中心所产生的国际多边协定。"第二类伙伴关系"的一个例子是，2002 年可持续发展问题世界首脑会议所依据的 300 个伙伴关系。"供应链"公私伙伴关系是公私气候治理伙伴关系的重要组成部分，这种伙伴关系的目标是确保供应链中的产品和服务符合国际商定的环境和气候标准，如减少温室气体排放、资源可持续利用等。这可以通过政府和企业之间的合作和合作伙伴关系来实现，例如，政府可以通过制定环保法规或政策来推动企业采取环境友好型的生产和运营方式，企业则需要遵守这些法规和政策，并与供应链合作伙伴共同落实环境和气候目标。

私营气候治理伙伴关系。近年来，跨国公司通过私营网络在各种鼓励行业自律的计划中建立伙伴关系。这些伙伴关系通常由非政府组织协调并由政府资助。现有网络包括全球燃气燃烧减排合作伙伴计划（Global Gas Flaring Reduction Partnership）和碳信息披露项目（Carbon Disclosure Project）。这些都证明了非政府组织将市场主体带入环境气候治理的重要性。自我监管的私人网络被认为有可能导致行为改变，从而有利于全球气候治理。[①] 但目前，网络本身基本上不受管制，并因缺乏合法性、问责

---

① Philipp Pattberg, Okechukwu Enechi, "The Business of Transnational Climate Governance: Legitimate, Accountable, and Transparent?", *St Antony's International Review*, Vol. 5, No. 1, 2009, pp. 76–98.

性和透明度而受到批评。①

第二节 国家角色的论析

如前文所述,国家角色是本书的研究视角,接下来的研究需要建立在国家角色概念、属性、功能等基本问题的分析基础上。目前,学界不仅在对国家角色的含义、界定和功能等方面众说纷纭,在国家身份、国家地位、国家角色等概念的界定方面也有争议。因此,为了明确本书所采用的国家角色理论,就必须对这些概念进行分析。

一 角色理论论析

角色理论是社会学和社会心理学中的一种观点,它认为大多数日常活动属于社会定义类别(如母亲、教师)以外的行为。角色是一个人必须面对和实现的一系列权利、义务、期望、规范和行为。人们以可预测的方式行事,个人的行为是基于特定的背景、社会地位和其他因素进行的,戏剧是一个常用来描述角色理论的隐喻。

作为社会学和社会心理学中的一个概念,角色理论最先被 George Herbert Mead 引用,从此以后它便被人们当作社会结构的起点来进行研究。在复杂的社会中,个人通常会在同一时间处于不同的地位,扮演不同的角色,这些角色或者相互和谐,或者彼此排斥。这些角色,都会给予这个人一定的权利和义务。在社会中,人要在角色的限制下活动,但是每个人具体扮演多少角色、角色的复杂程度如何各不相同,受人的性格、能力、知识水平和主客观因素的影响。同时,随着人的发展、其社会化程度的加深、掌握社会资源的增加,其社会角色会相应地发生变化。在这个发展过程中,个体不但形成了自我形象,还逐渐成为可以影响他人的角色。

---

① Philipp Pattberg, Johannes Stripple, "Beyond the Public and Private Divide: Remapping Transnational Climate Governance in the 21st Century", *International Environmental Agreements: Politics, Law and Economics*, Vol. 8, No. 4, 2008, pp. 367 - 388.

(一) 角色概念

1. 角色和角色集

角色最早是出现在戏剧中的概念，莎士比亚在戏剧《请君入瓮》中写道："全世界是一个舞台，所有的男男女女不过是一些演员；他们都有下场的时候，也都有上场的时候，一个人一生扮演着好几个角色。"[1] 社会科学学者将戏剧引用到社会生活中，认为整个社会好比一个舞台，每个人在社会中都扮演着一定的角色。1934年，美国社会心理学家米德将"角色"引入社会心理学，1935年Ralph Linton也对角色概念进行了应用，从此"角色"便成为社会学和社会心理学的一个重要概念。[2] 对于角色的含义，国内外的社会学家和社会心理学家从不同的视角出发，给出了多种不同的见解。

有的从人所处的社会位置和身份的角度出发，考察人的行为规范和行为模式，认为人的角色就是他所处的社会和某个团体所具有的位置，所处的社会或者团体定义了人的角色。也有的将这一角度简化，认为角色就是所在的团体的身份，以及这一社会和团体所规定的人的行为规范和行为模式的综合。有的侧重考查人的权利和义务，认为人的角色就是他所应该履行的义务、所具有的权利导致的行为的综合体。[3] 另外的则侧重于从客观方面考察角色这一概念，认为角色是为了满足其他人对本人的期望而进行的行为和活动，或者说角色是因为在某一团体中，因担任某一职务或从事某一活动而产生的结果，而相互之间的关系也导致角色的不同，如大夫和病人、老师和学生，都是由客观因素导致的角色的不同。

从上述观点可以发现，对于角色的概念不外乎从两个大的角度来定义。第一种侧重于从人在社会中的关系、位置、身份等角度来考察，这种观点认为人的所有行为都要遵循社会规范，一套完整的权利义务和行为规范会伴随着每个角色，每个社会主体因为与其他社会主体的相互作用而具有了一定的身份，随之而来也就伴随着相应的角色，而这种因为

---

[1] 管健：《社会心理学》，南开大学出版社2011年版，第61页。
[2] 秦启文、周永康：《角色学导论》，中国社会科学出版社2011年版，第1页。
[3] 日本社会学会委员会：《现代社会学入门》，中国社会科学出版社1987年版，第14页。

相互作用而产生的身份和角色都会制约着主体在未来的行为选择和模式。① 第二种侧重于从个人的角度来考察角色，通过个人的行为、人与人的互动以及人的行为模式来对角色进行定义。这一定义角度往往是社会心理学家常常采用的方法，他们认为角色与社会位置紧密联系，从而产生了某种行为模式，占有某一社会位置就应该表现出与这一位置相对应的特殊行为表现，② "某一角色，即是与某一位置有关联的行为模式"。③

不管是社会学家还是社会心理学家，都从不同角度对"角色"进行了界定。虽然在表述方面不尽相同，但总体上有相同的趋势。从上述的表述中可以看出，角色所具有的基本要素包括角色扮演者、社会关系体系、社会地位、社会期望和行为模式。这些因素之间相互作用、相互制约，因此总的来说，角色是一定社会关系所决定的个体地位、社会对个体期待以及个体所扮演的行为模式的综合表现。④

作为一个联系复杂多样的社会性动物，人不可能只生活在一个场景中，这也意味着人不可能只扮演单一的角色，而是同时要扮演多重角色，每一个角色又会与更多的角色联系在一起。这样的结果是，多重角色聚集在一个人身上，成为角色的复合体，也就是角色集，也被称作角色丛。根据 Erving Goffman 对"角色集"的解释，他认为是一个人在特定社会情境中所扮演的角色以及与该角色相关的其他人。⑤ Robert K. Merton 将"角色集"描述为"一种社会关系的补充，在这种关系中，人们因为占据了某种特定的社会地位而被卷入其中"。⑥ 例如，医生的角色有一个角色集，包括同事、护士、病人、医院管理者等。

角色集包含了两种情况，一种是多种角色集合在一个人身上，这种角色集源于一个人的内部联系。例如，一个人在家对于他的子女来说是父亲，对于他的妹妹来说是哥哥；在工作单位他是职工，也是社团成员，

---

① ［日］横山宁夫：《社会学概论》，毛良鸿等译，上海译文出版社1983年版，第84页。
② 费穗宇、张潘仕：《社会心理学辞典》，河北人民出版社1988年版，第147页。
③ 林秉贤：《社会心理学》，群众出版社1985年版，第246页。
④ 奚从清：《角色理论研究》，杭州大学出版社1991年版，第5页。
⑤ Peter Kivisto, Dan Pittman, "Goffman's Dramaturgical Sociology", in Peter Kivisto, ed. *Illuminating Social Life*, Washington D. C.: SAGE, 2012, pp. 271–290.
⑥ Robert K. Merton, "The Role-Set: Problems in Sociological theory", *The British Journal of Sociology*, Vol. 8, No. 2, 1957, pp. 106–120.

还是共产党员。因此，这个人就同时具有多种角色。另一种是指多种角色之间的相互依存，这种情况源于人与人之间的相互联系。例如，一个人在家里要同父母、子女和兄弟姐妹相互交流和沟通，在工作单位要与领导、同事打交道，这些所有打交道的对象就是他的角色伴侣。由此可以看出，角色集体现了角色的多重性和多元性。[①] 每个人的社会地位具有多重性，同时不同环境下会表现出不同的社会行为，在此过程中还要面对复杂的社会关系，这就是为什么角色具有多重性和多元性。

2. 角色特征

作为一个社会学和社会心理学概念，角色具有广泛的社会联系和多重意义，因此角色也具有多方面的特征，主要表现为以下七个特征。

职能性。角色的职能性来源于其在社会或者团体中所担当的职责或职务，因此社会对个人进行的职能分配定义了角色。人在社会事务中的位置、在复杂关系中的身份以及在与人交往过程中所处的地位都是角色职能性的表现。这种表现不是由人的主观意识来认定的，而是一种社会所赋予的客观事实。当然职能性存在差异，不同的角色会表现出不同的职能性。例如，一个教师要有扎实的基本知识，具备传授知识的技能，同时还要有良好的教师职业道德，能够在学生面前树立良好的榜样。而在一个医生身上，其职能性则是另外一种表现形式，同理司机也有别于医生，厨师有别于司机，如此等等。造成这种区别的原因，就是各个角色在职能性上的不同。

扮演性。每个人都在日常生活中扮演不同的角色，这种扮演并不是刻意地展现出某一形象，也不是在随机状态下出现的行为，而是因为每个人生长环境、文化背景、知识水平和认知能力的不同而导致的角色行为差异。扮演性包括扮演的认知、扮演的路径和扮演的技巧。扮演的认知指的是人要明确其扮演角色的意义之所在、角色的效能以及角色的情境等。扮演的路径则是指扮演角色的方式，例如，一个将军在战场上要表现出临危不惧、沉着冷静，同时又能在关键时候激发士兵斗志的态度。扮演的技巧是指人要有察言观色、辨别他人期望的能力，然后根据自己的能力和所掌握的方式去扮演他人或群体对自己的角色期望。这三

---

① 奚从清：《角色理论研究》，杭州大学出版社1991年版，第9页。

者之间相互联系，但又各不相同，同时还在一定程度上体现了因果关系。

多重性。正如前文提到的，一个人在复杂的社会系统中不会只具备一种角色，而是在多种角色的重叠中，因此每个人都是一个复杂的角色综合体。

相对固定性。在整个复杂的社会系统中，每个角色不是随机产生也不是随意转换的，更不是孤立存在的，而是具有各自的位置，即每个角色都有一个自己的"座位"。一个角色进入一个系统以后，就要按照系统的规则和运行规律来实施自己的行为，要受到这一系统的制约。例如，大夫在医院就要按照医院的规则来进行，而大夫这一位置具有相对的固定性。但是在一定情况下，角色也会发生变化。

更替性。角色在不同的系统中要受到其不同制约条件的约束，在不同的规则和规律中活动，但是规则和环境随着时间的发展有可能会发生变化，那么随之而来的角色的规范也会随之变化，并且由于社会需要，要求有新的角色来代替原有角色。例如，一些退休人员会开始一个新的职业，这样他的角色就发生了转换，同时他原有的位置会被新的角色替代。

协调性。角色的协调性源自角色多重性以及角色复杂的社会联系，每个人具有多重的角色身份，这些身份之间往往是相互协调的，在某些情况下存在角色的冲突，但是通过主观的努力可以实现自身多重角色之间的协调。同时，角色本身与相互联系的外部角色也是相互协调的，例如，医生和病人之间、老师和学生之间都可以实现角色的协调，避免角色之间的紧张关系。

等级性。在社会中，一个客观的存在就是每个人的地位是有差别的，这是由人的知识、财富、智力、体力等多个方面的因素决定的。这些地位包括政治地位、经济地位、学术地位等，一般来讲，由不同因素造成的地位的高低会导致人群的分化，处于不同地位的人，他们的文化水平、知识构成、财富拥有量、社会关系的复杂性等存在差别，因此，处于不同地位的人在扮演角色时就会呈现一种等级现象。

（二）角色认知

明确了角色的基本概念和一系列的特征，接下来分析对角色的认知。

在主观方面，有个人对自己所扮演角色的认识、态度和感情等，这是角色期望；而在客观方面，有来自外界对自己所扮演角色的期望，同时人要在自己扮演的角色中进行演化，也就是角色转换。

1. 角色观念的形成

角色观念主要有三个要素，首先角色需要依附于主体，只有在人或者其他主体身上，角色观念才有意义，而一旦离开主体就无所谓角色观念；其次，角色观念的形成取决于人所在的社会关系，而社会关系决定社会地位，最终决定产生怎样的社会观念；最后，角色观念综合反映了角色的地位、作用和形象等。因此可以说，角色观念体现了个体在某一社会关系中对自身扮演角色的认识、态度和感情。

角色观念包含的内容广泛而丰富，包括角色的地位观念、义务观念、行为观念和形象观念。角色的地位观念是角色主体对自己所处的地位的认识，一个角色只有认识到自己在整个复杂的社会系统中所处的地位，才能摆正自己的位置，做出符合自己所处地位的行为，即"在其位谋其政"。例如，一个领导干部在自己所处的位置上，就应该意识到自己在这一位置上的意义，要以身作则，不能以权谋私、贪污腐化，要为群众做有益的事情。角色的义务观念是主体对自己所要履行的义务的认识。每个角色在自己的位置上都有不同的义务，因此要对自己的义务有明确的认识，并且能履行自己的义务，一般说来能履行自己义务的角色就是合格的角色，反之就是不称职的角色。角色的行为观念是对自己行为模式的认识，每个角色都有客观的行为模式要求，需要角色主体按照这一模式去进行自己的活动。如前文所述，每个主体都不是单一的角色，在不同场景下会扮演不同的角色，这就需要主体根据场景和角色的不同来调整自己的行为模式，而不是一个主体只按照一种行为模式来从事活动，这便是角色行为观念的意义。角色的形象观念指的是角色主体对自己的外在形象的认识，包括表达能力、品质、个性等方面。在实际中，角色的形象是广泛而具体的，对形象的认识，对建构主体的对外角色具有重大意义。

角色观念对角色主体的行为有决定性的意义，因此形成角色观念对角色主体未来的选择和发展、对角色的建构影响重大。美国社会心理学家 Theodore Mead Newcomb 指出，角色观念的形成有三个发展阶段，分别是自闭阶段、绝对观念阶段和相互并存阶段。[①] 奚从清则将其概括为三个阶段，分别是拒绝角色阶段、承认角色阶段和接受角色阶段。[②]

在拒绝角色阶段，主体拒绝接受任何角色，而是一切以自我为中心，从自我出发。在这一阶段，主体虽然会对外界有反应，但都是在不受社会道德、规范和准则的约束下进行的，并且是消极被动的反应。这一特点在人身上就体现出这是一个生物人，还没有成为一个完整的社会人。例如，人的婴儿时期，而对于大的单位来说，往往是其发展初期。一个国家在发展初期往往会对自己的义务缺乏重视，而专注于国家的发展。到了承认角色阶段，主体发现拒绝角色的后果往往是自己的需求也难以得到满足，因此行为主体就对自己的行为模式做出变化，开始承认角色，按照社会准则、社会规范来进行实践，逐渐适应自己担任的角色，处于模仿阶段。到了接受角色阶段，行为主体开始接受角色。这一阶段不但承认自己的角色，也承认别人的角色，认为行为主体处于相互联系之中。在这一阶段，行为主体开始对事务有了自己的分析能力，开始根据自己的需要来对客观的角色进行甄别和挑选，逐步融入社会系统，并开始主动呼吁维护社会秩序和准则、参与秩序的重建，主动性体现得越来越明显。体现在人的身上表现为具有独立行为能力的个体参与社会活动，而表现在国家身上就是国家开始主动参与国际事务，并对国际社会的运行有一定的影响力和号召力。

这三个阶段只是一个相对的概念，每个行为主体由于发展进程的不同、发展能力的差异，很可能表现出不同的角色观念形成过程，有的可能会跳跃式发展，也有的可能会停滞在某一阶段。对于个人来说，受个人知识、财富、能力和认知能力等的影响；对于国家来说，则受国家发展能力、文化传统、领导人能力、经济基础等各方面的影响，要根据具体情况进行分析。

2. 角色期望的来源

角色期望是行为主体所扮演的角色与社会和他人对主体的预期相符合。角色期望由角色的对立方按照社会准则来定义，是对角色的预期行

[①] 林秉贤：《社会心理学》，群众出版社1985年版，第246页。

[②] 奚从清：《角色理论研究》，杭州大学出版社1991年版，第103—104页。

为。这是一个认知概念，其内容由信念、期望和主观概念组成。对于某些位置而言，角色预期可能从一个人到另一个人或从一个团体到另一个团体是一致的，而对于另外的身份，角色预期可能因人而异。角色期望包括社会地位的任何占有者，相对于在社会结构中担任其他职务的人的权利和特权、义务和责任。身份占有者应有的行为、权利和特权的行使以及义务和责任的履行，适用于在任何时候被指派履行这一职责的人。

角色期望在几个层面上都有所不同，包括共性或特殊性的程度、范围或广泛性以及与正式或非正式社会身份的关系等。对于共性或特殊性的程度，一方面，对某些职位，例如，官僚机构和军队中的职位的角色预期，具体说明了所需的行为、如何和在哪里执行行为以及对不遵守角色期望的行为的确切惩罚；另一方面，有些角色的期望只是笼统的纲要，使该职位的占有者有机会以他在广泛的可接受的行为中所喜欢的特定方式来发挥这一作用。范围或广泛性则是指对某些身份而言，预期的角色范围是有限的，与个人生活的狭义领域有关，年龄和性别角色等其他角色期望也适用于一个人日常行为的很大一部分。角色期望发生在非正式社会角色系统和正式角色系统中。在我们的社会中，公众对某些职位存在广泛的了解，这就对他们所期望的角色产生了相当程度的共识。因此，对许多正式角色在宏观社会系统中的角色期望是众所周知的，其中有些角色是通过正式程序来确定其具有的权利和义务，并将这些权利和义务编写成规章制度或法律法规等文件来规范。这些角色通常是指那些具有明确职责、权限和责任的职位，例如政府官员、医生、教师、警察等。对于这些角色，人们对其职责和行为有着相应的期望和要求，他们需要遵守相应的规定和制度来行使职责和权利，承担相应的责任和义务。在微观社会系统中（如在小型团体中），角色不是正式的，对这样的角色期望没有统一性。

一般来说，角色期望越清晰，处于这一位置上的人的角色行为越容易与期望相一致。[①] 一个职位的占有者应当以特定的方式做特定的事情，并且应当持有某种信仰。在角色制定中，一个人的行为应该是可预测的。一个人在扮演某个特定角色时，应该具备一些特定的行为和品质，这些

[①] 奚从清：《角色理论研究》，杭州大学出版社1991年版，第111页。

行为和品质可以被其他人视为一种标准或规范，以衡量一个人是否胜任其角色。如果一个人符合角色期望并表现良好，那么他们可能会得到其他人的认可和支持；相反，如果一个人不符合角色期望或表现不佳，那么他们可能会受到其他人的不认可和批评。此外，角色期望还规定了在特定角色中可接受的行为范围或界限，这可以被看作是一种容忍行为的限度或范围。因此，一个人需要遵守这些角色期望，以确保他们在其角色中能够胜任，并且得到其他人的认可和支持。简而言之，角色期望就是对规范的遵守。

角色期望的模糊度可以定义为，角色期望所需的最佳信息量与一个人实际可用量之间的差异。角色期望的模糊度主要表现为三种类型。第一，期望的不确定性和模糊性。这意味着对于特定的职位，某些人可能对该职位的角色期望存在不确定性，也就是说他们不确定该职位的具体职责和要求是什么。此外，这些期望也可能是模糊的，也就是说它们可能不够清晰和明确，使人难以理解和执行。第二，角色占用者之间缺乏对互补角色的一致看法。在一个组织或团队中，不同的人会担任不同的角色，这些角色之间可能需要相互协作和互补，以实现组织或团队的目标。然而，由于个人经验、理解、背景和文化等方面的不同，不同的角色占用者可能对相互补充的角色有不同的理解和看法，这种不一致性可能会导致沟通障碍、协作困难以及组织或团队绩效下降等问题。第三，角色主体自己的期望之间的不一致。一个人的期望可能会与他扮演的角色和他人对这个角色的期望之间产生不一致，具体来说，一个人的角色是由他的受众所持有的期望所定义的，些期望可能是来自家庭、朋友、同事、社会等方面的。如果一个人的受众持有不同的期望，或者一个人扮演的角色对于他的不同受众来说有不同的含义，那么这个人就可能会感到自己的期望与他所扮演的角色的期望之间存在不一致。[1]

角色期望存在着广泛性和现实性，时时刻刻都在发生，并且成为影响角色主体行为的重要因素。明确角色期望的来源，对角色主体有针对性并且高效地建构角色有着重要的意义。从根本上来说，对角色的期望

---

[1] Arvind Parkhe, "Interfirm Diversity, Organizational Learning, and Longevity in Global Strategic Alliances", *Journal of International Business Studies*, Vol. 22, No. 4, 1991, pp. 579–601.

来源于"需要",包括社会的需要、群体或组织的需要。在社会需要中,社会要正常发展就需要在不同岗位上有肩负起责任的社会角色,他们各负其责、担负不同的责任和义务。要实现这种发展,就需要人的社会化过程来完成,通过社会化培养符合社会发展要求的社会角色,例如,社会需要教师、警察、医生等不同的角色,便会对这些角色产生期望。而在国际社会中,每个不同类型的国家,发达国家或发展中国家,大国或弱小国家,也都跟人一样需要承担相应的责任,这也是国际社会对国家角色的期望。

所有的群体或组织都有自身的诉求或需要,源于这种需要的结果就是,群体或组织会对其成员产生角色期望。例如,在一个学校里,对老师的期望是教书育人、以身作则,而对学生的期望则是努力学习、积极向上;在工厂里,对工人的期望就是努力工作、恪尽职守,而对管理岗位的期望是要有大局观、善于组织领导,这都是群体或组织对其成员的期望。将国家作为角色期望的对象,在第三世界国家集团中,小国希望其中的大国或实力较强的国家能够勇于担当,成为发展中国家集团的领导国家,带领其他国家追求国际社会的公平,维护自己的国家利益;而在发达国家集团,小国对大国的期望则是希望能够在它们的带领下,在国际舞台上获得更多的话语权,有更大的影响力,维护其现有利益并能够逐渐扩大。

3. 角色转换

处于社会系统中的行为体,其角色不会是一成不变的。随着时间、地点、环境等因素的变化,行为体会从一种角色转换到另外一种角色,这就是角色转换。角色转换具有客观性、普遍性、变异性、价值性和历史性等特点。

角色的转换看起来是为了实现某一目的、满足他人的某种期望而进行的主观行为,但实际上角色的转换是一种客观性的行为。其一,角色的转换受到社会现实的制约,一个社会的经济发展状况、政治发展程度、社会文化传统、团体或组织的发展状况等都会影响角色的转换。其二,角色的转化受到角色主体发展状况的影响,对个人来说,年龄、知识、观念、价值观的变化会影响自身角色的转换,这都是客观存在的情况;而对国家来说,国民素质的变化、社会文化的变革、国家经济和政治的发展等客观存在，也是影响国家角色转换的重要因素。因此，角色转换是在尊重客观条件的前提下做出的主观能动行为。

从纵向来说，不同的时间、历史时期都会有角色转换，每个时间段和历史时期的转换都存在各自的特点。对个人来说，童年时期和成年时期都有角色的转换，而且形态各异；对国家来说，在国家不同的发展阶段也都有角色转化，且特点、影响力和影响范围各不相同。从横向来说，每个人、每个国家都会有角色转换，不管是哪个地方的人、什么性格的人、什么性别的人，都在发生角色转换，而国家也是如此，所以角色转换存在着普遍性。正如前文所言，不同的人、不同的国家等都存角色转换的差异，角色转换的形式和情况都不一样。即使是同一角色的转换，由于时间和条件的变化，也会出现不同的表现形式，这是角色转换的变异性。

角色转换的价值性表现在，角色主体在角色转换的时候有自己的价值判断，角色转换的结果会受到社会的价值评判。由于主客观条件的不同，角色主体在意识、能力、判断力等方面存在差异，导致角色转换的结果也有不同形式，其中的价值也就有所不同，但是有利于社会的角色转换，其存在的价值就高，反之就低。

角色转换本身就是一种发展，是一个处于变化中的历史发展过程。主要表现在，某些角色的转换只在特定历史时期发生，而另外的一些角色转换则是通过积累由量变达到质变的历史过程，因此说角色转换具有历史性。正因为角色转换具有历史性，我们在分析角色转换的时候，一定要考虑其时代和历史背景，抓住其转换的历史规律，这有助于我们在未来对同一问题的观察中更容易发现其中的必然性。

当然角色转换的发生不是一帆风顺和按部就班的，中间存在诸多的困境，大多数情况下，角色转换的困境源于角色主体对角色转换的不适应性，而这种不适有可能影响到角色主体的价值取向。角色转换的困难主要有历史因素、环境因素和心理因素。历史因素方面，从一个角色转换到另一个角色，对于一个已经适应了先前角色的主体来说比较困难。对于一个孩子来说，幼年时期因为还处在成长期，其角色转变是相对容易的；但是对于一个成年人来说，往往已经在一个比较固定的角色中时间较长，因此角色的转变意味着离开原有的条件，相对困难。对于一个国家来说，处于变革时期的国家，角色变化往往日新月异，但是在一个发展较为稳定、政权模式已经固定下来的国家，角色转变意味着更高的成本和更难预测的未来，因此困难较大。环境因素，包含的内容更为丰富，社会环境、自然环境、经济环境、政治环境，这都是制约角色转换的环境因素，进入新的环境往往意味着要适应新的角色，但是陌生的环境对角色转换来说通常是一个制约因素，需要相对长的时间去适应。制约角色转换的心理因素，往往指面对角色转换时的心理承受能力。对于一个人来说，转换到新的角色，离开熟悉的环境和位置可能会造成一定的心理冲击。对于心理承受能力较强的人来说，其可以更快、更好地适应新的角色，但是对于心理承受能力较差的人来说则可能会较为困难。国家在角色转换的过程中也会面临心理因素的问题，例如，一个国家由发展中国家向发达国家转换，这也意味着其国际责任、国际事务的参与度等都会与以往不同，这对国家的领导层来说是一个新的角色，需要一定的心理承受力面对新角色；对于国民来说，国家角色的转换可能会由于外部因素对国民利益造成冲击，国民对国家新角色的适应也是对他们心理承受能力的一种考验。

（三）角色行为

有了对角色的认知，接下来就是在角色认知基础上展开的行为，也就是角色行为，以及由于角色行为所引发的后果。角色行为以及由此所产生的后果主要包括角色扮演和角色冲突。

1. 角色扮演

正如 George Herbert Mead 等社会学家在将角色这一概念从戏剧引入社会学时提到的，整个社会就是一个舞台，社会成员都在这个舞台上扮演着各自的角色。传统意义上的"扮演"意味着本人与角色的分离，演员在舞台上是逢场作戏，但在现实生活中的角色扮演则不是这个样子。现实中的角色扮演，是基于角色主体在不同的环境和背景下所展示出的行为，在不同的背景和环境下，其行为也不同，同时也满足了社会对主体不同角色的要求。因此说，角色扮演是受到角色期望制约的，根据环境和背景的变化所表现出的一系列个体行为。[1] 在不同的场合要扮演不同的

---

[1] 奚从清：《角色理论研究》，杭州大学出版社1991年版，第175页。

角色，例如，在家庭里要扮演父母、子女，在单位中要扮演员工、领导，不同的角色要求不同的行为。

角色扮演的主要内容包括扮演角色的数量、扮演角色花费的精力和扮演角色花费的时间。一个人处于复杂的社会系统中，一个国家处于更为广阔的国际环境中，都要扮演多重角色，因此要多维度地观察主体所扮演的角色的数量。而对于扮演角色花费的精力，一句话可以概括为角色扮演的成本，每个个体的能力、知识、认知存在差异，这些差异决定了在角色扮演过程中所付出的精力的多少。有的人在面对角色扮演时会得心应手，而另外一些则会困难重重。一个国家在国际上的角色扮演同样是这样，发展程度较高、文明程度高的国家面对相同的角色会更加轻松，这种角色反过来又会推动国家的发展；反之，经济发展落后、政治文明相对落后的国家在面对角色扮演这一问题时则会困难重重，成本较高。角色扮演的时间问题则是效率问题，对于自己得心应手的角色，扮演起来用的时间会少，或者扮演的角色较为简单，花费的时间也会更少；但面对复杂的角色，时间的耗费则会更多。

由于每个人所处环境的差异，不同的个体要扮演同一个角色，所经历的途径、运用的技巧、消耗的成本会有所差异，同时从原有的位置开始扮演新的角色，就必须进行角色学习。从这个意义上讲，角色学习是进行角色扮演和开展角色行为的前提。角色学习包括"硬件"学习和"软件"学习，前者指对角色所具有的权利、义务和行为规范的学习，而后者则是对角色认知方面的学习。例如，一个教师在走上工作岗位前，首先要学习专业的知识、授课技巧、对课堂的把控能力，这是最基本的"硬件"方面；除此之外，还要知道作为一名教书育人的工作者要有奉献精神，要有对学生的责任心，这是对教师这一角色认知方面的学习。角色学习虽然是学习的一部分，具有普遍的特点，但也有自己的特性。第一，角色学习的内容不是段落式的，而是对知识的整体性、系统性学习。如果只是对角色有部分的了解，缺乏整体和全面的把握，势必会造成角色冲突。第二，角色学习离不开社会互动关系。总的来说，角色扮演是在一个复杂的社会关系中进行的，那么角色学习也不能抛开这样的关系独立进行，需要在大的社会环境中，通过社会互动，参照其他的个体或群体来进行学习。第三，由于角色时时刻刻在变化，角色转换时有发生，因此角色学习也随着环境变化、角色的转换而进行。

在了解了角色扮演的特点、要素，并通过角色学习来推进角色扮演之后就促成了角色实现，通过角色学习和扮演，来实现合乎规范的角色要求。一个合格的角色，除了具备符合角色的相关技能，还要有相关的认知。因此，在角色学习的基础上，学习相关技能、训练相关认知，促成角色实现。

2. 角色冲突

角色冲突，因为人类社会中个人的角色多重性，而导致在行为上反映的冲突。一个人总是拥有多个角色，这些角色之间存在冲突。多个角色之间发生矛盾的状态，称为角色冲突。在现实生活中，人们兼具矛盾且错综复杂的多个地位和角色，并生活在角色冲突之中，甚而享受这些冲突。角色冲突源于角色扮演与角色期望之间的错位，当角色扮演无法满足角色期望的需求，就会导致角色冲突，而角色期望与角色扮演之间差异越大，则冲突越激烈。角色冲突的产生及其影响力度取决于两点，客观方面取决于角色期望的强度，主观方面则取决于角色扮演者对角色的把控能力，对角色扮演的把控力越强，处理和解决冲突的能力就会越强，可以通过自己的能力将冲突控制在最小的程度，甚至可以阻止冲突的发生。

角色内的冲突，来自角色主体的内心，面对一个复杂的社会体系，社会成员对同一个角色主体有不同的角色期望，这些期望往往是不一致甚至是相对立的，因此这就造成了角色主体内心的冲突。角色间的冲突发生在主体占有多个角色的情况下，一个角色主体处于某一位置时角色期望对他是一种要求，当他到了另外一个位置时则角色期望就会是另外一种要求，角色主体难以达到所有的角色期望时就产生了角色间的冲突，而当这多个角色间的期望出现矛盾或者对抗时，角色冲突就会到达十分剧烈的程度。例如，一个人在家庭里是一位父亲和丈夫，在单位里是一个领导，当家庭需要他更多时间时，他工作的时间就会减少，这就造成了角色间的冲突。新旧角色冲突，[1] 顾名思义是过往的角色和现有角色之间的冲突。例如，某人曾经是一个重要部门的领导，权力和收入都比较

---

[1] 时蓉华：《社会心理学》，上海人民出版社1986年版，第61页。

可观,但随着职务调整,他担任了一个无足轻重的部门的领导,他在短时间内会难以适应这种情况,对原有的角色耿耿于怀,这就是新旧角色之间的冲突。

角色冲突的激烈程度取决于以下几个因素,主体承担角色的多少、角色期望之间的差异度、角色位置变化的程度、其他角色的影响程度以及角色心理变化的自控力。主体承担角色越多,越容易出现角色冲突的情况,或者出现角色冲突后相对于角色扮演少的情况更不容易协调、处理其中的矛盾。对于角色期望之间的差异度来说,其他人对角色主体的要求存在争夺资源的矛盾,比如,一个人在家里的时间和工作的时间常常出现错位,这种差异的程度越深则角色冲突就越深刻;对于一个国家来说,其对内的资源还不足以满足内部的需求,但是国际义务又使其不得不将有限的资源运用到国家外部,这样就会造成程度较深的角色冲突。角色位置变化的程度,每个人在社会中的位置不可能是一成不变的,这也会造成角色的转化,有的是客观原因,例如,领导对角色主体职务的调动;有的则是主观原因,例如,自己跳槽,造成的结果是角色的稳定性出现问题,稳定性越差则角色冲突越严重。其他角色的影响程度是对角色冲突起作用的外部因素,两个角色之间的冲突因为第三方的介入而变得更为严重,这个例子在国与国之间的关系中表现得尤为明显,两国关系中第三方的介入,从而导致了双方冲突的加剧。角色心理变化的自控力,面临角色冲突,如果有较强的自我控制与调节能力,则会缓和角色冲突,甚至可以逐渐地避免冲突带来的影响。

面对角色冲突,需要做的就是进行角色协调。不管是角色内部的冲突、角色间的冲突还是新旧角色冲突,都会对角色的行为造成不良影响,甚至阻碍角色的发展。因此要通过角色协调的方式来解决这一问题,具体方法包括合作、转移和顺应。合作的方法着眼于角色期望的一致性,导致角色内的冲突的主要原因是对某一角色期望的矛盾性,例如,大家都既希望自己的收入增加,还希望自己的工作时间减少,这样矛盾的角色期望很容易造成角色内的冲突,因此通过合作的方法增加期望的一致性,可以减少角色冲突。转移致力于解决多重角色之间的冲突,通过把注意力集中到角色主体的其中一个角色,而不是对他的多个角色都有期望,这样可以减少角色间的冲突。顺应主要是用于协调新旧角色的冲突,通过改变心态，正确看待角色的变化，顺其自然地使新旧角色的冲突影响逐渐减少。

二 国际关系中的国家角色论析

在国际关系中，角色理论常常与对外政策的研究联系在一起，这促进了外交政策分析领域与更广泛的国际关系研究之间的进一步融合。角色理论主要关注主体与结构之间的相互作用。霍尔斯蒂指出，决策者的"观念、价值观和态度"在解释外交政策行为时很重要，[①] 霍尔斯蒂的研究领先于其对决策者在全球舞台上的角色的解释。也许正因为如此，霍尔斯蒂之后的早期角色理论研究仍然与国家作为单一行为者的概念和国际关系的主要结构理论密切相关。

21世纪初，随着对角色理论的重新关注，这种情况发生了变化。新一代角色理论的研究建立在外交政策分析的心理学方法之上，它还与国际关系中的建构主义交叉。在这一过程中，当代角色理论研究为整合外交政策分析和国际关系提供了可能。[②] 随着外交政策分析越来越多地寻求了解范围更广的国家的外交政策，包括在国际舞台上采取行动的能力受到严重限制的小国，角色理论提供了一个有吸引力的框架。它侧重于决策者对其国家在国际政治中的作用的构想，增强了在全球舞台上了解更多国家的外交政策的能力。因此，从本质上讲，角色理论允许外交政策分析超越以美国为中心与以全球和北方为中心的方向，变得更加广泛地具有全球可比性。此外，角色理论提供了概念工具，以帮助在国际关系中的主体和结构之间架起桥梁。

（一）国际关系角色理论的起源

角色理论最早由霍尔斯蒂在1970年引入国际关系和外交政策分析。如前文所述，角色理论最早在社会学、社会心理学和人类学中得到发展，

[①] Kalevi J. Holsti, "National Role Conceptions in the Study of Foreign Policy", *International Studies Quarterly*, Vol. 4, No. 3, 1970, pp. 233 – 309.

[②] Cameron G. Thies, Marijke Breuning, "Integrating Foreign Policy Analysis and International Relations Through Role Theory", *Foreign Policy Analysis*, Vol. 8, No. 1, 2012, pp. 1 – 4.

其中心概念"角色"是取自戏剧中的一个比喻。[1] 角色理论在社会心理学中有两个主要的范畴：结构角色理论和符号互动理论。两者之间的差别涉及社会结构与个人相互影响的程度和环境。结构角色理论倾向于强调人被社会化为角色，而符号互动论则关注人重塑角色和改变社会结构的能力，两者都"强调需要从社会过程参与者的角度来分析社会现象"。[2]

霍尔斯蒂采取了与角色理论的核心论点相一致的观点，承认外交政策行为"主要来自政策制定者的角色概念、国内需求以及外部环境中的重大事件或趋势"。[3] 在这之前，很少有国际关系领域的学者认为决策者的认知或理性是"有界限的"，霍尔斯蒂则提出，决策者的"观念、价值观和态度"很重要。换句话说，早在建构主义成为国际关系知识版图的一部分之前，霍尔斯蒂就采取了一种植根于政治心理学的立场，并与建构主义相一致。同时，霍尔斯蒂试图以类似于当时其他行为主义社会科学家的方式对角色进行分类和计算。

也许正因为如此，随后进行的基于角色理论的研究与国际关系的结构理论保持着密切的联系。角色理论家倾向于研究国际体系对国家角色的影响，而不是探究国内角色概念的各种来源。[4] 这些结构方法承认但也低估了主体——结构辩论中的主体方面，因此，这项早期的工作没有充分表明角色理论对外交政策分析和国际关系可能做出的贡献。

另外，早期的实证研究产生了不同的结果。沃克发现，国家角色概念与外交政策行为之间存在微弱的相关性，他怀疑是自己收集的研究数据和采用的研究方法有问题导致的。[5] 相比之下，维希使用了关于国家角色概念的原始数据，并将它们与关于外交政策行为的现有数据相结合。

---

[1] Sebastian Harnisch, Cornelia Frank, Hanns W. Maull, "Role Theory in International Relations: Approaches and Analyses", *Politische Vierteljahresschrift*, Vol. 53, No. 3, 2012, pp. 557–559.

[2] Sheldon Stryker, Anne Statham, "Symbolic Interaction and Role Theory", Handbook of Social Psychology, No. 1, 1985, pp. 311–378.

[3] Kalevi J. Holsti, "National Role Conceptions in the Study of Foreign Policy", *International Studies Quarterly*, Vol. 4, No. 3, 1970, pp. 233–309.

[4] Martin Hollis, Steve Smith, "Roles and Reasons in Foreign Policy Decision Making", *British Journal of Political Science*, Vol. 16, No. 3, 1986, pp. 269–286.

[5] Stephen G. Walker, "National Role Conceptions and Systemic Outcomes", in Lawrence S. Falkowski, ed. *Psychological Models in International Politics*, Boulder, CO: Westview Press, 1979.

她发现,"政治领袖的国家角色观念和他们国家的外交政策行为之间有很强的相关性",她得出的结论:国家角色的概念"为国家行为提供长期的指导方针或标准。他们的持续性和稳定性是在试图解释国家长期行为模式,而不是单一决策时的一种财富"。① 然而,维希的研究中使用的角色概念和行为是相当笼统的。她的角色构想与国家在国际体系中的相对地位有很大的相似性,她的研究仍然与对国家角色概念的结构性解释有关。

这种强调结构的国际体系将角色理论与对国家属性的研究联系起来。国家的属性也是研究国家规模与其外交政策行为之间关系的焦点。尽管此类研究很少使用角色概念,但它意味着小国、中等大国和大国在国际体系中的作用是不同的,它们的外交政策行为应该是不同的。因此,伊斯特(Maurice A. East)得出的结论是"大小国家在行为模式上存在着深刻而显著的差异"。② 伊斯特对此类行为差异的解释集中在小国收集和分析情报的能力较低,换句话说,他认为通过一个国家的规模可以预测其"行动能力"。

尽管规模不是一个简单的概念,但其无疑会影响一个国家在世界舞台上的作用。规模可以通过多种方式实现。例如,国家可以根据地理规模、人口、经济、军事等因素进行排名,每项指标都可能对国家的作用产生影响。但是,这些指标如何更好地结合起来,形成一个综合指标来预测一个国家应该在国际政治中发挥的作用,还并不是很清晰。目前一个广泛使用的衡量标准是国家能力综合指数(Composite Index of National Capability, CINC),该指数是以六个国家物质能力指标为基础确定的。

这种衡量措施有一定的价值,而且它更能反映一个国家的相对权力地位,而不是决策者认为对他们的国家合适的角色。后者不仅以对相对能力的评估为指导,而且也以对一国在特定国际环境中可能具有的具体优势的了解为指导,例如,由于物质或观念上的优势,一个小国家可以在其所在地区甚至全球发挥重要作用。关于前者,考虑战略位置或资源

---

① Naomi Bailin Wish, "Foreign Policy Makers and Their National Role Conceptions", *International Studies Quarterly*, Vol. 24, No. 4, 1980, pp. 532–554.

② Maurice A. East, "Size and Foreign Policy Behavior: A Test of Two Models", *World Politics*, Vol. 25, No. 4, 1973, pp. 556–576.

的重要性，这可能使一个相对的小国在与其他国家的互动中具有优势，即如果没有该位置或资源，它就不会有这样的优势。关于后者，可以参考一些小国的大国角色扮演，例如，瑞典在国际发展和气候变化方面发挥的作用。此外，吉格勒（Victor Gigleux）的角色理论方法将规范大国角色置于一个更大的框架中，该框架要处理概念性激励和物质激励之间的交叉问题，这构成了小国的外交政策。①

结构角色理论在整合规范大国角色方面存在困难，这些国家并不简单地社会化为在某一国际体系结构中被认为是适当的角色。相反，这些国家充当了改变国际体系的倡导者，使其更接近于它们认为有价值的规范。高普（Peter Gaupp）早期在外交政策分析中批评结构角色理论时指出，沃克和霍尔斯蒂的工作是"非社会学的"。② 他的著作早于政治科学中广泛采用政治心理学和建构主义方法，但高普的批评与这些方法很吻合，同时与符号互动主义方法在外交政策分析中的应用日益流行。由于高普的著作都是用德文写成，因此对美国的学者影响较少，他们还是继续关注机构角色理论。

随着冷战的结束和国际体系的改变，学者关注的焦点发生了变化。对国际关系中具体行为者理论的重新关注和对外交政策分析的兴趣高涨，使人们对角色理论重新产生了兴趣。这种兴趣集中于2008年在德国特里尔举行的一次会议，以及2010年由国际研究协会（ISA）主办的一次研讨会。国际研究协会将两个重叠的学者群体聚集在一起，并编辑了一卷书以及由泰斯（Cameron G. Thies）和布鲁宁（Marijke Breuning）提出的一个特别的《外交政策分析报告》。③

关于当前角色理论研究，值得注意的是，第一，它力求认真地处理有动机的行为者与国内和国际系统（或结构）施加的限制之间的相互作用。因此，目前的角色理论寻求在角色理论的结构和符号互动论视角的

---

① Victor Gigleux, "Explaining the Diversity of Small States' Foreign Policies Through Role Theory", *Third World Thematics: A TWQ Journal*, Vol. 1, No. 1, 2016, pp. 27 – 45.

② Cameron G. Thies, Marijke Breuning, "Integrating Foreign Policy Analysis and International Relations Through Role Theory", *Foreign Policy Analysis*, Vol. 8, No. 1, 2012, pp. 1 – 4.

③ Cameron G. Thies, Marijke Breuning, "Integrating Foreign Policy Analysis and International Relations Through Role Theory", *Foreign Policy Analysis*, Vol. 8, No. 1, 2012, pp. 1 – 4.

极端之间做出选择,并从经验上评估在何种情况下评估主体可以影响甚至改变结构。第二,它在方法上是折中的,它的范围从沃克的形式化的二元角色理论到麦考特的符号互动作品。上述每一种方法都促进了对主体和结构之间相互作用的理解,并有助于角色理论深化解释外交政策和国际关系中的困惑的能力。

(二)基本概念

角色概念是比较直观的。无论角色是作为与戏剧或生活相联系的概念,人类行为单独或集体地受角色指导的概念,还是人类拥有和扮演多重角色的概念,都会产生共鸣。个人、集体和国家都可以成为角色,并做出符合该角色期望的行为。角色理论将这些直观的理解划分为一系列相互关联的概念,如角色概念、角色期望和角色设定。

根据社会学和社会心理学中角色的概念,霍尔斯蒂将国家角色定义为,决策者自己对适合其国家的一般决定、承诺、规则和行动的定义,以及对其国家应在国际体系或附属区域体系中持续履行的职能(如果有的话)的定义,是它们的"形象"的适当定位或其状态对外或在外部环境中的功能。[1] 这一定义表明,国家角色概念具有一种隐含的互动成分:一个角色是根据国家在国际环境中的行动及其与其他国家的相互作用来定义的。哈尼希(Sebastian Harnisch)等借鉴了米德的象征性互动主义,强调了这一观点。[2] 他们从自我和改变的角度描述了相互作用,认为决策者将其国家角色概念转化为自我的状态和其他国家的决策者的角色期望。他们区分了两个"我",一个表示个人身份,另外一个则表示"社会自我","社会自我"感知他与他人的关系。[3] 尽管角色概念不能等同于身份,但后者是一个相关的概念。泰斯指出身份是通过国家之间的相互作用而创建和重建的,[4] 这表明国际体系具有重要的社会化功能,社会化功

---

[1] Kalevi J. Holsti, "National Role Conceptions in the Study of Foreign Policy", *International Studies Quarterly*, Vol. 4, No. 3, 1970, pp. 233–309.

[2] Sebastian Harnisch, Cornelia Frank, Hanns W. Maull, *Role Theory in International Relations*, New York: Taylor & Francis, 2011, pp. 266–275.

[3] Sebastian Harnisch, *Role Theory in International Relations*, Routledge, 2011, pp. 52–70.

[4] Cameron G. Thies, *The United States, Israel, and the Search for International Order: Socializing States*, New York: Routledge, 2013, p. 30.

能可以早于主权的实现。

然而，国家角色的概念并不只是由国际体系中其他行为者的期望所形成的。如果是这样，关于小国和大国行为的结构性解释应该更合理。其他国家对一个国家的行为的期望将在一定程度上取决于对该国行为能力的评估，但这很难解释美国不顾自身实力而倾向于扮演中立角色。这并不是否认其他国家或国际组织的角色期望会影响国家的角色制定；相反，在论述美国在两次世界大战中以及两次世界大战以来所扮演的角色时，泰斯指出，"这种结构引起大国参与战争，从而改变了大国的构成和体系的规范秩序"。[1] 霍尔斯蒂提出，"可以合理地认为，负责为国家作出决定和采取行动的人知道国际地位的区别，他们的政策反映了这种认识"。[2] 除了地位差异的意识之外，决策者通常能够掌握其国家相对于相关其他行为者的能力，并将这些认知纳入其考量中。简言之，决策者意识到其他行为者对其国家在国际事务中的作用抱有的期望，而这种期望是建立在对能力的评估以及先前的互动的基础之上的。

因此，决策者的行动不仅基于他人的期望，即对能力的评估本质上是国家自身能力与国际（或区域）系统中相关其他人的能力之间的比较，还受国内因素的影响。霍尔斯蒂认为，在严重的国际冲突中，自我界定的国家角色概念优先于外部衍生的角色规定。[3] 布鲁宁认为，自我界定的国家角色概念不仅对国家的生存状况来说很重要，而且还以观念因素塑造的其他方式为国家提供指导。具体而言，国家角色的概念可以由一个国家的创建历史和其他关键的历史经验决定，或由广泛的共同民族价值观塑造。

换言之，国家角色概念部分是在国内界定的，部分是由其他人的角色期望决定的，这两种情况在多大程度上影响了一个国家的角色概念和角色的确定则各有不同。重要的是，指导一国决策者的国家角色概念通过角色的制定得到加强。它们还通过互动进行修改。由于决策者面对其

---

[1] Cameron G. Thies, *The United States, Israel, and the Search for International Order: Socializing States*, New York: Routledge, 2013, p.91.

[2] Kalevi J. Holsti, "National Role Conceptions in the Study of Foreign Policy", *International Studies Quarterly*, Vol. 4, No. 3, 1970, pp. 233–309.

[3] Kalevi J. Holsti, "National Role Conceptions in the Study of Foreign Policy", *International Studies Quarterly*, Vol. 4, No. 3, 1970, pp. 233–309.

他国家决策者的角色期望,他们可以选择修改其角色的制定,以满足其他人的角色期望,或者无视这些期望,根据其国内产生的国家角色概念行事。最终,这是一个迭代的过程,泰斯从社会化博弈的角度进行了理论总结。泰斯主要对国际体系中的新加入者融入其角色的过程感兴趣。然而,社会化博弈可能不仅限于这些情况,而且还影响角色的跨时间变化。此外,正如霍尔斯蒂所指出的,一个国家可能有多种角色,近期的研究已经开始更仔细地从理论上解释多重角色的含义。

(三) 角色持续与角色转化

在对外政策分析和角色理论中,研究的焦点往往要么是"结社的规律和模式",① 要么是国家外交政策的全面重组,② 这两者是相互关联的。一些研究者批评了这种要么是连续性要么是根本性变化的观点。赫尔曼对外交政策的变化进行了分类,他把最全面的外交政策变化定义为国际取向的变化,这涉及国家对国际事务的总体方向的改变,除了国际取向的改变,赫尔曼的分类也包括调整、计划和目标的改变。调整的变化是指一个国家外交政策的温和变化,在这一变化中,其政策水平或政策范围发生变化。计划变更是由新的治国工具的引入所定义的,首先是数量上的改变,然后则涉及质的改变。目标变化涉及外交政策目标的改变,一个国家可以放弃它以前追求的目标,或者用一个目标代替之前的目标。最后,国际方向的改变涉及对一个国家外交政策的全方位的重定向。然而,赫尔曼没有谈到不同类型的外交政策变化的相对频率。

国际取向的改变可能伴随着一个国家的国家角色观念的明显转变。然而,调整、计划和目标的改变是否应该伴随着国家角色概念的变化,这一点还不清楚。这种较小的变化可能伴随着角色观念在一定程度上的转变,也许是国家社会化的结果。国际取向变化的经验证据可能更容易找到,而以调整、规划和目标变更为代表的更小的变更将难以从经验上确定,并且需要细致的过程跟踪。

---

① Charles F. Hermann, "Changing Course: When Governments Choose to Redirect Foreign Policy", *International Studies Quarterly*, Vol. 34, No. 1, 1990, pp. 3–21.

② Ken E. McVicar, "Why Nations Realign: Foreign Policy Restructuring in the Postwar World", *International Journal*, Vol. 40, No. 4, 1985, pp. 753–755.

尽管如此，国家角色概念的变化不太可能是随机发生的。古斯塔夫松（Jakob Gustavsson）在解释外交政策行为变化时吸取了公共政策中的政策窗口概念。① 他的理论是，当有三个因素存在时，最有可能发生根本性的变化。第一，基本结构条件的改变，例如，国内或国际制度的改变，为变革创造了机会。第二，有意愿并能够利用这一机会的战略政治领导。第三，国内或国际危机的存在使人们更加认识到采取行动的必要性。②

一些学者讨论了由于国际体系的变化而引起的外交政策的变化，尽管不一定是角色的变化；其他一些学者则侧重于国内因素，尽管它们不一定只是从国内结构变化的角度来看待这些因素；还有一些学者强调决策者和决策过程作为对外政策变革的推动力的重要性。很少有研究调查国家角色概念与外交政策变化之间的关系，除了格罗斯曼将国家角色概念作为外交政策变革的源头进行评估。查茨（Glenn Chapetz）等根据白俄罗斯和乌克兰的经验证据，认为渐进式的变化通常是最可行的，他们指出国家通常不会完全放弃角色概念；相反，它们慢慢降低了自己的中心地位。然而，角色的迅速转变可能发生在正在经历内部动荡的国家，或者发生在新的国家。③ 格罗斯曼的研究支持了这一论点。格罗斯曼追踪了俄罗斯决策者在20世纪90年代所表达的角色概念的变化，并注意到俄罗斯的角色概念已从合作社转变为较不合作（且较独立）的角色概念。他指出，角色观念的这些变化先于行为的变化，因此他的结论是，改变国家决策者所表达的角色概念是预测行为变化的有用工具。

总的来说，这些学者认为外交政策的变化取决于环境。然而，很少

---

① 政策窗（Policy Window）是 John Wells Kingdon 所创的专有名词，其认为政策窗是一项机会，提供政策倡导者推动所喜爱的解决方案或关注某项特别问题的机会。当某项问题已被社会大众承认极为重要，政策问题的解决方案已准备好，且当时的政治环境也有利于进行变革，没有妨碍采取行动的因素存在，问题流（Problem Steam）、政策流（Policy Steam）以及政治流（Political Steam）汇合的同时政策窗才会开启，且开启的时间稍纵即逝，所以政策分析者、决策者及各方政策利害关系人皆努力寻求政策窗开启的机会，以推动政策方案能顺利通过。

② Jakob Gustavsson, "How Should We Study Foreign Policy Change?", *Cooperation and Conflict*, Vol. 34, No. 1, 1999, pp. 73 – 95.

③ Glenn Chafetz, Hillel Abramson, Suzette Grillot, "Role Theory and Foreign Policy: Belarussian and Ukrainian Compliance with the Nuclear Nonproliferation Regime", *Political Psychology*, Vol. 17, No. 4, 1996, pp. 727 – 757.

有人在他们的研究中使用角色理论。因此，国家角色观念的变化是否先于行为变化，或者行为变化是否会导致角色观念的变化，尚不清楚。少数在对外交政策变化的研究中运用角色理论的研究，都从可能发生特别剧烈变化的时期得到了经验证据。

需要进行更多的实证研究来厘清角色变化是否先于行为变化，以及在什么情况下角色变化先于行为变化，是否有行为改变先于角色改变的情况？或者在某些情况下，通过反复的互动，按照泰斯关于国家社会化的工作中所建议的思路逐步适应？细致的过程追踪可以加深我们对角色观念转变的原因和影响的理解。此外，现有的研究对于评估政府的变化如何与角色观念的变化相互交叉起的作用不大。在有民选和独裁政府的国家，人们对角色概念转变的潜在差异也没有给予太多关注。

第三节　国家利益、身份认知、国际体系：变量设置与研究假设

一　选取国家利益、身份认知和国际体系作为变量的理论依据

（一）国家利益

作为中国参与全球治理的一个组成部分，中国全球气候治理同时也是中国外交政策的一个组成部分，因此中国在全球气候治理中的角色可以看作外交政策领域角色的体现。学术界和政治界的一个共识是，国家利益是一个国家外交政策制定最根本的影响因素，在这一理论基础上考察国家外交政策的制定更有章可循。国际交易会将每个社会的价值生产和消费与其他国家和社会的价值联系起来，各国的价值生产和消费在多大程度上相互依赖受到技术的影响，即国际运输和通信的可行性和成本，否则就取决于各国的政策。在国际关系中，合作和冲突是主要的作用方式，一方面，社会合作以增加每个人可获得的价值来实现，在这种情况下，各国追求的目标是相互兼容的；另一方面，社会中的个体、团体或国家为了获取他们视为重要的资源，或者为了避免失去这些资源，他们会竞争、争斗，在这种情况下，国家间追求的是不相容的目标。通过国际合作或冲突，每个国家都试图在受到外国限制的情况下增加社会目标实现的可能性。

国家的外交政策是政府旨在终止或减少冲突、维持或扩大合作的行动战略,当外交政策有冲突时,它们或多或少都是侵略性的或防御性的。从不同的角度来看,外交政策要么是为了使其目标适应于其他外部环境,要么是为了使环境适应其目标。在追求这些效应的过程中,外交政策涉及手段与目的,手段不一定是实质性的。为了降低或提高对外贸易的壁垒,政府只需要足够的国内支持。然而,广泛的外交政策需要物质资源,如使用军事力量或提供外国贷款。对一些小国来说,即使是在国外保留经认可的代表也是重要的外交政策组成部分。如果外交政策是合理的,就必须用充分的手段来平衡目的的存在。如果在冲突中或在合作中缺乏足够的资源,外交政策目标就会受挫。

自民族国家诞生以来,政治家和学者一直使用"国家利益"一词来描述主权实体在国际舞台上的愿望和目标。国家利益从内涵到特征所涉及的内容较多并且比较复杂,不同学者对于国家利益都提出过自己的看法,国家利益会因主体的不同而有不同的定义,例如,每个国家所定义的国家利益都会不同,即使是在一个国家内部对国家利益的界定也会因立场的不同而有所区别。目前难以通过一个精确而简洁的定义来描述它,但是综合学术界和政治家的言论,借用纳赫特利(Donald E. Nuechterlein)的观点,可以简单地将"国家利益"概括为"国家利益是一个主权国家对构成外部环境的其他主权国家的感知需求和愿望"。[①]

在这个定义中有几点需要注意。第一,我们谈论的是对国家需求的看法,这表明关于什么符合国家利益的决定是一个政治过程的结果,在这个过程中,一个国家的领导人可能对这些利益持有不同的看法,但最终会产生关于特定问题的重要性的结论。第二,这一定义中涉及的主体是完全独立的主权国家,而不是国际组织或附属领土,因为无论如何,在当今国际关系中,所有的对外行为(如使用武力、施加贸易限制和结盟的决定)都是由主权国家的政府做出的。第三,这个定义区分了国家的外部和国内环境,后者通常被称为"公共利益"。第四,这个定义意味着我们所提到的是指民族国家的整体利益,而不是私人团体、官僚机构

---

① Donald E. Nuechterlein, "National Interests and Foreign Policy: A Conceptual Framework for Analysis and Decision-Making", *Review of International Studies*, Vol. 2, No. 3, 1976, pp. 246–266.

或政治组织的利益。

就气候外交而言，政策制定过程中需要考虑国家的实质利益（如经济利益），同时也要考虑国际声誉等非实质利益。气候治理作为全球治理的一部分，与其他的外交政策存在一定程度的差异，气候问题超出一国范围成为全球范围的治理问题。因此，在制定外交政策的过程中不能单纯地从国内利益着手，应该考虑它的全球效应以及全球效应的反作用，这种反作用最终也体现在国家利益的得失上。

（二）身份认知

外交政策分析尤其强调政策制定者作为行为决定因素（国家利益）的自我概念，并且普遍忽视系统中其他国家角色的变化，这就引申出影响国家角色的另一个变量——"身份认知"。根据霍尔斯蒂的观点，身份的概念包含了国家在对外行为时的预先"设置"，不同身份会让国家管理者"设置"不同的对外行为和预期目标。[①] 在一个综合的社会或组织中，针对身份所制定的角色规范，在建立和维护身份的责任方面至关重要。在国际组织中，国家占据了一定身份，《联合国宪章》和传统国际惯例对特定国家的权利、义务和责任也有所定义。例如，一般说来，其他成员国对美国在北约内的行为期望是较为广泛的。在这样的例子中，用正式角色理论来分析国家行为是相当可行的。然而，大多数外交政策行为并没有发生在一个严格类似于社会身份的环境中，由于民族国家是多功能的集体，在相对没有组织的环境中，在数不清的双边和多边关系中运作，因此很难将身份（角色期望系统）的概念应用到社会调查中，但是可以采用"地位"这一概念来解释国家在国际社会中的身份。任何国际体系都有一种分层模式，它反映了对系统事务的参与程度、外国承诺的程度、军事能力、声望、经济技术水平等方面的差异。传统的术语（如"大国"或"中间力量"）并不一定表明国家在任何一种关系中有多少外交影响力，但它们确实粗略显示了地位的区别。这些区别在政策制定者的头脑中是否至关重要可能很难知晓，然而，那些负责决策和为国家采取行动的管理者意识到国际地位的差别就会影响到其对外政策的制定。例如，

---

① Kalevi J. Holsti, "National Role Conceptions in the Study of Foreign Policy", *International Studies Quarterly*, Vol. 4, No. 3, 1970, pp. 233–309.

"小国"由于缺乏对危机地区的直接参与,在冲突局势中经常提供调解或维和服务。这就是"身份认知"对国家角色的影响路径。

国家身份和国家对外政策的相关性多年来一直没有引起人们的注意,原因在于在国际关系中存在以现实主义为主导的模式。摩根索(Hans Morgenthau)①以及肯尼思·华尔兹②否定了一个国家的文化和民族特性与外交政策之间的联系。忽视这一问题的另外一个原因是行为主义的支配地位以及对可衡量现象的关注,因此对文化这种无形现象的定义以及由文化带来的结果缺少相应的研究。建构主义通过强调非物质的态度、观点和因素确立了身份在国际关系中的地位。亚历山大·温特指出了四种身份,分别是个人或团体、类属、角色、集体,个人身份指行为体是一个独立的实体,如果行为体是一个组织,则身份为团体身份;类属身份是对某一类社会类别的概括,这一类别在文化、态度、价值观、历史等某一方面或所有方面具有相同点;角色身份的形成依赖文化因素,角色身份的形成不是一个内在过程,要依靠与外界的互动,因此是一个相对的概念,某一角色形成只能存在于与其他行为者的关系中;集体身份是对自我和他者关系的认同,在这一过程中,自我和他人之间的界限逐渐模糊,并在交界处产生完全的超越。③

身份是当前国际关系理论中的一个重要概念,尤其是在不同的建构主义理论中,政治行为通常是以一个国家的身份为参照来解释的。利益是在社会上形成的,每个国家的利益取决于其特性;如果我们不知道自己是谁,就无法确定自己的利益,价值观和准则在国内和国际政治领域形成特征。

身份被其他意义来源优先考虑为"一般和基本特征的相似性和一致性"或"基于文化特征或连续模糊的文化特征集合的意义形成过程,身份对人们来说是意义和经验的源泉。每个行为者都可能有多个身份,所

---

① Jaap W. Nobel, "Morgenthau's Struggle with Power: The Theory of Power Politics and the Cold War", *Review of International Studies*, Vol. 21, No. 1, 1995, pp. 61 – 85.

② [美] 肯尼思·华尔兹:《国际政治理论》,信强译,上海人民出版社2008年版,第97页。

③ [美] 亚历山大·温特:《国际政治的社会理论》,秦亚青译,上海人民出版社2008年版,第220—224页。

以这个问题会引起紧张和矛盾。在某些情况下,身份和角色之间存在诡辩。与角色相比,身份是一个更强大的语义参照,因为它包含了角色的形成过程。事实上,身份是意义的组织者,而角色则是行为功能的组织者。① 集体认同的定义通常是消极的,它意味着是中国人认为他不是美国人或俄罗斯人,我们知道自己是"我们",因为我们与他们是分离的。我们可以通过"他人"来实现身份上的相似性和一致性,确认并验证持续的身份,甚至有人认为一个有威胁的邻国有利于维持国内和平。

在国际关系中,建构主义独立于行为体在国际领域中的身份,它坚持行为体的虚构身份。不同的方法存在于本体论的主题中。建构主义不接受理性主义的人性假设,在社会建构中强调行为者的身份。由于身份建构了行为者的利益和行为,因此理解它们对于分析外交政策和行为者的国际行为是至关重要的。身份意味着根据行为体在社会中的位置和其他人对他们的期望,不断理解和塑造自我认识和社会角色。因此,这是个关系问题,身份是在社会交往中形成并得到加强的。

(三)国际体系

影响国家外交政策制定的因素有很多,包括主观因素和客观因素,涉及气候外交方面,除了上述的国家利益和身份认知这两个主观方面,国际体系则是影响最终政策制定的一个干预变量,属于客观因素。

霍尔斯蒂对国际体系的定义,其是由独立的政治单位(通常指民族国家)所组成的集合体。② 但今天国际体系指涉的范畴更大,不限于民族国家,只要是国际关系的成员,都应该被纳入。国际体系是一个架构,各个成员在这个框架中活动,其形式则有合作与冲突。卡普兰(Morton A. Kaplan)指出,国家的行为受到许多因素的影响,这使得在理论指导下,预测一个国家的具体行为变得复杂而困难。然而,国际体系中的一些特征和趋势可能会对国家的行为产生一定的影响,并使我们

---

① Manuel Castells, *The Power of Identity*, London: Blackwell, 1997, p.107.
② Kalevi J. Holsti, "Change in the International System: Interdependence, Integration, and Fragmentation", in Ole R. Holsti, Randolph M. Siverson, Alexander L. George, eds., *Change in the international System*, New York: Routledge, 2019, pp.23-53.

能够对其进行一些预测。① 按照历史发展的脉络，卡普兰将国际体系分为六大类，分别是权力均衡体系、松弛的两极体系、紧密的两极体系、世界性的国际体系、阶层性的国际体系和单元否决体系。② 在过往的不同历史时期，国家间关系会随着国际体系的变迁而发生变化，这也直接影响了国家外交政策的制定和执行。卡普兰还提出了影响国际体系变迁的五个主要因素，分别是基本规则、交换准则、角色变数、实力测量和信息因素，由此也引出了国际体系的内涵。当今的国际体系是在国际无政府状态的前提下发展的，正是国际无政府状态的存在，使得国家在制定外交政策的过程中形成了不同的遵循原则，包括自助、结盟和自我节制。

除了按照历史时期的分类，在内容上，国际体系也包含国际经济体系、国际政治体系、国际安全体系、国际能源体系、国际文化体系和国家环境体系等国家之间互动的具体领域。与这些具体的领域相对应，整个国际社会，国家与国家之间在共同观念的基础上经过人为的安排，最终是要建立一个按照规则和秩序运转的人类共同体。所以国际体系的存在是国际社会得以正常运转的前提，只有在国家之间产生各个领域的联系并形成相互依赖关系，才能对国际社会进行有规范的管理，否则整个世界只能处于各自孤立的状态。

国际社会通过国际体系对国家行为进行规范，同时国家也通过国际体系获取自己的国家利益。随着国家实力和状态的变化，国家从国际体系中追求的利益在发生变化，而国际社会对国家的期望也会随着国家的发展发生变化。例如，在国家发展早期，其实力往往较弱，通常会希望更多地参与到国际体系中，并以此获得外部发展的机会；但随着实力的增强，则其会希望在国际社会有更多的话语权，甚至有的国家会走上追求霸权的道路。而国际社会对国家的期望也是同样的变化规律，对于弱小和不发达国家，国际社会对其期望较小，希望其承担的责任也不会太大；但是一旦国家发展壮大，国际社会期望值升高，则希望它能够履行

---

① [美]莫顿·卡普兰：《国际政治的系统和过程》，薄智跃译，上海人民出版社2008年版，第93页。

② 倪世雄：《当代西方国际关系理论》，复旦大学出版社2001年版，第330页。

更多的责任,提供更多的国际公共产品。因此在国家角色定位和外交政策制定中,国际体系是一个必不可少的考虑因素。

二 国家利益、身份认知与国际体系对全球气候治理的意义

国家利益、身份认知和国际体系从属性上来说分属不同的领域,国家利益强调行为体对物质方面的追求,是行为体对自己的政策和行为进行评价的最基本的标准。国家作为一个理性的行为体,在考虑其外交政策效果时,首先考虑的便是利益的得失。身份认知涉及的则是心理层面的建构,不同时期的身份认知会使行为体对政策的接受度有所不同,最终影响行为体在全球治理中的角色。国际体系是一种引导和约束机制,会从外部影响国家对外政策的制定和形成;而一个国家的政策和发展程度又会反作用于国际体系,使国际体系发生变迁。将三者放入国家参与全球气候治理的框架中,则会与国家角色的形成有密切的关系,成为决定国家全球气候治理角色的重要变量。

首先,在全球治理的框架中,国家利益是国与国之间关系的最基本的变量。不管是在地区层面还是在全球层面,利益始终是理性的行为体所追求的终极目标。全球治理概念的出现与全球化时代的到来密切相关,国家之间相互依赖的程度加深,随之而来的是全球化问题的出现,这些问题种类繁多,涉及各个领域,并且超出一国范围,没有任何一个国家可以单独解决这些问题。伴随着全球性问题而来的是国家利益遭受损失,例如,金融危机威胁到国家的金融安全,恐怖活动的加剧威胁到整个国家的稳定。全球气候问题更具有紧迫性,目前全球气候变化导致海平面上升、极端天气情况增加,影响了各国农业等行业的发展,直接威胁世界的粮食安全和生存状况。在此种情况下,以利益为导向的国家外交政策推动各国积极参与到全球气候治理中,尤其是新兴国家的参与热情更高。对于新兴国家来说,国家的工业化进程起步较晚,发展相对滞后,但是随着国家工业体系的完善,经济门类的齐全以及国家发展程度的提高,最为紧迫的任务由发展经济向其他领域转移。参与全球气候治理既是考虑国家利益,也是通过这一契机,更多地参与到全球事务中,获取更多的公共产品。

其次,身份认知是影响国家参与全球治理的内核,国家对自身身份的认知会影响其参与全球治理的态度。身份的认知也发生在国与国之间，具有相同或相似身份认知的行为体之间相对于其他的行为体关系更为紧密，也更能够在参与全球治理过程中协商一致，形成内在的张力；反之则可能会产生更多的分歧甚至冲突，造成全球治理的失败。与经济发展影响国家参与全球气候治理的原理类似，当国家还处于欠发达阶段，不管是自我认知还是外界对自己的期待都相对较低，认为在全球治理中承担的责任较少，更多的是"搭便车"的角色；但随着国家发展到新的阶段，自我认知和外部期待都随之提高，国际社会认为它应该承担更多的国际责任、提供更多的公共产品。国家随着发展到新的阶段，也需要提升在国际上的地位，提高国际声誉，主动地参与到全球治理中去。

最后，在多国家参与的全球治理框架中，国际体系给行为者的参与提供了引导和规范，不同时期的国际体系给国际行为体参与全球治理提供了不同的平台。据此，行为体可以调整自己参与国际事务的程度和角度，并可以明确自己所处的相对位置，全球治理也因此更具有层次性。在气候治理过程中，国际体系的影响作用主要表现为全球能源体系的变迁和国家间实力的变化。国际体系具有历史性，原有的弱小国家在旧的国际体系中仅仅属于附属行为体，面对发达国家搭建的整个国际舞台难以发出自己的声音，对于全球治理事务的参与度也较低，结果就是能够享受到的公共产品较少；但随着国家发展的差异，世界格局出现变迁，后起国家在取得了经济发展后会希望获得更多的国际话语权，而早期的发达国家由于经济发展的相对滞后、国内问题的增多，在国际体系中的支配力相对减少，这也给了新兴国家更多的机会参与全球治理。

三 研究假设

假设（hypothesis）是对某种现象提出的一种解释。为了使一个假设成为一个科学假设，科学方法要求人们能够检验它。科学家通常将科学假设建立在先前的观察基础之上，而这些观察结果无法用现有的科学理论进行令人满意的解释。尽管"假设"和"理论"这两个词经常被同义使用，但科学假设与科学理论并不相同，假设是一个临时接受的假设，用于进一步的研究。[1] 人们把对一个问题的试验性解决方案作为一种假设，通常称之为"有根据的猜测"，[2] 因为它提供了一个基于证据的建议的结果。然而，一些科学家认为"有根据的猜测"是不正确的。在解决问题之前，实验者可能会测试和拒绝几个假设。具体来说，要包含研究所涉及的变量、变量之间的关系以及将事实代入变量关系进行验证所得出的结论。

1. 变量设定

对于研究包括气候治理在内的全球治理而言，从国家角色角度进行研究，既是一种手段也是一个过程。首先以角色为维度进行研究，可以发现影响国家参与全球气候治理的因素以及不同因素在其中的重要性差异，这对国家未来参与全球气候治理可以产生导向作用，可以更有针对性地制定和实施相关政策。同时，对于角色的研究也是对国家过往参与气候治理历程的回顾，发现其中的经验并总结教训。对于中国来说，最近40年是中国发展变化最为密集、迅速和多样化的阶段，通过对中国参与全球气候治理角色的研究，可以回顾其发展历程以及总结此过程中的得失经验，为进一步深入参与全球气候治理做好理论和经验上的准备。

正如前文提到的，影响国家参与全球治理的主客观因素有很多。由于全球气候治理的"弱政治性"和经济导向，从诸多的因素中选取国家利益、身份认知和国际体系三个因素作为变量，能够更为全面地考察角色的成因和变化。其中，国家利益和身份认知是自变量，分别从物质和心理上影响角色，国际体系作为干预变量，从客观上影响角色的走向，三个变量的组合在不同时期形成不同的角色。根据角色理论，三个变量的变化形成造成的结果分别是拒绝角色、承认角色和接受角色（见图1-3）。

---

[1] Jerald B. Johnson, Kristian S. Omland, "Model Selection in Ecology and Evolution", *Trends in Ecology & Evolution*, Vol. 19, No. 2, 2004, pp. 101-108.

[2] Regina Vollmeyer, Bruce D. Burns, Keith J. Holyoak, "The Impact of Goal Specificity on Strategy Use and the Acquisition of Problem Structure", *Cognitive Science*, Vol. 20, No. 1, 1996, pp. 75-100.

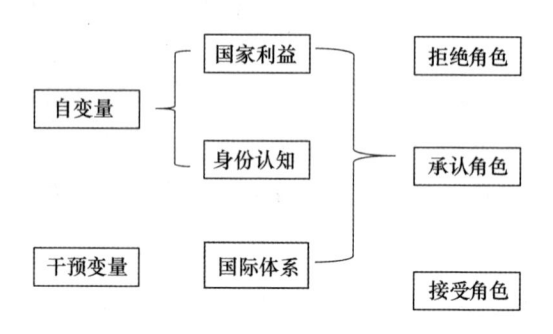

```
自变量 ─┬─ 国家利益 ─── 拒绝角色
        ├─ 身份认知 ─── 承认角色
干预变量 ─── 国际体系 ─── 接受角色
```

图 1-3　影响国家角色的变量组合

2. 研究假设

（1）国家利益的研究假设

张海滨在研究中国参与气候谈判时，借用了美国学者斯普林茨（Detlef Sprinz）和瓦托伦塔（Tapani Vaahtoranta）提出的"以利益为基础"的分析模式。[①] 这一模式设定了两个变量，一个变量是国家的生态脆弱性，在这一变量中，如果一个国家承受环境影响的能力越弱，也就是受到环境的影响越大，其参与气候变化谈判的意愿就越强烈，态度就会越积极，反之参与谈判的意愿和态度就越消极。另外一个变量是治理气候变化所付出的成本，如果治理气候变化付出的成本越低，那么就更有意愿参与气候谈判，反之意愿则会越低。[②] 根据这两个变量的不同组合，可以把参加气候谈判的国家分为四类：推动者、拖后腿者、旁观者和中间摇摆者（见表 1-1）。[③]

借用上述模型，本书在研究过程中假定：在参与全球气候治理的过程中，越有利于中国的国家利益，中国对全球气候治理的参与越积极，反之则越消极。涉及国家利益，本书采取一个广义的概念，包括气候变化对国民人身财产安全的影响、对国家安全的长期影响等，但主要聚焦在经济方面的利益。除了上述的生态脆弱性、治理成本，还包括对经济

[①] 张海滨：《中国与国际气候变化谈判》，《国际政治研究》2007 年第 1 期。

[②] Detlef Sprinz, Tapani Vaahtoranta, "The Interest-Based Explanation of International Environmental Policy", *International Organization*, Vol. 48, No. 1, 1994, pp. 77–105.

[③] 张海滨：《中国与国际气候变化谈判》，《国际政治研究》2007 年第 1 期。

利益的间接性影响。

表1-1　　　　　　　　　　基于利益的分析模型

		生态脆弱性	
		低	高
治理成本	低	旁观者	推动者
	高	拖后腿者	中间摇摆者

资料来源：张海滨：《中国与国际气候变化谈判》，《国际政治研究》2007年第1期。

（2）身份认知的研究假设

亚历山大·温特指出，"国家是可以具有身份和利益的实体"，"在哲学层面上，身份是使事物成为该事物的因素……身份从根本上说是一种主体或单位层次的特征，根植于行为体的自我领悟。但是这种自我领悟的内容常常依赖于其他行为体对一个行为体的再现与这个行为体的自我领悟这两者之间的一致，所以身份也会有一种主体间或体系特征。……两种观念可以进入身份，一种是自我持有的观念，一种是他者持有的观念。身份由内在和外在结构建构而成"。[①] 因此，国家身份的确定除了国家自身的定位，还有来自外部的对国家的期待，这种通过内外建构的身份会影响到一个国家参与国际事务的态度以及外部对它的期望程度。例如，美国作为世界上的一号强国，其国际影响力远远超出其他国家，因此美国自身会希望能够更多地干预国际事务，而国际社会对美国的期望值也比较高，希望它能够担负更多的责任、提供更多的公共产品。而与此同时，国际社会对国土面积较小、人口较少并且发展程度较低的国家则没有过多的期待，而这些国家也不认为自己能够影响国际事务的走向，结果是他们参与全球治理的意愿和外部对他们的期望都很低。

除此之外，提升中国的国际形象、提升国际地位，是中国外交政策的重要目标。一方面，中国的外交政策以独立决策为前提，不与任何大

[①] ［美］亚历山大·温特：《国际政治的社会理论》，秦亚青译，上海人民出版社2008年版，第220页。

国或国家集团建立联盟或战略关系；另一方面，中国传统上认为与发展中国家的团结是至关重要的。气候变化问题为中国提供了前所未有的机会，可以提高其发展中国家的声望。此外，中国利用气候变化加强了与发达国家的关系。

根据上述分析框架，本书提出第二个研究假设：国家对自我身份的认知和外部对国家身份的期待越高，国家参与全球气候治理的态度越积极、角色越主动，反之则角色越消极。

作为干预变量的国际体系，它是通过影响国家利益和身份认知来起作用的，是一个辅助性变量。在一定条件下，国际体系有利于发展国家利益或损害国家利益，强化或弱化国家对自我身份的认知，通过这样的方式影响角色的定位。根据上述研究假设和国际体系可以施加的影响，可以将中国参与全球治理的角色变化通过图1-4更为直观地表现出来。从A点到B点，国家参与全球气候治理的角色从消极到积极，越靠近B点，角色越积极，影响从A到B的因素是国家利益、身份认知和国际体系。国家利益和身份认知越靠近正相关的一方，则最终的角色就越靠近B点，即越积极，在此过程中国际体系会促进或者抑制国家利益和身份认知靠近正相关的方向。

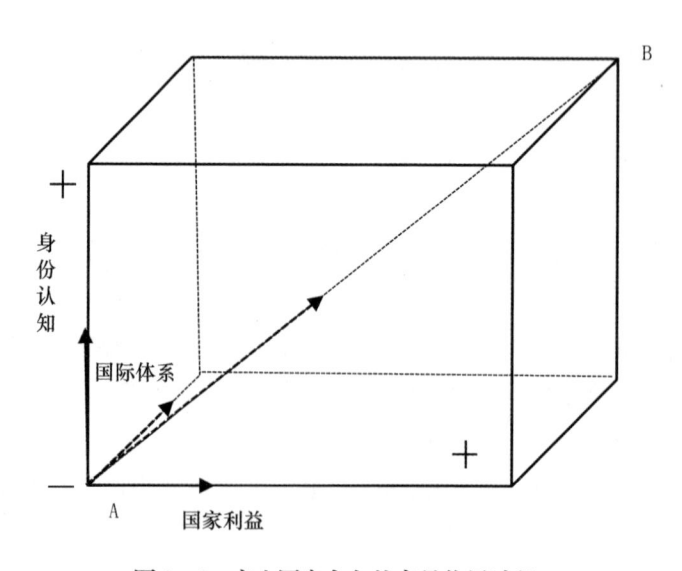

图1-4 产生国家角色的变量作用过程

本章小结

对于气候变化、气候治理和角色理论等基本概念的界定和梳理，是研究中国参与全球气候治理角色的一个基本前提，有助于确定论述的范围以及在此基础上展开的扩展研究。而通过对影响国家参与气候治理角色的相关影响因素的分析，最终选定国家利益和身份认知作为自变量，国际体系作为干预变量，借鉴学者已有的研究方法规划出全球气候治理的理论假设和变量关系，从而搭建了一个相对完整和有说服力的气候治理理论模型与解释框架。

第二章

拒绝角色:中国对全球气候治理的被动参与

根据角色观念形成的过程,拒绝角色是角色主体开始形成角色观念的第一个阶段。在这一阶段,主体拒绝接受任何角色,而是一切以自我为中心,从自我出发。主体虽然会对外界有反应,但都是在不受社会道德、规范和准则的约束下进行的反应,并且是消极被动的反应。这一特点在人身上就体现出这是一个生物人,还没有成为一个完整的社会人,例如人的婴儿时期;而对于大的单位来说,往往是其发展初期,具体到国家则体现为一个国家在发展初期往往不重视自己的义务,而专注于国家内部的发展。

气候变化引起国际社会的共同关注始于1979年第一次世界气候大会,从这次大会开始,世界各国对全球变暖的事实和二氧化碳排放这一成因的关注越来越深刻。在此基础上,1988年联合国大会宣布全球变暖为"人类共同关心的问题",为联合国主持下的正式谈判铺平了道路;同年世界气象组织、联合国环境署合作成立了政府间气候变化专门委员会,专责研究由人类活动所造成的气候变迁,该会会员限于世界气象组织及联合国环境署的会员国,气候变化问题由此从单纯的科学问题进入政治领域。随后,政府间气候变化专门委员会在1990年发表了首次报告,在此基础上,联合国大会于同年12月建立了政府间谈判委员会,开始进行气候变化框架公约的谈判,气候变化问题在事实上成为全球治理的一部分。接下来随着气候治理进程的推进,最终促成了1992年《联合国气候变化框架公约》的通过,《联合国气候变化框架公约》于 1994 年 3 月 21 日生效,目前已经有 195 个缔约方,这也是国际协议中成员最广泛的协议之一,是早期气候合作的里程碑。

本章选取 20 世纪 70 年代作为研究中国参与气候治理角色的起点,原因是气候变化问题在这一时期由单纯的科学问题转变为全球政治性问题,由孤立的气候问题成为综合性的全球治理问题。这一阶段恰逢中国的改革开放起步不久,追求经济发展成为第一需求。在此基础上,中国将自身定位为"后发型"国家,典型特征是经济发展落后并处于起步阶段。此时国际上由于 20 世纪 70 年代的石油危机,全球对石油的需求量减少,但供给量有所增加,所以价格较为低廉。这一时期中国还面临国际共产主义在全球范围内的挫折,国际环境较为严峻,中国迫切需要改善国际环境,积极融入国际社会。这三个层次的因素,使中国在全球气候治理中呈现出不得不参与国际事务却又无法承担温室气体减排所带来的成本的被动状态,整体表现为拒绝角色。

拒绝角色的标志是,其一,在这一阶段虽然中国参与气候谈判并签订条约,但实际上对气候谈判的影响不大,不能承担温室减排的责任。由于发达国家最先掌握关于气候变化的相关科学数据,而中国在气候监测方面基本处于空白局面,因此难以通过掌握有效数据来参加国际谈判,话语权少且不具有针对性,[①] 这导致了对于气候治理参与的拒绝与排斥。其二,拒绝角色还表现在中国参与气候治理的管理机构级别较低。中国气候政策的协调始于 1990 年,当时成立了国家气候变化协调领导小组,该小组最初由国家气象局来领导。国家气象局在协调中国早期气候变化研究、参与气候小组和其他国际科学方案方面发挥了关键作用,并在《联合国气候变化框架公约》于 1992 年获得批准后负责履行其在该公约中的各项承诺。然而,它是一个级别较低的政府机构,在实际气候决策过程中往往难以充分地履行职能。

---

① 严双伍、肖兰兰:《中国参与国际气候谈判的立场演变》,《当代亚太》2010 年第 1 期。

第一节　基于经济高速增长的国家利益观

20世纪70年代末80年代初，中国正处于经济社会的转折期，此时文化大革命刚结束不久，改革开放提出时间不长，百废待兴。在这一时期，对中国来说最重要的任务是摆脱贫困，提高人民的生活水平。在这一因素的引导下，国家对自身利益的认知就是实现经济的高速发展，并实现国家的工业化。对于气候问题本身来说，它是一个非传统安全领域的问题，中国作为"后发型"国家还没有将气候问题与经济相联系，更多的认为这是一个纯环境问题，所以在经济发展的过程中必然不会把它考虑在内。更进一步来说，为了实现经济的高速发展并早日实现工业化，能源的大量使用是不可避免的，这必然与温室气体减排相冲突。因此，即使发现了气候与经济之间的相互联系，但在那样特殊的历史时期，有可能会限制经济发展的温室气体减排政策是不会被纳入政府政策制定的考虑范围的。

一　气候问题的"非经济"认知

正如前文所提到的，气候问题属于非传统安全领域，最早发现气候问题会给世界和人类带来不利影响的是西方发达国家的科学家，并且初期对气候问题的认知相对较单一，将其限定在"环境领域"，对于气候问题所引发的社会、经济和政治等领域的连锁反应还没有更进一步的认知。随着科学研究的深入，西方科学家逐渐发现气候问题不仅仅是环境领域的问题，还会带来一系列社会、文化、经济等领域的非传统安全隐患，而对气候问题产生的原因也有了更广泛的认识，逐渐由认为自然原因是主要原因发展为认为人类的温室气体排放是气候变暖的主要原因。中国作为"后发型"国家，由于认知能力有限和科学的相对落后，对气候问题的认识远远落后于西方国家。当西方国家已经将气候问题作为一项涉及经济、社会、安全等领域的问题时，中国还将气候问题看作一个简单的环境问题，同时"限于当时的科学认识水平，中国基本上将气候公约视为一个国际环境协定"。①

随着气候变化成为国际政治议程上的一个重大问题，中国开始协调自己的气候政策。1988年，环境保护委员会经国务院批准成立了一个跨部门小组。随着国际气候谈判进入更正式的阶段，气候变化政策协调结构扩大并成立了一个国家气候变化协调小组，为即将到来的国际气候变化谈判确定中国的立场。这一小组涉及四个不同的机构，分别是国家科学技术委员会、国家环境保护局、国家气象局和外交部，其中国家气象局负责科学评估，并作为牵头机构，国家科学技术委员会负责应对策略，而国家环境保护局负责影响评估，外交部的责任是带领中国代表团参加具体谈判。从这个协调小组的组成可以看出，除了外交部作为对外代表进行谈判，其他部门更多的是科学和环境部门，但是缺少经济相关的部门，因此说明中国政府还未将气候问题和经济发展问题联系起来。

将气候变化问题仅仅限定在环境领域，是当时中国所表现出的"非经济"认知，在这一思想的指导下，中国所参与的有限的气候谈判也是按照"非经济"的原则来进行的，通过科学、气象、环保等部门的联合行动来参与全球气候治理，这在亟须实现经济高速增长的时期，必然不会将其作为一个与经济同等重要的问题来对待。

二 经济高速增长认知产生的背景

中国对经济高速增长的这一利益认知，有复杂的历史和现实原因。一是中华人民共和国成立以来历次大规模的政治运动严重破坏了中国原本就脆弱的经济基础，造成社会混乱和国家贫困。二是在于周边国家和地区在这一时期经济的高速增长和发展与中国内地形成鲜明的对比，自20世纪60年代开始，韩国、新加坡、中国香港和中国台湾实行以出口为导向的战略，大力发展劳动密集型加工业，使得这几个国家和地区的经济在短时间内实现了腾飞，被称为"亚洲四小龙"。

在此背景下，中国引入市场原则的经济改革始于1978年，分两个阶段进行。第一阶段是在20世纪70年代末80年代初，涉及农业的非集

---

① 庄贵阳：《后京都时代国际气候治理与中国的战略选择》，《世界经济与政治》2008年第8期。

体化，国家对外国投资的开放以及对企业家创业的许可。① 20 世纪 80 年代末和 90 年代的第二阶段改革，涉及私有化和对大量国有工业企业进行改革，以及取消价格控制、保护主义政策和法规。

中华人民共和国成立以来，在经历了短暂的经济基础恢复后，以毛泽东同志为核心的党的第一代中央领导集体准备着手实施工业增长计划。为此，政府采用苏联高度集中的计划经济模式，这一模式基于现代部门的国家所有权、农业的大型集体单位和集中的经济计划，这一经济发展方式体现在中国的第一个五年计划中（1953—1957 年）。在这一时期，主要强调以牺牲农业为代价的工业发展，特别是重工业和资本密集型技术。

农业也经历了广泛的组织变革。为了调动农业资源、提高农业效率、增加农产品数量，政府鼓励农民组织社会化的集体单位。从结构松散、规模较小的互助小组发展到较低的农业生产者合作社，再进一步发展到高级农业合作社，在这种合作社中，家庭仍然可以根据贡献的土地获得一定的收入，并最终发展为先进的合作社或集体组织。在生产合作社中，收入份额只基于劳动贡献的数量。集体化进程开始比较缓慢，但在 1955 年和 1956 年开始加速发展，1957 年大约 93.5% 的农户加入了生产合作社。

在经济增长方面，第一个五年计划非常成功，特别是在苏联式发展战略强调的那些领域。在重工业中创造了坚实的基础，钢铁制造、煤炭开采、水泥生产、发电和机械制造等重点行业得到了极大的发展，并建立了坚实的现代技术基础，建成了数千家工矿企业。1952—1957 年，工业生产年均增长率为 19%，国民收入以每年 9% 的速度增长。

尽管国家在农业方面缺乏投资，但农业产出量大幅增长，平均每年增长约 4%。这种增长主要是由于通过集团化实现的改组和合作所带来的效率的提高。然而，随着第一个五年计划的实施，中国政府越来越担心农业生产的相对疲软，以及国有贸易公司无法大幅增加农村单位用于城市消费的粮食购买量。在第一个五年计划结束前，工业和农业增长之间

---

① 迟福林：《经济发展与社会和谐 1：改革开放 30 年中国社会发展阶段的历史性变化》，《学会》2010 年第 10 期。

的不平衡日益加剧，这造成了人们对效率低下以及决策过程缺乏灵活性的不满，中央政府开始意识到高度集中的、以工业为基础的苏联模式不适合中国。

"大炼钢铁"和"人民公社化"运动在全国推广，严重破坏了工业和农业生产，挫伤了人民的积极性，导致粮食供应不足。禁止私营和外商投资企业，当时的目的是想实现经济的自给自足，对外贸易一般局限于获得在中国无法制造或取得的货物。这些政策造成了中国经济的扭曲，缺乏市场机制，无法实现资源的有效分配。

基于上述原因，1978年中国政府决定打破苏联式经济政策进行改革，根据自由市场经济原则与西方开放的贸易和投资政策，以此推动经济增长和提高人民的生活水平。

三 基于经济高速发展的国家利益认知下的国家发展策略

早在1977年，邓小平就明确指出，通过考察绩效，提倡按劳所得是经济和社会进步的重要因素。此外，他还强调了学者和科学家对于中国经济发展的未来和国际地位的重要性。邓小平的观点获得越来越多的支持，并在1978年12月召开的党的十一届三中全会上被正式提出。这次会议是中国经济社会发展政策走向的一个转折点，会议的核心精神是解放思想、实事求是，改革开放由此正式开始。党的十一届三中全会提出，中国当时的主要矛盾是人民日益增长的物质文化需要同落后的社会生产之间的矛盾，要解决这一矛盾需要将所有工作的重心都转移到经济建设这一核心问题上。这次会议决定改变中国的经济管理体制和方法，扩大与其他国家的经济合作，大力采用世界先进技术和设备，加强科学和教育工作以满足现代化的需要，强调了"四个现代化"的重要性。党的十一届三中全会指出，我们党所提出的新时期的总任务，反映了历史的要求和人民的愿望，代表了人民的根本利益，[①] 要集中精力促进生产，显著提高人民的生活水平，加强国防建设。

---

① 程伟戎：《生产力标准 人民利益标准 实践标准》，《安徽大学学报》（哲学社会科学版）1988年第4期。

改革从农业开始，由于长期的管理不善，到20世纪70年代末，粮食供应和生产严重不足，饥荒现象时有发生，因此农业改革强调家庭责任制，将人民公社的土地划分为私人土地。根据新政策，只要农民将合同中的部分农作物出售给政府，剩余部分由农民自由支配。[1] 这一举措在1975—1985年使农业生产量增加了25%，开创了经济私有化的先例。邓小平提出的自下而上的改革方法，与苏联改革自上而下的做法形成鲜明对比，被认为是促成中国经济转型成功的重要因素。[2] 城市工业也实施改革，提高了生产力。引入了双重价格体系，其中，国有工业在满足计划配额的前提下被允许出售，商品以计划和市场双重机制定价。20世纪80年代产业责任制的采用，允许个人或团体通过合同管理企业，进一步促进了国有企业的发展。私营企业被允许运营，并逐渐开始占工业产出的更大比例，价格灵活性有所增加，服务业也有所扩大。同时，在对外交流方面，首次开放外国投资，邓小平提出建立一系列经济特区，成为改革开放的前沿和国民经济增长的引擎。

中国对经济发展利益的认知，体现在邓小平多次的公开讲话中。1979年10月，邓小平指出，"经济工作是当前最大的政治，经济问题是压倒一切的政治问题。不只是当前，恐怕今后长期的工作重点都要放在经济工作上面"。[3] 他认为，党和国家长期以来的教训之一是，经济工作的重要性一直被忽视，工作重心偏离了经济建设这一主题。1980年1月，邓小平再次强调"经济工作是当前最大的政治"的观点，提出了党和国家在20世纪80年代的三大任务：一是反对霸权主义，维护世界和平；二是台湾回归祖国，实现国家统一；三是加紧进行现代化建设，特别是经济建设。他特别强调，三大任务最核心的问题是现代化建设，这是解决国际和国内问题最主要的条件。[4]

---

[1] Michael H. Hunt, *The World Transformed: 1945 to the Present*, Oxford: Oxford University Press, 2014, p.12.

[2] Steven M. Goldstein, "The Political Logic of Economic Reform in China", *Foreign Affairs*, Vol. 53, No. 33, 1994, p.11.

[3] 邓小平：《关于经济工作的几点意见》，《党的文献》1994年第6期。

[4] 俞良早、王红续：《邓小平理论发展史（修订本）》，中共中央党校出版社2004年版，第53页。

从邓小平的这些公开讲话可以看出，20世纪80年代，中国政府把促进经济发展、实现工业化、提高人民生活水平、摆脱国家贫困等一系列目标视为国家发展的优先选择，也是中国当时最大的利益。这种对国家利益的认知在接下来的党的十二大、十三大中有了进一步体现。

1982年9月党的十二大召开，这次会议试图为中国20世纪80年代的发展勾勒整体蓝图。邓小平强调："加紧社会主义现代化建设，争取实现包括台湾在内的祖国统一，反对霸权主义、维护世界和平，是我国人民在八十年代的三大任务。这三大任务中，核心是经济建设，它是解决国际国内问题的基础。"[①] 作为纲领性文件，党的十二大报告指出，从1981年到20世纪末的20年，我国经济建设总的奋斗目标是，在不断提高经济效益的前提下，力争使全国工农业的年总产值翻两番，即由1980年的7100亿元增加到2000年的28000亿元左右。实现了这个目标，我国国民收入总额和主要工农业产品的产量将居于世界前列，整个国民经济的现代化过程将取得重大进展，城乡人民的收入将成倍增长，人民的物质文化生活可以达到小康水平。到那个时候，我国按人口平均的国民收入还比较低，但同现在相比，经济实力和国防实力将大为增强。"在一九八一年到一九八五年的第六个五年计划期间，要继续坚定不移地贯彻执行调整、改革、整顿、提高的方针，厉行节约，反对浪费，把全部经济工作转到以提高经济效益为中心的轨道上来。要集中主要力量进行各方面经济结构的调整，进行现有企业的整顿、改组和联合，有重点地开展企业的技术改造，同时要巩固和完善经济管理体制方面已经实行的初步改革，抓紧制订改革的总体方案和实施步骤。"[②]

在此基础上，党的十三大进一步强化了经济建设的重要性。党的十三大报告指出要集中力量进行现代化建设，全部的工作都要围绕发展生产力这个中心进行，将是否有利于生产力发展作为检验一切工作的标

[①] 邓小平：《中国共产党第十二次全国代表大会开幕词》，载中共中央党校教务部编《十一届三中全会以来党和国家重要文献选编》，中共中央党校出版社2015年版，第98页。

[②] 胡耀邦：《全面开创社会主义现代化建设的新局面——在中国共产党第十二次全国代表大会上的报告》，人民出版社1982年版。

准。提出了要坚持对外开放，加强对外交流，杜绝闭关自守，要吸收外来优秀成果，正视自己与先进国家的差距。在坚持公有制为主体的前提下，大力发展商品经济，发展多种所有制经济，并在按劳分配为基础的情况下发展多种分配方式。我国经济建设的战略部署大体分三步走："第一步，实现国民生产总值比一九八〇年翻一番，解决人民的温饱问题。这个任务已经基本实现。第二步，到本世纪末，使国民生产总值再增长一倍，人民生活达到小康水平。第三步，到下个世纪中叶，人均国民生产总值达到中等发达国家水平，人民生活比较富裕，基本实现现代化。"①

中国对经济发展利益的认知和采取的措施，随着时间推移开始呈现出一定的效果（见表2-1），表2-1中所展示的数据与实际可能有出入，但快速和持续增长的现实是无可争议的。国有部门的实际产出在20世纪80年代翻了一番，但增长情况却落后于全国平均水平。国有企业的产出份额从1978年的78%骤降到20世纪90年代的不到一半，同期集体企业的份额从22%提高到38.2%。国有工业，1980—1988年全要素生产率以每年约2.5%的速度增长，② 这种趋势在1988年之后仍在继续。中国制造业出口也蓬勃发展，1980—1992年，从90亿美元飙升到680亿美元。③ 同时为了改变过去各产业之间严重失调的情况，国家加大了对农业和轻工业的支持，对重工业的盲目发展进行了抑制，1979年停止或延缓大中型项目295个、小型项目1600多个，节省投资115亿元。逐步提高对轻工业和民用工业的投资，1979年轻工业占工业总投资额的10.8%，比1978年提高了1.5%，1980年又提升了4.1%。④

---

① 《沿着有中国特色的社会主义道路前进——赵紫阳在中国共产党第十三次全国代表大会上的报告》，1987年10月25日，中国共产党历次全国代表大会数据库，http://cpc.people.com.cn/GB/64162/64168/64566/65447/4526368.html。

② Alan Gelb, Gary Jefferson, Inderjit Singh, "Can Communist Economies Transform Incrementally? China's Experience", Policy Research Working Paper Series, Vol. 8, No. 4, 1993, pp. 87-133.

③ 国家统计局编：《中国统计年鉴（1993）》，中国统计出版社1993年版，第634页。

④ 康晓：《气候变化全球治理与中国经济转型：国际规范国内化的视角》，中国出版集团、世界图书出版公司2014年版，第100—101页。

表 2-1　　　　　　　　　工业增长与结构　　　　　　　　（单位:%）

	1992 年产出份额	1980—1991 年度实际增长
国有企业	48.4	7.8
集体企业	38.2	18.6
私营企业	6.7	140.6
其他	6.6	43.5
合计	100	12.8

资料来源:《中国工业经济统计年鉴（1992）》,中国统计出版社 1992 年版,第 34—36 页。

综上所述,20 世纪 70—80 年代,对于气候问题,中国对此的认知还停留在环境问题的概念上,而亟须摆脱贫困局面和要实现国家经济发展以及工业化的需求成为国家发展事业的优先事项,因此气候问题在国家事业中所处的地位相对有限,由此中国在气候问题上所愿意付出的成本必然是较低的。而彼时中国又有融入国际社会的需求,因此气候问题便成为中国参与国际事务的一种低成本手段。

第二节　"后起的和平发展者"的身份认知

如前文所述,身份是当前国际关系理论中的一个重要概念,尤其是在不同的建构主义理论中,政治行为通常是以一个国家的身份为参照来解释的。利益是在社会上形成的,每个国家的利益取决于其特性;如果我们不知道自己是谁,就无法确定自己的利益,价值观和准则在国内和国际政治领域形成特征。

20 世纪 70—90 年代,这一时期中国对国家利益的认知是经济的高速发展,而这一利益认知也影响了该时期国家身份的认知。相对于苏联和美国两大超级大国,以及日本和欧洲等发达国家,中国处于发展中国家的地位,但是随着改革开放政策的实施,中国也逐渐开始与非洲、拉丁美洲和亚洲等其他发展中国家拉开距离,因此中国成为国际社会的后起者。中国在国际社会中的主要任务也由原先的支援世界革命转变为参与真正意义上的国家外交,国内的主要任务则由以"阶级斗争为纲"转变为以经济建设为中心。而对国家身份的认知又反作用于国家利益,并进一步体现在中国对全球气候治理的参与问题上。

毛泽东在1974年提出了"三个世界"的理论,它涉及三个政治经济世界:第一个世界由超级大国组成,第二个世界由发达国家组成,第三个世界由发展中国家组成。其中美国和苏联组成了第一个世界的帝国主义和社会主义的超级大国集团。第二世界是指处于这两者之间的发达国家,如英国、德国、日本、加拿大、澳大利亚等。非洲、拉丁美洲和除日本以外的亚洲国家组成了第三世界。20 世纪60—80 年代,日本整体实际经济增长迅速,20 世纪60 年代其增速平均为10%,20 世纪70 年代平均为5%,20 世纪80 年代平均为4%,1968 年日本成为仅次于美国和苏联的世界第三大经济体。[①] 随着日本经济的崛起,位于东亚的其他国家学习日本的出口导向型战略,经济发展迅速。从20 世纪60 年代末开始,亚洲出现了"四小龙"的经济增长奇迹,这一增长情况都归功于出口导向型政策和强劲的发展政策,这些经济体的特征是持续快速增长和高水平的平等收入分配。"亚洲四小龙"在20 世纪70 年代之前以农业和轻工业为主导,70—90 年代经济发展高速。它们利用发达国家向发展中国家转移劳动密集型产业的机会,吸引外国大量的资金和技术,利用本地廉价而良好的劳动力优势适时调整经济发展策略,发展迅速,成为东亚和南亚继日本国后新兴的发达国家或地区,也成为东亚和东南亚地区的经济火车头之一,其成功的经济发展过程和经验是发展经济学研究的典型例子。[②] 因此到了20 世纪70 年代中后期,毛泽东所提出的"三个世界"的划分已经开始出现了变化。同样是曾经"第三世界"国家的发展带给了中国巨大的冲击,面对这种发展状况,中国必定不想继续以第三世界国家的身份存在下去,而是希望通过发展经济,实现摆脱贫困和实现国家的工业化,这是中国后起国家认知的时代背景。对于这一认知,从当时国家领导人的公开表述中可以得到明确的体现。1979 年邓小平提出,"经济工作是当前最大的政治,经济问题是压倒一切的政治问题。不只是当

---

① [日]内野达郎:《战后日本经济史》,赵毅等译,新华出版社1982 年版,第67 页。
② 俞兴民:《亚洲四小龙经济增长方式从粗放型向集约型转变的经验和启示》,《党政视野》1995 年第11 期。

前，恐怕今后长期的工作重点都要放在经济工作上面。……所谓政治，就是四个现代化。我们开了大口，本世纪末实现四个现代化。后来改了个口，叫中国式的现代化，就是把标准放低一点。特别是国民生产总值，按人口平均来说不会很高。……一九七七年，美国的国民生产总值按人口平均为八千七百多美元，占世界第五位。第一位是科威特，一万一千多美元。第二位是瑞士，一万美元。……我们到本世纪末国民生产总值能不能达到人均上千美元？"①

中华人民共和国成立后，以美国为首的西方国家对新生的社会主义政权采取封锁、打压的政策，而同样作为社会主义国家的苏联第一时间承认了中华人民共和国并建交，双方本着共同的意识形态及利益需求成为友好国家，毛泽东也根据当时的国际形势和周边外交环境进行判断，针对中国发展的实际提出了"一边倒"的外交理念。② 这一理念并非仅与苏联建立外交关系，而是加入以苏联为首的社会主义阵营，对抗以美国为首的资本主义阵营，反对帝国主义。这一外交理念的提出成为20世纪50年代中国对外关系的主线，中国也成为苏联之后社会主义阵营的主要成员，在冷战背景下的国际格局中起着重要的作用，此时中国的身份是"社会主义阵营重要成员"。由于苏联的大国沙文主义逐渐体现，中国受到的不公正待遇越来越多，最终希望能够独立发展的中国与苏联关系破裂。随着苏联对社会主义阵营的其他国家的沙文主义加强，越来越多地干涉别国内政，最著名的就是"波匈事件"。苏联在社会主义阵营的信誉有所下降，而此时中国作为社会主义阵营的一份子，体现出较强的号召力和责任心，同时中国坚决遵循互不干涉内政、和平共处的基本原则，逐渐在社会主义阵营中树立起权威。虽然彼时中国的国力还比较弱小，但特殊的历史背景使得中国领导人将自身定义为"世界革命的指导者"。③

在"世界革命的指导者"的身份定位下，中国的国内外政策坚持以"阶级斗争为纲"的原则，对外关系也以意识形态为指导来确定与其他国

---

① 《邓小平文选》第2卷，人民出版社1994年版。
② 赤桦：《新中国战备历史的回顾及启示（1949—1985）》，《当代中国史研究》2012年第5期。
③ 王超：《当代中国身份定位的演变对其参与国际合作的影响》，中国国际关系学会博士论坛，上海，2008年6月，第195—219页。

家的关系。此时的中国完全抛弃了以国家利益为基本出发点的外交政策，将革命利益等同于国家利益，而这种不尊重规律的外交政策必然会造成国家事业的损失，危害国家利益。到了20世纪70年代，随着中美、中日关系的缓和，中国这种以意识形态为指导的外交关系开始得到改善，中国也逐渐认识到"世界革命的指导者"的身份定位所带来的种种弊端。而随着文化大革命的结束，中国也亟待重新定位自我身份。1978年召开了党的十一届三中全会，这标志着中国以"阶级斗争为纲"的时代结束，从此中国开始走上了以经济建设为中心的发展道路，也是中国对身份定位重新认知的开始。这一新的身份定位并不是短时间内确定的，因为原有身份定位还在某种程度上继续发挥作用。另外，在新形势下如何确定一个适合中国发展经济，同时又满足中国外交的身份定位，需要有一个思考的过程。新时期的身份定位，逐渐在中国国内发展和对外交往中形成了基本的方向。和平与发展是中华人民共和国自成立以来一直追求的目标，在毛泽东时代就反对超级大国的霸权行为，认为这是世界发生战争的根源，阻碍了世界的发展。随着改革开放的深入，中国对和平与发展的认识更为深刻，邓小平在一些公开的讲话中时常提到和平与发展，1981年邓小平曾对来访的瑞典客人讲，"中国提出的维护世界和平的政策，是出于中国发展的需要，只有在和平的国际环境下才能取得发展"。[1] 1984年5月，邓小平又提出，目前世界上存在两个比较突出的问题：一个是和平问题；另一个是南北问题，而南北问题也就是发展问题。在党的十三大上，"和平与发展是当代世界的主题"被正式提出。[2] 随着对时代主题认识的更为深刻、改革开放的深入进行，中国也明确了新时期自己的身份定位，那就是"和平的发展者"。

经济上对经济发展和摆脱贫困的需求，使中国在面对美国、苏联以及其他发达国家中逐渐成为后起国家，同时在对外关系中中国对和平与发展这一主题的追求使得在那一时期中国将自身定义为"后起的和平发展者"。这一身份的确定影响了中国参与全球气候治理的表现，围绕着这一身份认知，中国在参与气候谈判以及参加气候变化国际协定的过程中，

---

[1] 冷溶、汪作玲：《邓小平年谱（1975—1997）》，中央文献出版社2004年版，第731页。
[2] 奚洁人：《科学发展观百科辞典》，上海辞书出版社2007年版，第132页。

积极参与以便更好地融入国际社会，满足经济发展的需要和营造良好的国际环境，但为了服务经济发展这一优先事项又表现出相对谨慎的态度。

第三节　紧张的国际环境和宽松的国际能源体系

国家间关系会随着国际体系的变迁而发生变化，这也直接影响了国家外交政策的制定和执行，影响中国在20世纪70—90年代参与全球气候治理的国际体系因素，除了周边国家经济和社会的发展与中国形成的极大反差，还包括国际共产主义运动所遇到的挫折给中国造成的冲击。80年代末到90年代初，东欧剧变和苏联解体使得中国面临的国际环境恶化。80年代全球石油价格开始暴跌，这种宽松的国际能源体系给中国带来了发展机遇，也影响了中国在参与全球气候治理中的态度。

一　周边及国际环境

"二战"期间，日本的经济受到战争影响到了崩溃边缘，而战后的通货膨胀和高居不下的失业率使得日本经济全面崩溃，但由于冷战的开始，美国为了与苏联对抗，在亚洲开始扶植日本，同时日本从美国接到大量订单，这充分刺激了日本经济的发展，出现了"日本战后经济奇迹"。同样是在亚洲，从20世纪70年代开始，一些小的国家和地区利用发达国家向发展中国家转移劳动密集型产业的机会，吸引外国大量的资金和技术，利用本地廉价而良好的劳动力优势适时调整经济发展策略，发展迅速，成为东亚和南亚继日本国后新兴的发达国家或地区，也成为东亚和东南亚地区的经济火车头之一，"亚洲四小龙"成为当时亚洲经济发展的突出现象。而到了80年代，社会主义运动在东欧曲折发展，社会主义阵营出现裂缝，中国的社会主义建设也受到当时国际氛围的影响，1991年存在69年的苏联解体，国际共产主义运动遭到前所未有的打击。这一系列事件组成了当时中国所面临的国际环境，影响中国的发展决策，进而影响到中国在全球气候治理中的参与。

（一）日本战后经济腾飞

日本的经济奇迹是日本在第二次世界大战后到冷战结束期间的经济

增长纪录，在经济繁荣时期，日本迅速成为仅次于美国的世界第二大经济体。这个经济奇迹是第二次世界大战后日本受益于冷战的结果，第二次世界大战后，美国将日本作为自己在亚太地区的前沿阵地，以应对苏联在太平洋地区的影响力，美国加强对日本的经济援助，日本也接到大量的美国订单。美国对日本经济的干预还源自担心日本人对社会的不满和贫穷会使得社会转向共产主义，成为隐患。在此期间，日本政府也加强了对经济的干预。"经济奇迹"时期日本经济的显著特征包括，制造商、供应商、分销商和银行在名为联营公司（keiretsu）的紧密组织中的合作，强大的企业工会与政府官僚的良好关系，以及大公司和高度工会化的蓝领工厂的终身雇用保障。

  日本在"二战"中受到严重伤害，例如，第二次世界大战结束时日本棉花产业陷入瘫痪，2/3 的战前棉纱锭被战时行政人员摧毁，城市地区的轰炸和破坏导致进一步损失了 20% 的纺纱和 14% 的织造能力。[①] 尽管如此，其复苏的能力令世界震惊，赢得了"日本经济奇迹"的称号。总的来说，战后时期各国经历了一定程度的工业增长，日本、联邦德国和意大利等因战争造成工业产出量大幅下降的国家实现了最快速的复苏。就日本而言，工业生产在 1946 年下降到战前水平的 27.6%，但在 1951 年恢复到战前水平，并在 1960 年达到 350%。[②] 日本迅速从战争创伤中恢复的第一个原因是政府成功的经济改革。[③] 其中一项重大经济改革是采用"倾斜生产模式"，"倾斜生产模式"是指倾向于生产，主要集中在包括钢铁、煤炭和棉花在内的原材料的生产，纺织品生产占工业总产量的 23.9% 以上。[④] 此外，为了刺激生产，日本政府支持招聘新的劳动力，特别是女性劳动力，通过加强女性劳动力的招募，日本成功地从破坏中恢复过来。日本从第二次世界大战中迅速复苏的第二个原因是朝鲜战争的

---

  ① Helen Macnaughtan, *Women, Work and the Japanese Economic Miracle: The Case of the Cotton Textile Industry, 1945–1975*, New York: Routledge, 2004, p. 9.

  ② Ichirō Nakayama, *Industrialization of Japan*, Centre for East Asian Cultural Studies, 1963, p. 32.

  ③ Jill Hills, "The Industrial Policy of Japan", *Journal of Public Policy*, Vol. 3, No. 1, 1983, pp. 63–80.

  ④ M. E. Falkus, "Industrial Dualism in Japan: A Problem of Economic Growth and Structural Change by S. Broadbridge", *International Affairs*, Vol. 44, No. 3, 1968, p. 610.

爆发。朝鲜半岛远离美国领土，因此物流成为一个重大问题。作为美国在亚洲的主要支持者之一，日本脱颖而出，为后勤行动提供了充分的支持，并从枪支的生产中受益。美国的大规模枪械和其他物资的采购极大地刺激了日本经济，使日本能够从战时的破坏中恢复过来，并为日本即将到来的高增长阶段奠定基础。

在获得美国的支持和实现国内经济改革之后，日本经济在20世纪50—70年代实现飙升。此外，日本也完成了工业化进程，成为东亚最早的发达国家之一。1967—1971年的日本经济年鉴记录了这一增长过程。经济年鉴描述，1966年的日本经济比先前的预期更快地取得了进展，[1] 在1965年秋季触底后继续保持良好增长态势。[2] "增长""增加""上升"等字样是1967—1971年日本经济年鉴的关键词。在重建期间和1973年石油危机之前，日本完成了工业化进程，生活水平显著提高，消费量大幅增加。城市家庭的平均每月消费量从1955年到1970年翻了一番。[3] 此外，日本的消费比例也在发生变化，日常必需品（如食品、衣服和鞋类）的消费量逐步下降；相比之下，娱乐活动和商品的消费增加，包括家具、运输、通信和阅读，消费的大幅增加刺激了GDP的增长。

1973年石油危机，石油价格震荡袭击了日本，石油价格从每桶3美元上涨到每桶近12美元。在此期间，日本的工业生产减少了20%，因为石油供应无法有效应对需求的快速扩张，而且设备投资的增加往往会引起不必要的结果。此外，1978年和1979年的第二次石油危机加剧了这种情况，因为油价再次从每桶近12美元上涨到每桶39.5美元。尽管受到两次石油危机的严重影响，日本仍然能够承受，将其生产形式设法从劳动密集型转向技术密集型。这种转变实际上是石油危机和美国干预的产物，由于油价上涨了十倍，生产成本也随之飙升。石油危机后，为了节约成本，日本不得不生产更环保的产品，减少石油消耗。因此，日本转向了技术密集型计划，确保了其经济的稳定增长，并在其他资本主义国家中

---

[1] *The Oriental Economist's Japan Economic Yearbook*, Oriental Economist, 1971, p. 23.
[2] *The Oriental Economist's Japan Economic Yearbook*, Oriental Economist, 1971. p. 19.
[3] Shumpei Kumon, Henry Rosovsky, *The Political Economy of Japan: Cultural and Social Dynamics*, Redwood City: Stanford University Press, 1987, p. 102.

脱颖而出,这些国家在石油危机中受到了严重的伤害。还有一个因素是美国与日本的摩擦,日本经济的快速增长可能会损害美国的经济利益。1985年,美国与日本、联邦德国、法国和英国签署了《广场协议》,目的是联合干预外汇市场,使美元对日元及德国马克等主要货币有秩序性地下调,以解决美国的巨额贸易赤字,从而导致日元大幅升值。日本试图通过日元升值来扩大国际市场,但他们过度升值,造成了泡沫经济,日本从20世纪70年代开始进入了发展稳定期。

(二)"亚洲四小龙"崛起

20世纪60年代早期,亚洲的韩国、中国香港、中国台湾和新加坡经济保持了极高的增长率,每年超过7%,它们主要发展出口导向型产业,通过大力发展劳动密集型产业短期内实现经济的腾飞,这四个国家和地区都发展成为高收入经济体,专注于竞争优势领域(见图2-1)。中国香港地区和新加坡已成为世界领先的国际金融中心,而韩国和中国台湾地区则是制造电子元件和设备的全球领导者。

20世纪50年代,随着纺织工业的发展,中国香港成为四个国家和地区中第一个实现工业化的地区。到20世纪60年代,中国香港的制造业已经扩大并多样化,包括出口导向的服装、电子和塑料产业。[1] 新加坡从马来西亚独立出来之后,经济发展局制定并实施了促进该国制造业发展的国家经济战略,建立了工业区,并通过税收优惠吸引了外国投资。与此同时,中国台湾地区和韩国在20世纪60年代中期开始工业化,政府的大量参与,包括倡议和政策,与中国香港地区和新加坡一样,两个地区都发展出口导向型产业。[2] 日本经济的复苏和发展对这四个国家和地区的发展产生了重要影响,它们学习日本的发展模式,在基础设施和教育领域进行大量投资。

---

[1] Catherine Schenk, "Economic History of Hong Kong", EH. Net Encyclopedia, edited by Robert Whaples, March 16, 2008, URL http://eh.net/encyclopedia/economic-history-of-hong-kong/.

[2] Michael H. Hunt, *The World Transformed: 1945 to the Present*, Oxford: Oxford University Press, 2014, pp. 505-506.

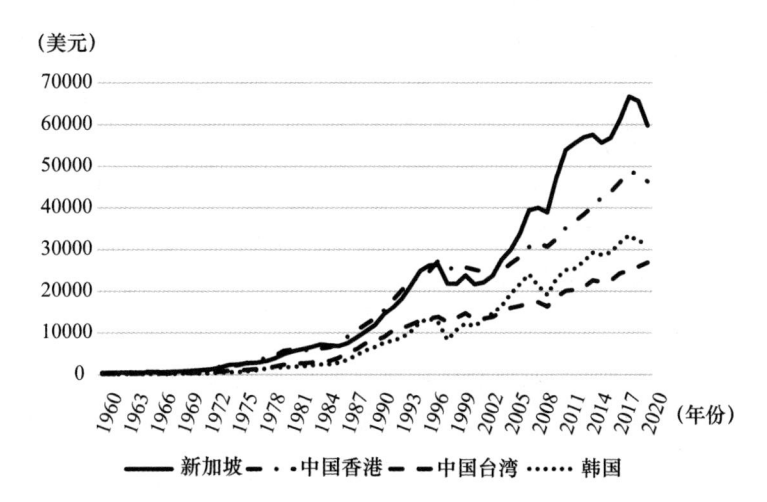

图 2-1　1960—2020 年"亚洲四小龙"人均国内生产总值增长

资料来源：圣路易斯联邦储备银行，https://fred.stlouisfed.org/。

到 20 世纪 60 年代末，四个经济体的物质资本和人力资本水平远远超过处于相似发展水平的其他国家和地区，这随后也使得人均收入水平快速增长。虽然高投资对推动经济增长至关重要，但人力资本的作用也同样不能忽视。教育被认为在"亚洲四小龙"的经济奇迹中起着重要作用。鉴于其收入水平，四个经济实体的入学率高于预期，到 1965 年，所有四个国家和地区都实现了普及小学教育，特别是韩国，到 1987 年，中学入学率达到 88%。[①]在此期间，男性和女性入学率之间的差距也明显缩小。总体而言，教育水平的进步使人们具备了高水平的识字和认知技能，提高了整个国家的劳动力素质和国民文化水平，为经济的腾飞提供了丰富的人力资源资本。

稳定的宏观经济环境的创造是亚洲经济奇迹的基础。"亚洲四小龙"中的每一个国家和地区都在不同程度上成功地管理着三个影响经济发展的变量：预算赤字、外债和汇率。为了不破坏宏观经济的稳定，每个国

---

① John Page, "The East Asian Miracle: Four Lessons for Development Policy", NBER Macroeconomics Annual, No. 9, 1994, pp. 219–269.

家和地区的预算赤字都被控制在其财政限度之内,韩国的财政赤字尤其低于20世纪80年代经合组织(OECD)的平均水平,中国香港地区、新加坡和中国台湾地区没有外债,因为它们没有海外借款。[①] 虽然1980—1985年,韩国债务与国民生产总值的比率相当高,但它的高出口水平弥补了债务缺陷。四个国家和地区的汇率已经从长期固定利率制度转变为固定但可调整的利率制度,而且有管理的浮动利率制度偶尔会大幅贬值。这种积极的汇率管理使四个经济体能够避免汇率升值并维持稳定的实际汇率。

出口政策是这四个亚洲经济体崛起的重要原因,四个国家和地区采取的做法各不相同。中国香港地区和新加坡引入了新自由主义的贸易体制,鼓励自由贸易,而韩国和中国台湾地区则采用适合自己出口行业的混合制度。在中国香港地区和新加坡,由于内部市场较小,内部价格与国际价格挂钩。韩国和中国台湾地区对贸易商品部门实行出口激励措施,新加坡、韩国和中国台湾地区政府也致力于推动特定的出口产业,这被称为出口推动战略。所有这些政策帮助这四个国家和地区实现了30年平均每年7.5%的增长,进入发达国家和地区的行列。

除了各国经济政策,政治方面的因素也是促成"亚洲四小龙"经济腾飞的重要因素。美国作为当时的超级大国之一,是全球化趋势的主要引导者,中国台湾地区政府长期接受美国援助,受到西方价值观影响较大,韩国也是美国在亚洲的军事基地,长期受到西方价值观的影响,这也使得这两个地区更容易与以美国为主导的全球体系相接轨,快速融入全球经济体系和西方价值体系,同时处于冷战的特殊时期,中国台湾地区和韩国受到的美国援助增加。新加坡与中国香港地区则都是或者曾经是英国的殖民地,两个国家和地区也受到过西方价值观和文化的充分洗礼,尤其在法治、教育和经济各方面都深受影响,因此更容易适应自由主义的经济发展模式。另外,中国台湾地区和韩国都曾是日本的殖民地,日本在占领期间所进行的基础设施建设为两个国家和地区后来的经济腾飞奠定了基础,英国同样在中国香港地区和新加坡进行基础设施建设。

---

① John Page, "The East Asian Miracle: Four Lessons for Development Policy", NBER Macroeconomics Annual, No. 9, 1994, pp. 219 – 269.

四个国家和地区的执政当局都有着高效的行政政策和政策执行能力。韩国、中国台湾地区与新加坡处于威权政体的治理下，最高当局的政策的制定、出台和实施可以省去中间不必要的环节，直接在基层实施，直接提升了效率。中国香港地区作为殖民地，由英国实际控制下的中国香港地区政府进行治理，为中国香港地区的发展创造了稳定的政治和社会环境，并且在这一模式下政府的政策没有中断，前后衔接较为顺畅，这种稳定的环境为经济发展创造了条件。尤其是威权性质最强的新加坡和类似财阀主导政治的韩国，在这种高效的政治模式下，经济增长最为明显，中国台湾与香港地区表现相对普通。"亚洲四小龙"运用政府手段和社会政策来促进工业化的进程，其核心就是使用社会政策来加速劳动力的流动以及结构的整合。

"亚洲四小龙"成为许多发展中国家发展经济的榜样。中国作为与韩国和新加坡相近的发展中大国，在同一时期"以阶级斗争为纲"成为国家发展的重心，错失了发展机遇，与周边国家的发展形成了鲜明的对比，这也刺激了中国在改革开放以后加大力度发展经济，坚持以经济建设为中心。改革开放以后中国也大力发展出口导向型产业，利用中国劳动力资源丰富的优势发展劳动密集型产业，在很大程度上也是受日本和"亚洲四小龙"的影响。

（三）苏东剧变

冷战后期，东欧各社会主义国家的经济和社会出现一系列的矛盾，导致国家动荡、经济下滑。造成这些现象的原因从内部来看，各国忽视经济发展的基本规律，不结合国家发展实际，而是片面地采用苏联的高度集中经济体制，在这一体制下，国家对整个社会经济统一安排，缺乏灵活性，效率低下，并且片面发展重工业，造成农业、轻工业发展滞后，人民生活水平下降。在政治方面，东欧各国执政党长期执政形成既得利益者集团，党和政府行为缺乏有效监督，导致国家存在大量贪污腐败现象，法律形同虚设，践踏人权的现象层出不穷。客观方面，戈尔巴乔夫上台以后提出建设"民主社会主义"，东欧国家共产党由此开始进行改革，还实行"辛纳屈主义"允许周边华沙条约组织成员国决定自己的内政，不同于之前对东欧国家的高压控制和大国沙文主义，而是逐渐放松对东欧国家的控制，使东欧国家的人民和民间组织政治意识增强，希望获得更多的民主，而美国和西方国家对东欧国家的和平演变是东欧国家逐渐发生变化的另外一个客观因素。

这场全面革命的事件最初始于1989年的波兰，并相继在匈牙利、民主德国、保加利亚、捷克斯洛伐克和罗马尼亚开展，这些革命共同的一个特点是民众首先开始进行抵抗运动，反对政府的独裁和腐败，希望进行民主选举，获得更多的权利并提高生活水平。波兰人民共和国时期，经济状况持续慢性恶化，通货膨胀，食品配给制度和食品、物资、经济的匮乏，使得罢工、暴动和防暴镇压事件不断发生。1987年，波兰政府的经济政策宣告失败，通货膨胀达40%，全国长期发生暴动和罢工事件；1989年，波兰政府与波兰团结工会及其他反对派举行波兰圆桌会议，4月5日，政府与罢工者达成共识，波兰共产党承诺自由选举及言论自由，罢工最终结束，波兰达成民主化。罗马尼亚作为产油大国为其带来了丰厚的经济利益，这在一定程度上使得它区别于其他东欧国家与苏联的关系，使其具有更多的自主权，而不是受制于苏联的控制，但同样是因为产油国的这种身份，造成了齐奥塞斯库在罗马尼亚的独裁统治。20世纪80年代开始，罗马尼亚经济崩溃，人们对齐奥塞斯库的不满情绪日益高涨，最终罗马尼亚这场革命在1989年12月以齐奥塞斯库夫妇被枪决而结束。1989年6月，匈牙利开始拆除其实际铁幕，部分导致民主德国人通过匈牙利外流，这破坏了民主德国的稳定，这也导致了莱比锡等城市的大规模示威活动，随后是1989年11月柏林墙倒塌，最终德国统一。

苏联自斯大林时期开始实行高度集中的政治经济体制，这一体制在特殊时期对于苏联应对外地入侵可以有效快速地集中人力、物力、财力。在一段时间内，这种高度集中的体制也促进了苏联重工业行业在短时期内的快速发展，使苏联一度成为仅次于美国的世界第二大强国。但这种体制违背了经济发展规律，国家对经济进行统一计划，不考虑实际情况，不利于调动人民和企业的积极性，造成了大量的资源浪费，而且片面追求重工业和军事工业的发展，使轻工业、民用工业和农业的发展滞后，严重降低了人民的生活水平。在政治方面，这一体制难以容忍持不同意见的人，对所谓的"反对派"和一大批知识分子进行迫害，加强意识形态方面的控制，不允许不同声音的出现，严格控制社会舆论。在这种体制下，苏联整个社会在经历了初期的快速发展后，迅速进入停滞和封闭状态。

　　经济方面，勃列日涅夫执政后期随着美苏冷战的加剧，苏联在军备方面表现得较为强势，并且军费开支一度超越美国，但是苏联的经济发展却远远落后于美国，这使苏联经济被严重拖累，而以勃列日涅夫为首的领导阶层却对此视而不见，小规模的一些经济改革也没有起到任何成效。另外，对重工业的过度发展，使涉及人民生活的工业部门发展不足，生活用品短缺，人民生活水平下降，农民生活更为困难。在斯大林模式下，小农经济被消灭，代之以大规模的农业集体化，粮食生产归国家所有，农民无法获得个人产品，农民工作积极性下降，粮食种植成本高、产量不足，进口价格都远远低于自产粮食价格，农产品的供应严重不足。从"二战"以后到20世纪80年代，苏联的各项经济指标都处于下降状态，苏联国民收入增长率在50年代平均增长10.3%，60年代平均增长6.8%，70年代平均增长4.9%，80年代经济增长率继续下跌，到90年代则出现负增长现象。[①] 作为石油生产大国，80年代苏联的经济极度依赖石油出口，而国际石油和天然气价格的下降给苏联的经济造成巨大打击，石油危机期间苏联增加石油产量，为了拉近与西方国家的关系，拒绝了欧佩克提出的限产保价合作，而是与其争夺市场，而随着里根在1985年通过强制手段使沙特增加石油产量，对苏联的石油经济造成巨大打击。[②]

　　民族问题激化。从历史上来讲，苏联国内的民族组成比较复杂，各民族之间在语言、文化、社会组成等方面都存在较大的差异性，同时历史上有的民族之间存在的长期矛盾一直没有得到妥善处理。苏联成立后，没有按照各民族的特殊性进行管理，而是在国家利益的名义下无视民族的利益，埋下了民族矛盾的隐患。长期以来，俄罗斯作为规模最大的民族，苏联长期推行大俄罗斯主义，少数民族长期得不到重视，俄罗斯和少数民族之间的矛盾加深，民族分裂主义开始滋生，而苏联领导层对此也没有重视，并且一再退让。随着戈尔巴乔夫"新思维"改革的开始，积压已久的民族矛盾瞬间爆发。苏联共产党的腐败问题，是导致苏联解

[①] 王晓秋、刘世华：《激进民主化与苏联解体及其风险启示》，《东北师大学报》（哲学社会科学版）2011年第4期。

[②] 庞昌伟：《国际油价波动与苏联解体》，《俄罗斯研究》2011年第6期。

体的又一深层次矛盾。取得政权以后的苏联共产党,形成了多个既得利益集团,他们长期盘踞在国家的某一行业,生活腐化,引发民众不满。苏共高层勾结企业和不法商人,对普通民众进行长期剥削。苏共高层缺乏对底层民众生活的了解,也造成了民众的不满情绪。

西方国家的和平演变,是苏联解体的外部原因。20世纪80年代,里根政府加大宣传力度,披露苏共集团的腐败内幕,通过拨款给苏联和东欧国家扶植自由派组织,壮大他们的力量,加强他们在国家内部的活动能力,同时大力发展媒体,加强对苏联民众自由思想的宣传,使得民众能够更多地了解外部世界,强化了他们对苏共统治的不满。在一系列因素的综合作用下,1991年12月25日,戈尔巴乔夫宣布苏联停止存在,苏联正式解体。

受到东欧剧变和苏联解体的影响,此时国际共产主义运动受到了前所未有的打击,中国也面临较为严峻的国际环境,受到西方国家的封锁和遏制。而气候问题由于其"弱政治化"的特点,相对于其他政治事件而言不那么敏感,因此也成为中国突破封锁和遏制的一个窗口。通过参与国家气候问题的治理,中国加强与西方国家的交流,同时还避免了意识形态和社会体制等方面的正面对抗,可以借此改善与西方发达国家的关系,弥补双方的裂痕。

二 宽松的国际能源体系

第一次石油危机始于1973年10月,当时阿拉伯石油输出国组织成员宣布实施石油禁运,禁运的目标是在第四次中东战争期间支持以色列的国家。[①] 最初的目标国家是加拿大、日本、荷兰、英国和美国,禁运后也延伸到葡萄牙、津巴布韦和南非。到1974年3月禁运结束时,石油价格从每桶3美元上涨到近12美元,美国的石油价格明显走高,封锁造成了石油危机,对全球政治和全球经济产生了长远影响。

石油禁运的影响是立竿见影的,石油输出国组织迫使石油公司大幅增加支付,石油价格在1974年翻了两番。这种价格上涨对石油出口国产

---

① Sara Hahn, "Palestine and the Arab-Israeli Conflict: A History with Documents", *The Middle East Journal*, Vol. 59, No. 1, 2005, p. 167.

生了巨大影响，对于中东国家而言，这些国家长期以来一直被工业大国控制，这次石油禁运使石油输出国开始积累巨额财富。石油生产国获得的资金部分通过援助的形式发放给其他欠发达国家，这些国家的经济在西方需求萎缩的情况下，陷入了油价上涨和出口商品价格下跌的两难境地。另外，大量的资金用于购买武器，加剧了政治紧张局势，尤其是在中东地区。在接下来的几十年里，沙特阿拉伯花费了1000多亿美元，通过宗教慈善机构，在全世界范围内传播其原教旨主义，这些机构还经常向"基地"组织和逊尼派极端组织发放资金。[1] 石油输出国组织将石油作为武器，目的是迫使西方国家更倾向于阿拉伯国家，石油危机使石油产量最终下降了25%。[2] 石油封锁对美国经济产生了负面影响，在国际层面上，价格上涨改变了汽车等许多行业的竞争地位。欧佩克成员国提出了石油公司控股国有化的可能性，值得注意的是，沙特阿拉伯在沙特石油部长的领导下于1980年将沙特阿拉伯国家石油公司国有化，随着其他欧佩克国家纷纷效仿，该组织成员的收入大幅飙升。沙特阿拉伯实施了一系列雄心勃勃的五年发展计划，其中规模最大的一次始于1980年，融资2500亿美元，其他垄断联盟成员也实施了重大的经济发展计划。在华盛顿石油峰会上进行谈判后，石油禁运于1974年3月解除，石油危机有所缓和，但影响在整个20世纪70年代徘徊不定。由于美元在世界市场上的竞争地位减弱，能源美元价格在第二年再次上涨。

　　这场危机是促使日本经济摆脱石油密集型产业的一个主要因素。日本的投资转向了电子等行业。日本汽车制造商也从此次危机中获益，燃油成本的增加使得他们的小型节能车从美国的"耗油"竞争中获得了市场份额。这引发了美国汽车销量的下滑，并一直持续到20世纪80年代。价格冲击造成石油进口经济体的巨额账户赤字，因此建立了一个石油美元回收机制。通过该机制，欧佩克剩余资金通过资本市场流向西方，为经常性账户赤字提供资金，该机制的运作需要放松石油进口经济体的资

---

[1] Yousaf Butt, "How Saudi Wahhabism is the Fountainhead of Islamist Terrorism", HUFFPOST, January 20, 2015, https://www.huffpost.com/entry/saudi-wahhabism-islam-terrorism_b_6501916.

[2] Roy Licklider, "The Power of Oil: The Arab Oil Weapon and the Netherlands, the United Kingdom, Canada, Japan, and the United States", *International Studies Quarterly*, Vol. 32, No. 2, 1988, pp. 205–226.

本管制，它标志着西方资本市场呈指数级增长的开始。

由于伊朗革命后石油产量下降，1979年第二次石油危机发生。尽管全球石油供应仅下降了约4%，但普遍出现了恐慌，推动价格走高，在接下来的12个月内，原油价格翻了一番，达到每桶39.5美元。[①] 1980年伊朗和伊拉克战争爆发后，伊朗的石油产量几乎停止，伊拉克的石油也大幅减产。美国和其他国家引发了经济衰退，直到20世纪80年代中期，油价也没有回落到危机前的水平。1980年以后，油价开始了持续20年的下跌，除了海湾战争期间的短暂反弹，最终在20世纪90年代达到60%的下降。与1973年的危机一样，全球政治和权力平衡也受到影响，墨西哥、尼日利亚和委内瑞拉等石油出口国扩大了产量，苏联成为世界领先的石油产出国，北海和阿拉斯加的石油涌入市场，欧佩克开始失去影响力。

欧佩克很快就失去了它的主导地位，在1981年，它的产量被其他国家超过。此外，欧佩克成员国也加速分裂。试图恢复市场份额的沙特阿拉伯增加了产量，压低了价格，降低了高成本生产商的利润。全球油价在1979年能源危机期间曾达到每桶近40美元的峰值，但在20世纪80年代却跌至每桶不到10美元。经通货膨胀调整后，石油价格曾一度跌回1973年前的水平。另外，石油危机使发达国家意识到自己对石油的严重依赖，关键时刻可能会影响到国家安全，因此石油危机发生以后，发达国家开始发展节能技术。日本能源经济研究所的研究表明，1979—1981年，经合组织的石油消费量年均约减少了106万桶/日，[②] 石油消费的减少也使得全球能源消费结构呈现多样化，发达国家开始大力开发石油的替代产品。煤炭消费在此期间增长，各种新能源也发展迅速，包括核能和可再生资源。这都使得全球石油价格下降。石油价格的下跌，给处于改革开放初期的中国提供了好的发展机遇，造成了一个较为宽松的国际能源环境。这一时期的利益认知是经济的高速发展，对于能源的需求处于上升期，而石油价格的下跌正好可以使中国利用这一有利条件。另外，

[①] 陈宇峰：《后危机时代的国际油价波动与未来走势：一个多重均衡的视角》，《国际贸易问题》2010年第10期。

[②] 康晓：《气候变化全球治理与中国经济转型：国际规范国内化社角》，中国出版集团、世界图书出版公司2014年版，第105页。

在全球范围内石油危机所造成的煤炭消费上升，也可以使中国毫无压力地增加煤炭消费而不用担心环境污染问题，因为这是世界范围内的大环境，并非中国的特殊行为。

第四节　拒绝角色的变量作用过程及国际参与

根据前文的三个变量分析，我们对影响这一阶段中国参与全球气候治理的因素有了整体的了解，即经济高速增长的国家利益认知、"后起的和平发展者"的身份认知以及紧张的国际环境和宽松的国际能源体系。本节将在此基础上分析三个变量的作用过程，以及拒绝角色对全球环境与气候治理的参与。

一　拒绝角色的变量作用过程

自20世纪70年代开始的中国经济改革是基于中华人民共和国成立以来中国社会的贫困和停滞不前而进行的，在这样的背景下，政府对国家利益最重要的认知就是实现经济高速发展，尽快摆脱贫困。在这样一种认知背景下，有可能阻碍中国经济发展的温室气体减排必然会让步于经济发展。同时，气候问题在中国社会早期的认知还被限定为"环境问题"，不会对经济社会产生较大影响，因此中国对于参与全球气候治理也是按照"非经济"原则进行，主管单位仅涉及环保、气候等边缘部门，其重要性必然低于经济发展。按照国家角色的变量作用模型和"越有利于中国的国家利益，中国对全球气候治理的参与越积极，角色越倾向于积极，反之则越消极"的研究假设，中国这一阶段的利益认知使得中国参与全球气候治理的态度消极，与中国角色呈负相关关系。

"后起的和平发展者"是在和平与发展成为国际社会的主题后，中国对自我身份的认知，这一认知不同于冷战期间中国以意识形态为标准开展对外交往，而是摆脱以往对外交往中的革命色彩，充分考量国家利益和全球趋势，和平地发展对外开放，最终目的是实现国家的发展。在这样一种认知标准下，参与气候谈判和全球气候治理，无疑是一条增进中国与其他国家交流的有效途径，因此这推动了中国参与全球气候治理，将中国的角色引入正面的发展方向。

日本经济的发展和"亚洲四小龙"的崛起,是这一时期中国周边环境出现的新变化。与周边国家和地区的经济蓬勃发展相比较,中国整体上还处于贫困状态,多数人还处于温饱线以下,这也更为深刻地促进了中国"实现经济高速发展"的利益认知。而20世纪80年代末90年代初的苏联解体、东欧剧变则改变了中国所处的国际环境,国际共产主义运动受到挫折,中国也因此受到相关政治事件的冲击,这使得中国希望通过参与全球气候治理这一"弱政治"事件改善中国所处的国际环境。全球油价下跌造成宽松的国际能源体系,这给处于改革初期的中国带来了机遇,中国可以充分利用油气价格低的机会实现经济发展,这必然造成化石能源的大规模利用和温室气体的排放,这带来的中国角色结果就是负面的。

由上述三种变量各自对中国参与全球气候治理的态度来看,利益认知在这一阶段是起决定性作用的变量,即取得"经济的快速增长",身份认知和国际体系都围绕这一因素起作用,因此中国整体表现为拒绝角色(见表2-2)。

表2-2　　　　　　　　　　拒绝角色的变量作用过程

利益认知	身份认知	国际体系			角色
^	^	周边环境	国际环境	能源体系	^
- - -	+	+	+	-	拒绝角色

二　拒绝角色的环境治理国际参与

20世纪70年代初期,中美关系缓和。1971年10月,第26届联合国大会恢复了中华人民共和国的合法席位,世界上掀起了一股与中国建交的高潮。中国也抓住时机积极地参与国际事务,谋求良好的国际发展环境,但处于文化大革命的极左思潮中,对于政治敏感性较强的事务,中国的参与性不强,而环境和气候问题这一"弱政治性"议题则是中国参与国际事务的一个突破口。1972年6月5—16日,世界环境大会在斯德哥尔摩召开,在周恩来总理的亲自指导下,中国派代表团参加这次会议。

这是中国恢复在联合国合法席位后参加的重要会议,也是中国外交的一个重要节点,但中国参与这次会议的本意并非针对环境治理本身,而是想通过这次会议积极地融入新的国际体系。① 会议之前代表团确定了中国参与这次会议的方针和政策,就某些敏感问题确定了立场,并规定了出席会议的主要内容:采取积极态度,鲜明的立场,面向世界人民,不仅面向亚非拉,也面向资本主义国家,阐明中国的观点,了解相关情况,争取通过会议推动世界的独立自主运动,加强团结。② 这次会议加深了中国对世界环境问题的认识,对自己的环境问题也开始有意识地关注,环境与经济的关系从此开始在中国得到关注,中国的环保事业开始了艰难的起步。虽然在冷战背景下召开了这次会议,中国所坚持的立场和阐明的观点难免带有冷战色彩,但这是中国在积极寻求融入国际体系的表现,表明了中国对自身和世界有了新的认知。

在斯德哥尔摩会议以后,中国开始在更大范围内参与全球环境治理。1973 年联合国环境规划署(United Nations Environment Programme)成立,中国成为这一组织的理事国,并参加了在瑞士日内瓦举办的首届理事会。"和平发展者"的这一身份认知在这次会议及后来历次国际环境和气候会议上都得到了充分体现。这次理事会上,中国提出"必须尊重各国主权,不能强加于人,不能越俎代庖,不能侵犯任何一国主权,干涉任何一国内政,损害任何一国利益"。③ 将 1972 年中国参加斯德哥尔摩会议作为起点,中国后续参加了一系列涉及环境和气候的国际会议。在早期气候问题还未作为一个单独问题拿出来讨论时,中国更多的是参与多边的环境合作。1972 年中国开始参加国际"人与生物圈计划",参与联合国环境署历次理事会,1980 年加入《国际油污损害民事责任公约》,1981 年参加世界环境论坛,1982 年签署《联合国海洋法公约》,1985 年加入《防止倾倒废物及其他物质污染海洋的公约》,1986 年加入《保护世界文化和自

---

① 康晓:《气候变化全球治理与中国经济转型:国际规范国内化社角》,中国出版集团、世界图书出版公司 2014 年版,第 100—101 页。
② 王之佳:《中国环境外交(上):从斯德哥尔摩到里约热内卢》,中国环境科学出版社 2012 年版,第 94 页。
③ 王之佳:《中国环境外交(上):从斯德哥尔摩到里约热内卢》,中国环境科学出版社 2012 年版,第 102 页。

然遗产公约》。①

改革开放以后,中国积极发展外向型经济,需要更大程度上吸引外资,"走出去"战略成为必然选择,并且对国际事务的参与不再像以往跟随其他国家的步伐,而是采取主动出击,以更为积极的姿态融入国际社会,并逐渐表明自己的立场。1987 年,格罗·哈莱姆·布伦特兰(Gro Harlem Brundtland)在联合国大会上发表报告《我们共同的未来》,正式定义"永续发展":永续发展是一种发展模式,既能满足我们现今的需求,又不损及后代子孙的需求。② 这一报告正式发布之前,1984 年中国派人参与了其起草工作。1985 年 3 月 22 日在奥地利维也纳召开的保护臭氧层外交大会上签署了《保护臭氧层维也纳公约》,为进一步避免氟氯碳化物对臭氧层的破坏,联合国邀请 26 个成员国在加拿大蒙特利尔签署了《蒙特利尔议定书》,1989 年 1 月 1 日开始生效。在 1989 年的缔约方第一次会议上,中国主动提出了设立臭氧层保护基金的建议,这一建议旨在通过设立基金,帮助经济上处于落后状态但也面临臭氧层受到破坏的发展中国家采取措施来抑制臭氧层的破坏。③ "大气污染和气候变化"环境部长会议于 1989 年 11 月在荷兰的诺德韦克召开,中国参加了这次会议,并提出了发达国家在全球变暖中的责任问题,认为在治理环境问题过程中,发达国家对发展中国家所需要的技术和资金应该提供支持。随着环境问题越来越突出,对人类的负面影响越来越大,第 44 届联合国大会决定在 1992 年举行"联合国环境与发展会议",为在这次会议上协商一致,发展中国家在 1990 年和 1991 年总共召开了三次会议来商讨对策,以便形成一股统一的力量。中国都积极参加这些会议,并提出自己的议案,中国在国际环境领域的影响力也逐渐显现。1992 年《联合国气

---

① 陈宝明:《气候外交》,立信会计出版社 2011 年版,第 156 页。
② Bob Giddings, Bill Hopwood, Geoff O'brien, "Environment, Economy and Society: Fitting Them Together Into Sustainable Development", *Sustainable Development*, Vol. 10, No. 4, 2002, pp. 187–196.
③ 殷玉婷、陶克菲:《〈蒙特利尔议定书〉第十九次缔约方大会暨二十周年纪念活动举行 中国国家环保总局获〈蒙特利尔议定书〉执行奖 中国将继续以积极务实的态度认真履行国际环境公约》,《环境教育》2007 年第 9 期。

候变化框架公约》通过，1994年正式生效，自1995年起每年召开缔约方会议，中国也派代表团参加了历次缔约方会议。

总的来说，在拒绝角色这一角色下，中国参与全球气候治理还往往以提出口号表明立场为主要参与方式，并未实质性地参与其中，也没有形成自己对于气候治理的系统和模式。在上述的国际会议中，中国更多的是表明自己的看法、申述自己的原则，话语表达较为谨慎，处于刚刚起步阶段，而对于具体实施的条款和资金、技术等内容以及参与治理的制度等则鲜有涉及。中国希望通过这样一种方式，加强与国际社会的联系，目的是发展国内经济，这一系列的国际会议和国际组织的参与，都从属于改革开放和经济发展这一主题。虽然中国具有了类似于《联合国气候变化框架公约》缔约方这样的身份，但最终目的也不是改善国内环境和参与全球气候治理，也不是改变国内发展方式，而是以此为手段扩大自己对国际事务的参与，获取更多的国际资源，包括资金和技术等。

本章小结

这一时期利益认知、身份认知和国际体系对中国参与全球气候治理的影响主要体现在，中国参与全球气候谈判和中国开始着手制定自己的发展战略。中华人民共和国恢复在联合国的合法席位以后并未立即加入环境公约，但在1972年参加了联合国人类环境会议。中国在这次会议上的角色处于边缘位置，基本采取"随大流"的策略，遵循了其他发展中国家的做法，即要求发达工业化国家承担污染控制的责任，同时捍卫自己在不受外部影响的情况下开采资源的权利。莱斯特·罗斯（Lester Ross）指出，中国通过回避条约承诺或对遵守义务表现出轻蔑的态度来躲避国际责任，在国际体系中是一个"落后"的参与者。[1] 但会后，时任

---

[1] Lester Ross, "China: Environmental Protection, Domestic Policy Trends, Patterns of Participation in Regimes and Compliance with International Norms", *The China Quarterly*, No. 156, 1998, pp. 809–835.

国务院总理李鹏承诺"认真落实会议通过的各项决议"。① 这次会议以后，中国于1973年8月在北京举行了第一次全国环境保护大会，这次会议的主要成果是认识到中国存在着环境问题，在经济发展规划中应考虑到环境因素。这次会议还促使国务院制定了《关于保护和改善环境的若干规定（试行草案）》，其中最著名的政策是"三同时"：任何新项目、改造或扩建项目，都应与项目主体同时设计、安装和运行。② 同年，联合国环境规划署成立，中国成为这一组织的理事国，并参加了在瑞士日内瓦举办的首届理事会。1974年国务院成立了环保工作领导小组。自20世纪80年代开始，中国对国际环境治理的参与积极性明显提高，中国于1980年加入《国际捕鲸条例公约》；1981年，中国加入了《濒危野生动植物种国际贸易公约》，该公约承诺禁止附件中所列的濒危物种的进出口，1985年加入《保护世界文化和自然遗产公约》，1986年加入《国际热带木材协定》，中国同意《关于消耗臭氧层物质的蒙特利尔议定书》。1989年11月，中国参加了在荷兰举行的"大气污染和气候变化"环境部长会议，1990年3月参加了"全球90年环境大会"，同年8月参加了联合国第二届环境规划署特别理事会，1991年又参加了政府间气候变化谈判委员会第五次会议。1992年在里约热内卢举行的联合国环境与发展会议前夕，中国提出反对有可能限制国家发展潜力并涉嫌干涉内政的环境外交倡议。此后中国主持了41个发展中国家的会议，承认需要开展国际合作，以促进环境保护和可持续发展，但要求发达国家提供财政援助，并反对干涉发展中国家的内政，中国的这一原则主张实际上也是将经济发展的重要性放在了环境和气候治理之前。里约会议促使中国国务院通过了《中国21世纪议程》，体现了可持续发展的概念，强调了后代的权利。总的来看，这一时期中国没有缺席全球环境和气候治理的相关会议，原因是中国想通过这一方式融入国际社会，积极的国际参与并不意味着国内的积极执行；这一时期的气候问题对中国来说还仅仅是环境问题的一方面，

---

① Michael Palmer, "Environmental Regulation in the People's Republic of China: The Face of Domestic Law", *The China Quarterly*, No. 156, 1998, pp. 788–808.

② Weijiong Zhang et al., "Can China Be A Clean Tiger?: Growth Strategies and Environmental Realities", *Pacific Affairs*, Vol. 72, No. 1, 1999, p. 23.

并未与经济相联系，基于急切摆脱贫困的目的，气候问题还不足以影响中国在经济政策方面做出妥协；通过参与全球气候治理来引进资金和技术是重要因素；能源与气候的关系还没有引起重视，相反的，在宽松的国际石油体系下，中国抓住石油价格低的机遇来服务于经济发展。

整体来看，20世纪70—90年代中国从十年的动乱中解放出来，开始了改革开放的步伐。这一时期对国家利益的认知从毛泽东时期的"以阶级斗争为纲"转变为快速发展经济、摆脱贫困，在利益认知的影响下，此时对身份的认知由之前社会主义阵营成员和世界革命的领导者转变为"后起的和平发展者"。这一时期，国际共产主义运动遭遇了巨大挫折，先后发生了东欧剧变和苏联解体，中国国内的政治氛围也比较紧张，中国面临较为严峻的国际形势，因此亟须融入国际社会缓解紧张的国际局势，找到发展的突破口，气候问题因为其"弱政治性"成为中国参与国际事务的一个切入点，并由此获得国外的资金和技术。与此同时，受石油危机的影响，发达国家意识到对石油的过度依赖容易影响到国家安全，都纷纷发展替代能源，煤炭和可再生能源迅速发展，作为干预变量，国际石油体系也进一步强化了中国优先发展经济的这一认识。综合上述三方面因素，此时中国对全球气候治理的参与较为积极，但并非为了环境保护本身，而是通过气候治理更多地参与到国际社会，获得更多的发展机遇，因此这种参与又是比较被动的。

第三章

承认角色：中国对全球气候治理的谨慎而保守参与

承认角色是角色发展的第二阶段，在这一阶段，随着角色主体的发展，角色越来越壮大，需要更多的资源来满足自我的发展，而继续采取拒绝角色的方式已经无法实现与外部的交流和沟通，难以满足自身发展的需要。由此角色主体开始做出改变并承认自身的角色，并遵循普遍的规则、履行普遍的义务，在思想中逐步形成自己的判断标准，但这种改变是有限的，是以不损害自身发展为前提的，处于发展上升期的行为体仍然将自身的发展摆在首位，所做出的改变也是服务于自身的发展。总的来说，处于承认角色阶段的这种改变还处在开始阶段，行为体的态度往往较为谨慎和保守，通过观察和模仿来适应新角色。

1994年3月21日，《联合国气候变化框架公约》（以下简称《公约》）正式生效，《公约》对各个国家的温室气体排放设定了非约束性限制，不包含执法机制。《公约》概述了如何就具体的国际条约展开谈判，以明确为实现《公约》的目标采取进一步行动。《公约》的通过为各国加强合作，共同治理全球变暖指明了方向，成为纲领性文件。在此后的全球气候治理中各个国家都按照《公约》的内容定期召开会议，协商温室气体减排的具体事宜，并通过了多项法律性文件。同时《公约》的通过也留下了需要解决的问题，那就是如何在"共同但有区别的责任"原则下具体展开谈判。

《京都议定书》是在《公约》指导下的第一项关于温室气体减排的国际条约，这是基于全球变暖正在发生的科学共识和人为二氧化碳排放极有可能是主要原因的两项因素基础上形成的条约。《京都议定书》于1997年12月11日在日本京都通过，并于2005年2月16日生效。从《公约》的成立到《京都议定书》最终生效，这期间是全球气候治理开始由协商谈判进入分配责任的阶段，以《京都议定书》的制定和通过为标志的法律性质的国际协定开始进入全球气候治理机制。这一时间段中国的经济发展和社会状况相较于前一个阶段也发生了变化，进入20世纪90年代，中国经济的发展已经基本上使中国摆脱了物资短缺的状况。在发展速度之外，中国开始关注经济发展质量，但速度还是放在第一位，对自我身份的认知也有所变化。随着1997年亚洲金融危机和2001年"9·11"事件的爆发，中国面临的国际环境和国际体系开始急速变化，对于气候治理的参与整体表现为承认角色。

承认角色的标志，首先表现为中国批准《京都议定书》。2002年9月3日，时任中国国务院总理朱镕基在约翰内斯堡宣布中国核准《京都议定书》，这显示了中国参与国际环境合作、促进世界可持续发展的积极姿态。中国政府认为，《公约》及其《京都议定书》为国际合作应对气候变化确立了基本原则，提供了有效框架和规则，应当普遍遵守。[①] 另外，承认角色还表现在管理气候治理的机构升级。1998年国家气候变化协调领导小组最终隶属于国家发改委，表明政策发生了重大变化。国家发改委是国务院下属的一个综合性部门，全面负责研究、制定与经济和社会发展有关的政策，包括五年计划，协调和规范能源价格以及与促进可持续发展有关的其他领域。因此，将气候变化的责任转移到国家发改委，意味着在中国，气候变化已不再是单纯的科学问题和气象问题，而是关系到国家综合发展的政治问题和经济问题。

第一节　改变经济增长方式的
　　　　国家利益认知

经过将近20年的经济增长，到20世纪90年代中期，中国基本摆脱

[①] 《朱镕基宣布中国核准〈京都议定书〉》，2002年9月3日，人民网，http://www.people.com.cn/GB/shizheng/16/20020903/814527.html。

了物资短缺的局面,在1995年经历了经济的短暂放缓以后,1996年中国经济继续快速增长,年增长率约为9.5%,通货膨胀率降低,受亚洲金融危机的影响,接下来三年经济放缓,1997—1999年年增长率分别为8.9%、7.8%和7.1%。1995—1999年,通货膨胀率急剧下降,反映出货币政策收紧以及控制食品价格的效果,2000年这种趋势适度逆转,2000年国内生产总值增长8.0%,自1978年以来增长了4倍。① 由于世界在经济转型方面的失败,全球温室气体排放量在20世纪90年代有所下降,除中国以外排放量增长率为1.8%,中国这十年的排放总量增长率为2.9%,远高于1971—1990年全球平均排放增长率2.1%(见表3-1)。中国的二氧化碳排放量在2000年至2005年平均增长10.6%,是20世纪90年代的3倍多。②

表3-1　　　1971—2005年世界和中国的GDP、能源和
二氧化碳排放增长率比较　　　　　　（单位:%）

增长率	世界			中国			世界（除中国外）		
	1971—1990年	1990—2000年	2000—2005年	1971—1990年	1990—2000年	2000—2005年	1971—1990年	1990—2000年	2000—2005年
CO_2排放	2.1	1.1	2.9	5.5	3.2	10.6	1.8	0.8	1.5
GDP	3.4	3.2	3.8	7.8	10.2	9.4	3.2	2.6	3.0
能源	2.4	1.4	2.7	4.3	2.5	9.1	2.3	1.2	1.7
能源/GDP	-1.0	-1.8	-1.1	-3.3	-6.9	-0.2	-0.9	-1.3	-1.3
CO_2/能源	-0.3	-0.2	0.3	1.2	0.7	1.4	-0.4	-0.4	-0.2

资料来源：国际能源署（IEA）。

随着中国经济的增长,以及人民对更高层次生活的追求,数量不再是经济发展的最紧迫需求,进而追求经济发展的质量开始成为国家目标。经济增长以及化石能源的高使用量,使中国在20世纪90年代到21世纪

① B. J. Naughton, *The Chinese Economy: Transitions and Growth*, The MIT Press, 2006.
② Ligang Song, Wing Thye Woo, eds. *China's Dilemma: Economic Growth, the Environment and Climate Change*, Canberra: Asia Pacific Press, 2008, p. 193.

初期全球经济低迷的情况下，成为为数不多的二氧化碳排放量持续走高的国家。在这种情况下，国家对经济增长类型的追求开始由粗放型增长方式向集约型增长方式转变，但整体来说对经济改革的追求还是限定在"增长"基础上的改革，并未完全改变对增长的认知。

一 对气候问题的"经济"认知

随着国际社会应对气候变化问题的深入，中国对气候变化问题的认知也有所变化，从原来将气候变化简单地归结为环境领域的问题，逐渐转变为将气候变化纳入国家经济发展战略的影响因素范围。尤其在《京都议定书》签订以后，清洁发展机制、信息通报、技术转让和能力建设等都涉及国家经济的发展，[1] 因此中国对气候变化的"经济认知"更为深入。清洁发展机制（Clean Development Mechanism，CDM）是《京都议定书》所采用的一项弹性机制，其中也包括了发展中国家。[2]《京都议定书》规定了"附件一"国家的排放指标，但其中有的国家不想履约，或者难以实现规定的减排目标，清洁发展机制允许这些发达国家通过帮助发展中国家进行有利于减排或者吸收温室气体的项目，作为本国达到减排指标的一部分。[3] 清洁发展机制的目的是在发展中国家实现具有成本效益的减排和促进可持续发展，它通过鼓励对发展中国家的投资来达到这一目标，这些投资能够在原本应该达到的减排目标之外，实现额外的减排。[4] 将发展中国家纳入减排努力的经济基础是，人们认为发展中国家的减排成本低于发达国家。[5] 中国在批准《京都议定书》后就积极参与清洁发展机制，2005 年推出了《清洁发展机制项目运行管理办法》，在"许

---

[1] 严双伍、肖兰兰：《中国参与国际气候谈判的立场演变》，《当代亚太》2010 年第 1 期。

[2] M. L. Parry et al., *Climate Change 2007: Impacts, Adaptation and Vulnerability: Working Group II Contribution to the Fourth Assessment Report of the IPCC*, London: Cambridge University Press, 2007, pp. 44 – 45.

[3] "The Clean Development Mechanism", UNFCCC, https://unfccc.int/process-and-meetings/the-kyoto-protocol/mechanisms-under-the-kyoto-protocol/the-clean-development-mechanism.

[4] Marcos Orellana, "Climate Change, Sustainable Development and the Clean Development Mechanism", 2013, pp. 321 – 340.

[5] Michael Grubb, "The Economics of the Kyoto Protocol", *World Economics*, Vol. 4, No. 3, 2003, pp. 92 – 134.

可条件"和"实施程序"中都有涉及国家经济发展的项目,例如,"发达国家缔约方用于清洁发展机制项目的资金,应额外于现有的官方发展援助资金和其在《公约》下承担的资金义务","清洁发展机制项目因转让温室气体减排量所获得的收益归中国政府和实施项目的企业所有"。① 中国第一个在 UNFCCC 注册的 CDM 项目是内蒙古辉腾锡勒的风电项目,截至 2008 年 4 月,中国在 UNFCCC 注册了 197 个 CDM 项目,占全世界的20%。② 在气候变化的背景下,政府间气候变化专门委员会将"技术转让"定义为"一套广泛的程序,涵盖政府、私营机构、金融机构、非政府组织和研究机构等不同利益攸关方之间为减缓和适应气候变化而进行的专门知识、经验和设备的交流"。③ 技术转让在全球应对气候变化挑战方面发挥着关键作用。向发展中国家进行技术转让,受援国潜在的获利水平取决于技术转让的类型。具体的技术转让是通过设备的进口或转移来实现的,在这种情况下,技术就体现在设备上。无形的技术转让则涉及专门知识或经验的流动,例如,通过示范项目、培训当地工作人员或在发展中国家经营的跨国公司从当地雇用工作人员。④ 随着改革开放的深入和经济的发展,中国已经具备了一定的国内技术开发能力,用于减少温室气体排放的技术,政府支持致力于研究开发技术和设备的融资。但从长远来看,从发达国家进行技术转让是中国发展国内能力的重要因素,因此从 20 世纪 90 年代中期开始,中国瞄准了各种进口技术,包括烟气脱硫设备、高效电动机、风力涡轮机以及化学品和其他能源密集型产业的大型工业加工设备,⑤ 这也强化了中国在气候治理方面的"经济"认知。

---

① 《清洁发展机制项目运行管理办法》,2005 年 10 月 12 日,中华人民共和国国家发展和改革委员会网站,http://www.ndrc.gov.cn/zcfb/zcfbl/200512/t20051206_52626.html。

② Yaojun Han, Xiao Han, "The Clean Development Mechanism and Its Implementation in China: An Economic Analysis", *Energy Procedia*, No. 5, 2011, pp. 2278 – 2282.

③ Stephen Seres, Erik Haites, Kevin Murphy, "Analysis of Technology Transfer in CDM Projects: An Update", *Energy Policy*, Vol. 37, No. 11, 2009, pp. 4919 – 4926.

④ David Popp, "International Technology Transfer, Climate Change, and the Clean Development Mechanism", *Review of Environmental Economics and Policy*, Vol. 5, No. 1, 2011, pp. 131 – 152.

⑤ Eric Martinot, Jonathan E. Sinton, Brent M. Haddad, "International Technology Transfer for Climate Change Mitigation and the Cases of Russia and China", *Annual Review of Energy and the Environment*, Vol. 22, No. 1, 1997, pp. 357 – 401.

相对于发达国家，发展中国家更容易受到气候变化的影响。一方面是发展中国家缺乏应对气候变化的资金和技术，在缺乏资金和技术的情况下，发展中国家还要将有限的资源应用到发展经济和消除贫困方面。另一方面，发展中国家经济高度依赖对国内生产总值和就业做出重大贡献的微型和中小型企业，对这些企业来说，它们缺乏对气候变化的了解，也没有足够的资金和技术来减轻温室气体排放，因此它们在生产中通常会增加温室气体排放量。①《公约》第 4 条第 7 款指出，"发展中国家缔约方能在多大程度上有效履行其在本公约下的承诺，将取决于发达国家缔约方对其在本公约下所承担的有关资金和技术转让的承诺的有效履行，并将充分考虑到经济和社会发展及消除贫困是发展中国家缔约方的首要和压倒一切的优先事项"。② 因此在《公约》签订之后，发展中国家对于加强能力建设的要求日益紧迫，并呼吁发达国家提供支持。③中国应对气候变化的能力建设涉及科技能力的发展，碳排放交易机制的完善，以及教育、文化、旅游等综合事项。例如，云南省作为气候变化影响较大的省份，通过发挥科技进步的作用来挽回因气候变化造成的经济损失，在旅游业中率先实行气象监测网站建设，并发挥气候变化的有利因素。④ 所以说气候变化的能力建设也强化了中国对气候变化的"经济"认知。除此之外，1998 年国务院改组"国家气候变化对策小组"，这一部门原来下设在国务院环境保护委员会，改组以后由国家发改委牵头，13 个部门参与。⑤ 这一机构改革也体现了中国对气候治理的认知，由单纯的"环境"问题转变为综合性的"经济"问题。

---

① Cosima Stahr, "Capacity Building and Awareness Raising on Climate Change Adaptation in the Private Sector", Adelphi, https：//www.adelphi.de/en/project/capacity-building-and-awareness-raising-climate-change-adaptation-private-sector.

② 《联合国气候变化框架公约》，UNFCCC, https：//unfccc.int/sites/default/files/convchin.pdf。

③ 张永香、黄磊、袁佳双：《联合国气候变化框架公约下发展中国家的能力建设谈判回顾》，《气候变化研究进展》2017 年第 3 期。

④ 《应对气候变化能力建设的"云南对策"》，新华网，http：//www.yn.xinhuanet.com/live/2017/mmxft/index.htm。

⑤ 《"应对气候变化"溯源·中国篇》，中国低碳网，http：//www.ditan360.com/qihou/qihou_china.aspx? SpecialsID=1138。

二 改变经济增长方式的利益认知的背景

中国经济在20世纪90年代初恢复了发展势头。1992年邓小平的南方谈话，旨在为经济改革进程注入新的动力。党的十四大报告支持邓小平重新推动市场改革，指出中国在20世纪90年代的关键任务是创建"社会主义市场经济"，经济体制的大胆改革是20世纪90年代中国经济发展的标志。① 1993年，产品产量和价格不断上涨，国家预算以外的投资飙升，经济增长受到了经济特区引进的2000多个外国项目推动。② 政府批准了额外的长期改革，旨在为市场导向的机构提供更多的参与机会，并加强对金融体系的中央控制，国有企业占据主导地位。由于担心恶性通货膨胀，政府呼吁打击投机性贷款，提高利率，并重新评估投资项目。因此，增长率得到缓和，通货膨胀率从1995年的17%下降到1996年初的8%。③ 自实行改革开放到20世纪90年代中期，中国经济经历了十多年的高速增长，物资短缺的问题基本上得到了解决，随着1994年开始的"整体推进"战略实施，中央政府的宏观调控能力增强。④ 1995年9月28日，党的十四届五中全会在北京闭幕，会议通过了包括六部分内容的《中共中央关于制定国民经济和社会发展"九五"计划和2010年远景目标的建议》，这标志着中国以新的发展战略为基础的"社会主义现代化建设"进入第二阶段，为中国进入21世纪做好了准备。"九五"计划中提出了两个重要的转变，即计划经济体制向社会主义市场经济体制转变，粗放型经济增长方式向集约型经济增长方式转变。⑤ 这两个转变表明了国家对于提高经济增长质量的需求，但同时仍然强调的是经济"增长"，而不是经济"发展"，说明经济工作的重心仍然是坚持以增长为核心。1996

---

① 江泽民：《加快改革开放和现代化建设步伐，夺取有中国特色社会主义事业的更大胜利》，载《江泽民文选》第1卷，人民出版社2006年版，第226页。
② USA International Business Publications, "*China Customs, Trade Regulations and Procedures Handbook*", USA International Business Publications, 2008, p. 33.
③ USA International Business Publications, "*China Ecology & Nature Protection Handbook*", USA International Business Publications, 2009, p. 29.
④ 瞿商：《论中国经济转型的阶段性与目标转换》，《中国经济史研究》2012年第1期。
⑤ 《中共中央关于制定国民经济和社会发展"九五"计划和2010年远景目标的建议》，人民网，http://www.people.com.cn/item/20years/newfiles/b1100.html。

年，中国经济继续快速增长，增长率约为9.5%，同时伴随着低通货膨胀率。接下来三年，中国经济放缓，部分受亚洲金融危机的影响，1997年经济增长率为8.9%，1998年为7.8%，1999年为7.1%。[1] 从1995年到1999年，通货膨胀率急剧下降，反映出货币政策收紧以及对食品价格的控制。2000年这一趋势适度逆转，2000年国内生产总值增长8.0%，自1978年以来增长了4倍。[2] 亚洲金融危机对中国的影响较大，主要是外国直接投资减少和出口增长大幅下降。然而，中国有巨额外汇储备，资本流入绝大部分都是长期投资，因此受到金融危机的影响较小，同时中国承诺人民币不贬值也促进了亚洲经济的稳定，缓解了金融危机的影响。此时，在满足人民群众温饱的基础上，国家需要在更广范围和更高层次上满足人民的物质文化需求，因此"九五"计划中提出了"经济总量持续增长，人民生活水平不断提高"的发展目标。[3]

"九五"时期，中国的GDP年平均增长8.3%。进入21世纪，"十五"计划提出的经济增长速度目标为年均7%左右，并且经济结构调整的主要预期目标是产业结构优化升级，国际竞争力增强。[4] 这表明，中国开始落实经济增长方式转变的战略。2002年党的十六大报告提出，中国虽然完成了"三步走"战略的前两步目标，总体上达到了小康水平，但是国家仍然处社会主义初级阶段，当前的小康还是低水平的、不全面的、发展很不平衡的小康，人民日益增长的物质文化需要同落后的社会生产之间的矛盾仍然是我国社会的主要矛盾。[5] "十五"计划的发展目标和党的十六大报告表明，中国政府对国家所面临的产业结构不合理问题，以及经济增长过程中所带来的不平衡以及环境问题有了更为清晰的认识，但同时对"社会主义初级阶段"的自我认知也意味着，经济增长仍然处

---

[1] 夏英祝：《亚洲金融危机后的世界经济形势与我国的对策》，《经济纵横》2000年第11期。
[2] Barry J. Naughton, *The Chinese Economy: Transitions and Growth*, MIT Press, 2006, pp. 511 - 513.
[3] 《中华人民共和国国民经济和社会发展"九五"计划和2010年远景目标纲要》，中国人大网，http://www.npc.gov.cn/wxzl/gongbao/2001 - 01/02/content_ 5003506.htm。
[4] 《国民经济和社会发展第十个五年计划纲要》，人民网，http://www.people.com.cn/GB/shizheng/16/20010318/419582.html。
[5] 江泽民：《全面建设小康社会，开创中国特色社会主义事业新局面》，载《十一届三中全会以来党和国家重要文献选编》，中共中央党校出版社2015年版，第324页。

于国家总体战略的最高优先等级,温室气体减排在实践中难以切实实现。

三 改变经济增长方式认知下的发展

自20世纪70年代末开始实施经济改革和开放政策以来,中国经历了快速的经济增长。从1978年到2004年,中国的国内生产总值年均增长9.5%,是世界上GDP增长率最高的国家,[①] 自20世纪90年代中期开始,通过改善和加强宏观调控政策,中国成功地保持了经济的持续快速增长。面对1997年亚洲金融危机和2001—2002年全球经济增长放缓的外部冲击,中国采取了积极的财政政策、稳健的货币政策和结构调整措施,使经济快速增长与扩大内需保持同步。2003年,中国在应对"非典"疫情的同时,经济增长9.3%,国内生产总值达到1.4万亿美元,人均国内生产总值首次迈过1000美元大关。[②] 为了避免某些行业的经济过热和通胀压力增加(特别是固定资产投资的过度扩张以及原材料和农产品价格上涨),国家改变了政策重点,采取了一系列有效的宏观调控措施给经济降温,保持在一个稳定和快速增长轨道,实际GDP增长9.5%。对外开放方面,1995—2005年,中国对外贸易额从2808亿美元增加至14221.2亿美元。[③] 中国成为世界第三大贸易国和第二大外商直接投资接受国。1995—2005年,中国吸收外商直接投资总额为5371.63亿美元,[④] 同期中国也开始鼓励企业到海外投资,到2005年,中国对外投资存量已达492.6亿美元(见图3-1)。在政府积极有效的政策引导下,中国的经济增长率持续而高效,大大减少了贫困,提高了人民的生活水平。2002年,中国提前实现了千年发展目标,实现了贫困人口比1990年减少一半的目标,农村人口每日收入不足1美元的比例从1990年的31.3%下降到2000

[①] Gregory C. Chow, "Economic Reform and Growth in China", *Annals of Economics and Finance*, No. 5, 2004, pp. 93 – 118.

[②] 国家发展改革委国民经济综合司:《宏观经济形势分析及政策取向》,《价格理论与实践》2004年第1期。

[③] 《2005年我国对外贸易突破1.4万亿美元》,中华人民共和国商务部网站,http://caefi.mofcom.gov.cn/article/cz/yaowxx/200601/20060101352132.shtml。

[④] 《中华人民共和国商务部利用外资情况统计》,中华人民共和国商务部网站,http://www.mofcom.gov.cn/article/tongjiziliao/v/?2。

年的 11.5%。①

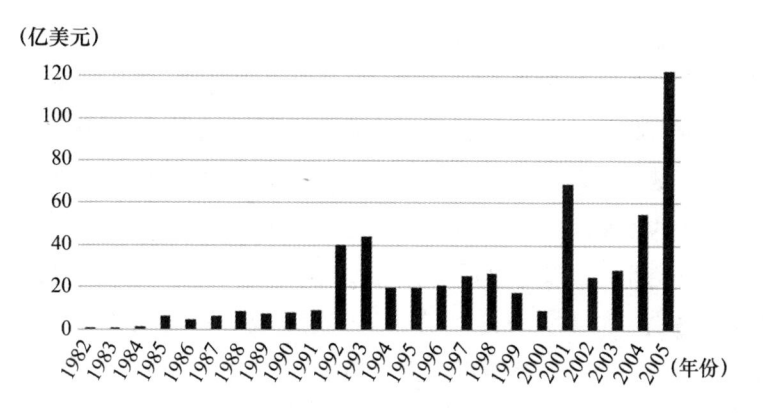

(亿美元)

图 3-1 中国对外直接投资流量变化情况

资料来源：周升起、郑玉琳、兰珍先：《加入 WTO 十年来的中国对外直接投资：特征、困扰与思考》，《世界经济研究》2011 年第 12 期。

  1995 年前后，中国经济的高速增长是为了满足人民群众日益增长的更高层次的物质文化需求，保持高速发展状态是必然要求，同时也要注重经济增长的质量。需要指出的是，这一阶段的经济高速增长与 20 世纪八九十年代的经济增长有本质的区别，彼时经济增长的主要目的是摆脱国家贫困，因此处于被动状态，这种状态下经济发展比较盲目，那就是单纯地追求物质增长，而对于整体的社会发展缺乏长远考虑。② 到了 20 世纪 90 年代中期，尤其是 "九五" 时期，此时中国已经基本解决了温饱问题，在此基础上国家的发展战略转向更为广泛和更高层次的发展。同时，经过十几年的改革开放，中国已经逐渐融入国际社会，对国际社会有了更深的了解，对国际事务的参与也越来越多。20 世纪 90 年代中期，中国所面临的国际环境是冷战的结束、全球化迅速深入、国际竞争加剧。

---

① Ashwani Saith, "From Universal Values to Millennium Development Goals: Lost in Translation", *Development and Change*, Vol. 37, No. 6, 2006, pp. 1167-1199.

② William A. Byrd et al., *China's Rural Industry: Structure, Development, and Reform*, Oxford: Oxford University Press, 1990, pp. 11-13.

面对这一国际环境,中国的首要任务是保持国内已经取得的经济发展成果,在这一基础上追求更高层次的发展。因此中国在这一阶段对经济发展的认知增加了更多社会性认知,开始提出转变经济发展方式的问题。[①]转变经济发展方式的要求还源于经济社会发展仍面临不少挑战。这些挑战主要体现为收入的不平等,城市失业率上升和农村就业不足,城乡差距扩大,区域间基础设施、教育和公共服务发展的差距,环境压力越来越大,潜在的宏观经济不稳定源于不完整的改革,包括金融体系薄弱和低效的国有企业,以及外部风险将融入全球经济。[②] 其中许多问题不能仅靠增长来解决,如果没有适当的政策反应,这些问题可能进一步恶化。中国需要重新思考其发展战略,并采取全面和有针对性的一揽子政策措施以应对这些挑战,使其发展在社会和环境两方面具有可持续性。因此在2001年制定的"十五"计划中,中国明确提出了"坚持把结构调整作为主线,把调整产业结构与调整所有制结构、地区结构、城乡结构结合起来",同时"要高度重视人口、资源、生态和环境问题,抓紧解决好粮食、水、石油等战略资源问题,把贯彻可持续发展战略提高到一个新的水平"。[③] 这也表明,相对于"九五"时期国家对增长速度的关注超过增长质量而言,"十五"时期更加注重发展的质量,但本质上对发展质量的重视也只是一种手段,通过这一手段来维持经济继续增长这一最终目标。

总的来说,1995—2005年中国对经济高速发展的追求已经开始不同于20世纪80年代开始的经济高速增长,除了物质层面的追求,也逐渐向社会层面的发展倾斜,在追求速度的同时也注重发展质量,因此建立健全社会主义市场经济体制和扩大对外经济交流来保证发展质量成为国家的共识。但本质上来说,这一阶段追求经济发展质量还是为了服务于发展速度这一目标,所以在温室气体减排问题与经济发展出现矛盾时,经济发展仍然是首要选择,大幅度减少温室气体排放量的目标难以实现。

---

① 康晓:《气候变化全球治理与中国经济转型:国际规范国内化社角》,中国出版集团、世界图书出版公司2014年版,第132—133页。

② Jiyao Bi, "China's New Concept for Development", *in China in a Globalizing World*, New York and Geneva: United Nations, UNCTAD, 2005, pp. 105 – 124.

③ 《国民经济和社会发展第十个五年计划纲要》,人民网,http://www.people.com.cn/GB/shizheng/16/20010318/419582.html。

但这一阶段后期的国家政策倾向已经说明，对于环境和生态的关注已经被提上国家发展的日程，并在经济发展过程中逐步实施。

第二节 "负责任大国"的身份认知

20世纪90年代中期，随着改革开放的进行和深入发展，中国已经基本解决了温饱问题，在此基础上国家的发展战略转向更为广泛和更高层次的发展。在国际上，中国已经逐渐融入国际社会，对国际社会有了更深的了解，对国际事务的参与也越来越多，尤其是1997年爆发了亚洲金融危机，在此期间中国宣布人民币不贬值，还向东南亚伸出援手，"负责任大国"的身份开始在实践中得到体现。党的十五大报告提出了"要积极参与多边外交活动，充分发挥我国在联合国以及其他国际组织中的作用"，[①] 更是体现了中国开始以"负责任大国"为自我定位，积极参与国际事务。虽然此时中国的主要发展目标还是侧重于经济发展速度，但是在这一身份定位的影响下，面对减排指标的压力，中国仍然维护全球气候机制的的基本框架。

一 "负责任大国"的文化渊源

20世纪90年代中期，中国逐渐将自身的国际定位定义为"负责任大国"，这除了中国自身实力的增长和国际环境的原因，还源于中国的传统文化和由此产生的外交思想。在中国的传统文化中，政治思想往往与文化内涵相统一，中国传统文化中的"王道""怀柔""抚远"就是指中国不主动输出自己的价值观，不通过霸权方式向外扩张，而是通过经济援助、文化交流等柔性方式发展对外关系、参与国际事务，潜移默化地影响其他国家。"负责任大国"体现在传统文化中，集中表现为"和合说""义利观""王道论"。

"和合"最早出现在《国语·郑语》，"以他平他谓之和"，指的是行

[①] 江泽民：《高举邓小平理论伟大旗帜，把建设有中国特色社会主义事业全面推向二十一世纪》，载《江泽民文选》第2卷，人民出版社2006年版，第41页。

为体之间要相互尊重、相互平等。①虽然各行为体之间的贫富、强弱等存在差异，价值观、信仰、文化传统、社会制度也不尽相同，但都应该"和而不同"。这一中国传统文化的内涵深深影响了中国发展对外关系的指导思想，也直接影响了中国"负责任大国"形象的塑造。在"和合"思想的影响下，中国崇尚和谐之用、开放之心和自然之美。②具体来说，在对外交往中，中国坚持睦邻友好、以邻为伴、与邻为善，尊重文化和发展模式的多样性，坚持人与自然的和谐发展，重视生态保护。气候治理正是在"和合"思想下，中国参与国际交往的一个方面。气候治理涉及科学、经济、社会、政治和文化等多个方面，这些方面存在差异和冲突，同时也存在交叉和融合，这就要求国家在参与气候治理的过程中重视融合的一面，同时排除差异性所带来的影响，从总体上把控气候治理路径。在"和合"思想的指导下，气候治理应该首先坚持开放包容，不同行为体之间应该强化共识，加强交流，要开放不要封闭，理解人类所面临的气候危机，应该以共同利益为标准，而不是以个别国家的利益为标准进行治理；其次坚持气候治理与经济相和谐，推动有利于经济发展的气候治理方式，优化产业结构，发展低碳产业，建立自然资源的循环利用体系；最后要实现气候治理的目标，还需要行为体之间的合作共赢，气候变化问题超越了国家的界限，没有人可以独善其身，因此各个国家和非国家行为体需要合作一致、团结协作，应对气候变化的威胁。

"利义说"体现在中国古代的对外交往中，就是国家之间的来往不以利益为目的，而是为了"义"。③《论语》中指出，"君子义以为上，君子有勇而无义为乱，小人有勇而无义为盗"，④说明中国传统上人与人之间的交往，就将道义置于高于利益的位置，而中国在发展与其他国家之间的关系时更是如此。中国在国际上坚持公平正义，秉持和平的发展理念，反对霸权主义和不合理的国际政治经济秩序，在对外交往过程中不附带任何条件，积极援助不发达国家。中华人民共和国成立以后，向亚洲、

---

① 饶恒久：《太史伯政治"和同"论的源与流》，《中共中央党校学报》2006年第6期。
② 金灿荣：《和平发展：大国的责任》，中国人民大学出版社2014年版，第44页。
③ 邢丽菊：《从传统文化角度解析中国周边外交新理念——以"亲、诚、惠、容"为中心》，《国际问题研究》2014年第3期。
④ 张燕婴 译注：《论语》，中华书局2006年版，第199页。

非洲、拉丁美洲、加勒比、大洋洲和东欧等地区120多个发展中国家提供了经济和技术援助,对外援助主要集中在工农业生产、基础设施和公共设施建设、文教卫生、民生服务等领域,援助方式主要包括项目建设、提供物资、技术合作、人力资源开发合作、援外医疗队、紧急人道主义援助、援外志愿者,援助资金主要包括无偿援助、无息贷款和优惠贷款。自2005年起,中华人民共和国开始对外派遣青年志愿者参与工作。迄今,已向19个国家派遣了470多名援外志愿者,开展汉语教学、中医治疗、农业科技、体育教学、计算机培训、国际救援等方面的志愿服务。[①] 实际上,在尊崇"义"的过程中并不一定损失"利",二者是相统一的,在充分尊重他国利益的同时,可以实现互利互惠,最终促进本国的发展。全球气候治理的过程中,因为经济基础和科技实力等差距,各个国家在治理能力和治理进程方面存在差异,根据"共同但有区别的责任"原则,发达国家要在资金和技术方面向发展中国家提供援助,以欧美为首的发达国家并未充分履行这一义务。中国虽然也是发展中国家,但积极地向其他国家提供援助,这是正确的利义观在中国参与气候治理中的体现。

"王道"是与"霸道"相对立的理念,是中国自古以来所尊崇的治国理政方式,"己所不欲,勿施于人"就是这一理念的直接体现。"王道"在对外关系上表现为不崇尚武力,主张"化干戈为玉帛",因此几百年来,中国从未发动过对外侵略。历史上张骞出使西域、郑和下西洋,都本着和平道义的原则传播中华文明、与邻为善,古代"丝绸之路"的开通也是本着发展对外经济和文化交流,展现中华的亲和力和大国风范。自中华人民共和国成立以来,中国坚持和平共处五项原则,坚持不称霸、不扩张,以谈判解决争端。

因此说中国"负责任大国"的国家定位,扎根于中国传统的"和合说""义利观""王道论"。随着中国改革开放和国家实力的增强,这种文化内涵更加深刻地体现在中国的对外交往中。在气候治理中,中国坚持强化共识,推动互助,并通过谈判解决争端,真正表现出"负责任大国"的形象。

[①]《中国的对外援助(2014)》,中国政府网,http://www.gov.cn/zhengce/2014-07/10/content_2715467.htm。

二 "负责任大国"产生的历史背景

自20世纪90年代开始,中国所形成的"负责任大国"的自我身份认知,首先源于中国经济的发展,这促使中国想更多地参与国际事务,主观认识上产生转变;其次,国际格局发生改变,世界形成"一超多强"的局面,客观上为中国担负更大的责任创造了条件;最后,1997年亚洲金融危机的爆发给予了中国展示"负责任大国"角色的舞台。

首先,改革开放以后中国经济持续增长,由此带来了综合国力的提高和国家权力的增长,这是中国重新定位自我身份的最重要原因之一。除此之外,中国更多地参与国际事务和周边地区性事务,中国在国际舞台上的活动和努力日益得到国际社会的认可。经济实力和国际声望的提升驱动中国开始考虑进一步扩大国际影响和参与国际事务,这一考量不断强化中国负责任大国的身份认知,以及推动中国践行负责任大国的认知。冷战的结束催生了"和平与发展"的国际社会发展主题,在这一主题下,中国与其他国家的共同利益开始增加,并随着全球化的深入而不断深化,因此维护国际秩序、融入国际社会就成为中国的内在需求,成为"负责任大国"也就是必然选择。而冷战结束,意识形态斗争不再是中国发展对外关系的出发点,中国摆脱原有的权力和利益观念束缚,开始积极参与国际机制的建构、积极参与地区合作。积极参与东盟合作,清迈会议精神被认为是促进东亚地区金融稳定的基础。积极推动建立"上海合作组织",提出以"互信、互利、平等、协商、尊重多种文明、谋求共同发展"为基本内容的"上海精神",[①] 扩展和丰富了国际机制建设理念。在气候治理方面,中国在1998年5月29日签署《京都议定书》,于2002年9月3日核准,2005年2月16日正式生效。由于中国是条约控制框架以外的国家,所以不受温室气体排放限制,但中国逐步开始重视气候变化的影响,表现出一定的主动性。

其次,冷战结束后,两大阵营的对抗结束,和平与发展成为国际社会的主流,中国得以在持续的和平环境中实现自我发展,具备了发展成

[①] 《"上海精神"魅力无限》,中国网,http://www.china.com.cn/chinese/HIAW/zhuanti/gjyj2/1246068.htm。

为"负责任大国"的客观条件。冷战期间,美苏两大阵营的对抗造成了国际社会的紧张局面,虽然在全球范围内两大阵营未发生大规模的战争和冲突,但是在地区范围内冲突一直不断。中国作为美国和苏联都积极争取的对象,不管是从国内还是从国际视角来讲,国家发展的主题都是参与国际博弈,而不是着力于国家经济和社会的发展。冷战的结束使中国摆脱了两极格局的束缚,同时和平的国际环境和广阔的发展空间为中国逐渐发展成为"负责任大国"创造了条件。冷战结束以后,原本隐藏在冷战背后的民族矛盾、宗教冲突、领土争端等问题开始凸显,由此带来的地区性冲突不断爆发,而长期的冲突导致了全球性的贫困问题加剧、恐怖主义的危害性增加、全球毒品问题泛滥,这都成为国际社会亟待解决的问题。面对这一系列全球性问题,没有国家能够单独解决,因此就需要国际社会的共同合作。在这一过程中需要有大国做出表率,承担更大的责任,而中国作为最大的发展中国家,也是人口最多的国家,同时也是联合国的常任理事国,应该也有能力承担更大的责任,这便为中国成为"负责任大国"提出了客观上的要求。从另外一个视角来看,改革开放以后,随着中国总体实力的增强,所谓"中国威胁论"的观点甚嚣尘上,这也在客观上要求中国担负更多的国际责任,展示自己作为大国为世界做出的贡献,用实际行动打消国际社会的疑虑。

最后,除上述两个因素以外,20世纪90年代中期的一系列外交活动也提升了中国"负责任大国"的身份。1997年7月1日,中国正式恢复对香港特别行政区行使主权,"一国两制"的伟大设想开创了人类政治文明史上的壮举,大大提升了中国的国际地位和民族自信心;大国外交取得了前所未有的成绩,与俄罗斯建立了"战略协作伙伴关系",中美领导人实现互访,与美国的关系改善,建立了"建设性战略伙伴关系";但对中国"负责任大国"身份影响最直接也是最主要的外交事件则是中国积极参与亚洲金融危机的解决,并做出了重要贡献,赢得了周边国家和国际社会的赞誉。1997年7月2日,泰国宣布放弃固定汇率制,实行浮动汇率制,正式引燃一场遍及东南亚的金融风暴,随后危机进一步波及邻近亚洲国家的货币、股票市场及其他的资产,相关资产的价值也因此暴跌。风暴打破了亚洲经济急速发展的景象,亚洲各国经济遭受严重打击,纷纷进入大萧条,危机还导致社会动荡和政局不稳,一些国家也因为危机陷入长期混乱。面对这一局面，中国采取了一系列措施，包括承诺人民币不贬值，中国也为此承受了巨大损失，在人民币不贬值的基础上积极扩大内需，保持经济稳定增长。中国还增加对亚洲相关国家的援助，向印尼等提供了出口信贷和紧急无偿药品援助。[①] 外交部就亚洲金融危机发表讲话时表示，"中国发挥了一个和平、合作、负责任大国的作用"，[②] 从此以后中国逐渐以"负责任大国"的身份定位自己，这也成为中国发展对外关系、参与国际事务的依据之一。

由此可以看出，中国"负责任大国"的身份是主观和客观因素共同塑造的结果，中国经济的快速发展以及综合国力的提升是产生这一身份定位的根本原因，而冷战后国际形势的变化，呼吁一个有担当的国家积极参与国际事务，这给中国的大国身份创造了客观条件，亚洲金融危机的爆发则第一次让中国有机会实践这一身份定位。自此，中国"负责任大国"的身份得到国际社会越来越多的认可，而这一身份定位也直接影响到中国对全球气候治理的参与。

第三节 气候治理主体转变与油价大幅上升的国际体系

经过20多年的改革开放和发展，中国基本摆脱了贫困局面，处于高速发展的起步阶段，由此中国也将自身定位为负责任的大国，对于气候治理的参与也更为积极。随着中国崛起的势头日益明显，其面临的国际形势也开始出现变化。首先，所谓"中国威胁论"的论调再次出现，这一起源于19世纪末20世纪初的反华论调在此时有了更进一步的发展，其特点是内容进一步扩大，包括"计算机黑客威胁论""军事威胁论""粮食威胁论"等，[③] 其中"环境威胁论"也是被提及次数较多的一个方面。

[①] 《面对亚洲金融危机，中国采取积极政策》，外交部网站，https://www.mfa.gov.cn/chn//pds/ziliao/wjs/t8973.htm。

[②] 孙东民、徐宝康：《面向新世纪 开创新局面——唐家璇外长谈中国外交》，《人民日报》2000年12月14日第6版。

[③] 金灿荣：《如何应对"中国威胁论"？》，环球网，http://opinion.huanqiu.com/column/mjzl/2012-04/2647487.html。

其次，美国对于全球气候治理的参与态度日渐消极，随着克林顿进入第二个任期，气候变化的政治重要性日渐凸显，由于对气候变化的认识有限，美国国会对克林顿政府应对气候变化的措施起到了阻碍作用，使其成果有限，同时克林顿政府也并未将气候变化视为威胁美国的最主要问题，因此也未将其放在优先处理的位置。而随着保守派小布什政府的上台，他基本对气候治理采取漠视的态度，并最终退出《京都议定书》，使得全球气候治理陷入困境。最后，国际能源体系在这十年间表现出的整体特征是石油价格低开高走并处于上升态势，这影响了全球能源的消费格局。在石油价格上升的同时，国际能源市场对石油的需求也在下降，天然气和煤炭的消费需求则有所上升。国际社会的多重因素也影响了中国参与全球气候治理的态度。

一 "中国环境威胁论"的兴起

从历史渊源来看，"中国威胁论"最早起源于"黄祸论"（Yellow Peril），是欧洲殖民帝国与美国对亚洲民族（尤其是对中国）具有批判性的代表用语。一般认为，"黄祸论"最早由俄国无政府主义者米哈伊尔·亚历山大罗维奇·巴枯宁（Mikhail Alexandrovich Bakunin）在1873年提出。[①] 在西方社会看来，东西方在文化、经济、社会和政治方面存在差异，东方对西方基督教文明的敌视可能会导致东方文化入侵西方的局面，这样一种对东方文化的恐惧，也是东西方隔阂的开始，也表明了在20世纪初期欧洲国家普遍承认当时的东亚具备威胁欧美霸权的潜力。

冷战后"中国威胁论"再次兴起，原因是改革开放以后中国经济的发展以及在政治、军事领域的全面崛起，使得以美国为首的发达国家和以日韩为代表的周边国家认为中国必定会影响到他们的利益。在西方国家中，"中国威胁论"的论调最早主要是文化上的"威胁"，后来发展为经济上的"威胁"，再到后来的军事"威胁"，而改革开放以后中国经济的高速发展以及近几年气候变暖问题等的日益加剧，使得西方国家开始抛出所谓的"中国环境威胁论"的论调。

[①] [俄] 巴枯宁：《国家制度和无政府状态》，马骧聪等译，商务印书馆1982年版，第43页。

（一）"中国环境威胁论"产生的国际背景

工业社会的发展使人类对自然资源的使用和消耗增加，过度地消耗自然资源造成了全球性的环境污染和生态破坏，并逐渐威胁到人类社会的生存。作为全球性问题的环境污染，开始由单纯的环境领域进入国际政治的研究领域，以20世纪60年代《增长的极限》(The Limits to Growth)和《人类处在转折点》(Mankind at the Turning Point)这两份报告的发表为显著标志。[①] 在此之后，环境问题在政治领域的影响越来越大。

随着环境问题突破国家界限成为全球性问题，生态环境问题对国际政治理念逐渐产生影响，影响主要体现在两个方面：一是环境政治推动人类相互依存发展，二是影响国际经济关系。[②] 作为安全领域的一个方面，环境安全不但影响国家和国际社会，还对社会的可持续发展和人的生活质量产生影响；而环境问题的全球性，则会造成"一荣俱荣，一损俱损"的生态后果，在环境治理的过程中只靠部分国家的努力达不到治理效果，而要靠全体国家的共同努力；同时生态资源作为一种共有性资源，一个国家对生态环境的利用和破坏超出一定限度就会对其他国家造成损害。在国际经济关系方面，发达国家凭借其强大的经济和国家实力获取了更多的自然资源，而国内自然资源丰富的不发达国家却并未因此享受更多的资源，造成了事实上的不公平；资源消费模式和对资源的约束影响了世界的产业结构，随着可持续发展战略的推动，各国的产业结构也随之发生调整，产生了国际分工。

在生态环境问题对国际政治理念产生影响的情况下，共同应对环境问题，实现可持续发展便成为一种选择。发达国家凭借强大的经济实力和国际影响力成为领导者，为环境治理设立议程，并逐渐形成固定的全球治理体制，但随着发达国家国内的变化（如领导人变迁、经济发展放缓等因素），国内事务成为其发展重心，而参与全球环境治理成为备选

[①] 《增长的极限》是罗马俱乐部于1972年发表的对世界人口快速增长的模型分析结果，由丹尼斯·米都斯（Dennis L. Meadows）主笔，这本书用World 3模型对地球和人类系统的互动作用进行仿真；《人类处在转折点》是罗马俱乐部的第二份研究报告，发表于1974年，报告指出按照1972年的石油消耗水平，已探明的世界石油储量仅够用37年。

[②] 于宏源：《国际气候环境外交：中国的应对》，中国出版集团东方出版中心2013年版，第18—19页。

项，这造成了全球生态环境治理的领导力赤字。正因为如此，作为对环境生态施加主要影响的发达国家开始推脱领导责任和义务，并将责任转嫁给发展中国家。在这样一种情况下，随着中国经济的逐步发展和国际影响力的增加以及作为后起国家的代表，所谓的"中国环境威胁论"便成为发达国家转嫁责任并限制中国发展的一个选择。

（二）"中国环境威胁论"的表现及特征

"中国环境威胁论"的思想最早出现在世界观察研究所（Worldwatch Institute）1994年的报告《谁来养活中国》（Who Will Feed China？），其作者是该研究所的创始人莱斯特·布朗（Lester R. Brown），他在报告中指出中国人口以每年1400万人的速度增加，收入也迅速增加，这就意味着中国社会对食品的需求量会不断增加，而中国大量的农业用地正在转变为非农业用地，粮食生产萎缩，这种潜在的粮食短缺使世界面临一个棘手的问题，那就是谁来养活中国？[1] 而随着中国的发展，西方国家也开始通过宣传"中国污染严重，是世界的污染大国""中国缺乏责任心，拒绝承担环境责任""中国是世界粮食危机的制造者"等，以此来形成国际舆论，达到其政治目的。1997年美国总统克林顿指出，"对美国的安全来说，中国最大的威胁不在军事上，而在环境上"，这表明所谓的"中国环境威胁论"的国际舆论已经形成。[2]

总的来说，国际上关于"中国环境威胁论"的内容主要包括"粮食威胁论""能源威胁论""污染威胁论""人口威胁论"等。正如前文提到的，布朗认为中国的人口每年迅速自增，与此同时粮食的增长速度却落后于人口的增长速度，造成了世界的粮食危机。他认为随着中国粮食需求呈螺旋式上升，中国却没有相应的解决方案。虽然中国国土面积广袤，但大部分是干旱和无生产能力的地区，粮食生产集中在东部沿海地区，而工业的发展又挤占了有限的土地，同时工业发展也转移了大量的农业劳动力，造成劳动力缺失。他虽然没有明确表明中国的粮食问题对世界环境造成威胁，但由于粮食生产对土地和水等资源的需求，这也就

---

[1] Lester R. Brown, "Who Will Feed China", *World Watch*, Vol. 7, No. 5, 1994, pp. 10-19.
[2] 于宏源：《国际气候环境外交：中国的应对》，中国出版集团东方出版中心2013年版，第44页。

从侧面表明了中国的粮食生产带给世界环境的压力，因此他认为各国领导人要及时采取措施应对中国的粮食危机可能带来的影响。[1]

在所谓的"能源威胁论"方面，1993年，中国在石油贸易中首次出现逆差，净进口量为981万吨，原油对外依存度为6.7%，[2] 中国从石油净出口国变为净进口国。这是中国经济发展对能源消耗的必然结果，而这一过程也必然会对石油价格的上涨有所影响。1996年以美国和日本为代表的发达国家指出，中国持续的工业发展可能会大幅推高全球油价，并将酸雨和其他污染物漂洋过海送到日本，中国在台湾地区等的行动可能会干扰日本的石油命脉，削弱整个亚洲的经济，[3] 除了影响石油价格以外，还会打乱世界稳定的格局。[4] 有的国家指出，中国经济增长对石油的需求量不但会提升全球油价，还有可能造成全球石油资源的枯竭。[5] 2005年，中海油公司宣布高价收购美国优尼科石油公司（Uncoal），但收购活动遭到美国政界的强烈反对，他们认为中海油185亿美元现金收购优尼科的报价远远超出优尼科公司的实际价值，不能说是简单的商业行为。他们还指出，中国为了解决能源需求的问题，与不少有人权问题的独裁国家进行交往，通过经济援助和提供军事装备的方式从伊朗、苏丹和缅甸等国家获取所需的能源物资。[6]

随着中国工业化的发展，各种形式的污染开始增加。据世界卫生组织（WHO）2006年的一份报告，世界上污染最严重的20个城市里有16个中国城市。[7] 中国本身也是环境污染的受害者，一项报告显示，受环境

---

[1] 姜文来：《积极应对"中国环境威胁论"》，《资源与人居环境》2006年第7期。

[2] 李昕：《1949年以来中国石油进出口地位演变》，《西南石油大学学报》（社会科学版）2014年第1期。

[3] Nicholas D. Kristof, "The World; Tension with Japan Rises Alongside China's Star", The New York Times, June 16, 1996, https://www.nytimes.com/1996/06/16/weekinreview/the-world-tension-with-japan-rises-alongside-china-s-star.html.

[4] Hongyi Harry Lai, "China's Oil Diplomacy: Is It a Global Security Threat?", Third World Quarterly, Vol. 28, No. 3, 2007, pp. 519 - 537.

[5] 赵诣：《新一轮"中国威胁论"的背后》，《中国社会导刊》2005第24期。

[6] Michael Petrusic, "Oil and National Security: CNOOC's Failed Bid to Purchase Unocal", NCL Rev. No. 84, 2005, p. 1373.

[7] 《世卫组织公布世界污染最重20个城市 中国占16席》，中国网，http://www.china.com.cn/news/txt/2006-10/08/content_7219756.htm。

污染，2005年中国肺癌新发病例数为536407人，死亡病例数为475768人，通过对10个登记处18年发病死亡数据进行分析，登记点肺癌发病率呈逐年上升趋势，年平均增长1.63%。[1] 而环境污染也带来巨大的经济损失，国家环保局指出，2004年全国环境污染损失占当年GDP的3.05%。[2] 其他国家也就此批判中国的环境污染对他们所造成的影响。20世纪90年代，日本和西方媒体将亚洲产生的硫氧化物归因于中国。[3] 而美国也多次宣称中国的环境污染在急速上升，对世界造成极大危害。随着温室气体排放成为全球变暖的原因这一事实在科学上有了定论，西方发达国家开始为这一现实寻找一个责任者，中国作为经济发展处于上升期、温室气体排放量处于增长期的国家，自然成为发达国家集体指责的对象。

（三）"中国环境威胁论"的本质

所谓的"中国环境威胁论"，是随着中国经济的发展和中国整体实力的上升而被提出的一个论断。虽然中国在早期发展过程中确实出现了不少环境方面的问题，但这都是伴随中国发展而来的，并未超出中国发展的承受范围，其负面影响也远远没有到达西方国家所宣传的那样，更不至于"威胁"世界的生存，这一论断的出现更多的是包含了政治和利益因素。

"中国环境威胁论"主要由美国和日本等发达国家推动，故意夸大中国环境污染的负面效果，其背后包含政治和利益的因素，这也与中国整体国际地位提升紧密相关。随着经济和社会的发展，中国逐渐开始更多地参与国际事务，国际影响力不断提升，中国开始由地区性大国转变为世界性大国，这引起了传统发达国家的恐慌，因此美国、日本等国家希望通过环境问题牵制中国的崛起。由此可以看出，所谓的"中国环境威胁论"包含着浓重的政治意图，其本质上还是要限制中国的发展，这也影响了这一阶段中国参与全球气候治理的态度和路径。面对所谓的"中国

---

[1] 陈万青、张思维、邹小农：《中国肺癌发病死亡的估计和流行趋势研究》，《中国肺癌杂志》2010年第5期。

[2] 《2004年全国环境污染损失占当年GDP的3.05%》，中华人民共和国中央人民政府网站，http://www.gov.cn/jrzg/2006-09/07/content_381848.htm。

[3] 《日本媒体称中国垃圾污染冲绳环境》，环球网，http://world.huanqiu.com/roll/2008-02/60399.html?agt=15438。

环境威胁论",中国开始加大环境治理力度,改善生态状况,并且科学地评估中国的环境问题带给外部的影响,并积极参与和履行国际公约。①

二 全球气候治理主体的变化

在全球气候治理过程中,各参与主体在不同的阶段,其利益诉求、参与路径和参与态度会不尽相同,这会对全球气候治理进程产生巨大影响,当然也会影响中国对全球气候治理的参与。传统上欧盟和美国是参与全球气候治理的主体,也是全球气候治理议程的设置者,但到20世纪90年代末期和21世纪初,随着两个参与主体内部的政治、经济等因素的变化,其参与目标和态度都出现转变,尤其是美国小布什政府对气候治理的消极态度,使全球气候治理出现了一定程度上的领导力缺失现象,而这一时期印度、巴西等新兴行为体开始发展,成为气候治理的一支重要力量,这些因素都影响了中国对全球气候治理的参与。

(一)美国:全球气候治理的配角

美国的气候政策最早隶属于范围比较宽泛的环境政策,随着气候变化逐渐受到关注,气候政策开始成为独立的领域并具备独立的特征。老布什政府时期开始出台明确的气候变化政策,这一气候政策主要是希望通过调整温室气体排放来应对全球气候变暖。1990年老布什签署立法,开始实施"国家气候评估"(National Climate Assessment)来记录气候变化对美国的影响。②虽然老布什想在气候治理方面有所作为,但其背后的利益集团和保守主义却给他巨大阻力,因此区别于欧盟积极推动全球气候治理,美国在多个场合拒绝设定温室气体减排的具体目标,而在《公约》的谈判中态度也较为消极。

接替老布什的民主党总统克林顿上台伊始就希望在气候治理方面取得一定成果,他首先颁布BTU税(British Thermal Unit Tax)以此促进提高能源利用率,减少温室气体排放,1993年又发布《气候变化行动计划》

---

① 杨洁勉:《世界气候外交和中国的应对》,时事出版社2009年版,第259—261页。
② Scott Waldman, "Bush Had a Lasting Impact on Climate and Air Policy", SCIENTIFIC AMERICAN, December 3, 2018, https://www.scientificamerican.com/article/bush-had-a-lasting-impact-on-climate-and-air-policy/.

(*Climate Change Action Plan*),计划到 2000 年前将温室气体排放量降低到 1990 年的水平。① 由于利益集团的游说,克林顿的这些计划并未得以很好的实施,而 1994 年的中期选举共和党获胜,占据了参众两院多数席位,克林顿的温室减排计划更是滑落到政府政治议程的次要位置。1994 年是美国环境政策和科学更加政治化的分水岭,保守主义主导的国会开始削减预算,并拒绝重新授权支持"超级基金"(Superfund Cleanup)。② 随着环境政治日趋两极化,立法僵局开始出现,进一步将行政部门推到了环境政策的前沿。③ 进入克林顿的第二个任期,气候问题的政治性更为突出。在此期间,克林顿政府积极参与国际气候谈判,他的主要立场是拒绝有法律约束力的减排承诺,而是支持设立长期目标;主张进行排放权交易,同时发达国家可以通过援助发展中国家来抵消排放量;呼吁减排的灵活性;强调发展中国家的参与。④ 虽然克林顿积极参与全球气候治理,但国会两党对于气候治理并未给予足够的重视,1997 年国会通过《比拉德—海戈尔决议》(*Byrd Hagel Resolution*),该决议指出,"美国不应签署强制要求附件一缔约方做出限制或减少温室气体排放的新承诺,同时也应该拒绝将发展中国家排除在外的协议,否则将对美国经济造成严重损害",⑤ 这实际上禁止了美国批准《京都议定书》。受困于国内两党政治的限制,虽然克林顿想在气候变化领域有所作为,但收效甚微;同时克林顿政府也认为相对于气候变化,美国还面临更为严重的威胁,因此在克林顿的执政后期,美国在气候谈判中的立场并未有大的调整。

2001 年小布什成为美国总统,这位代表石油利益集团的共和党总统对气候变化问题表现出漠视的态度。2001 年 3 月,小布什政府宣布退出

---

① Richard L. Berke, "Clinton Declares New U. S. Policy for Environment", The New York Times, April 22, 1993, https://www.nytimes.com/1993/04/22/world/clinton-declares-new-us-policies-for-environment.html.

② 超级基金是美国联邦政府的一项计划,旨在为清理受有害物质和污染物污染的场所提供资金。

③ Riley E. Dunlap, Peter J. Jacques, "Climate Change Denial Books and Conservative Think Tanks: Exploring the Connection", American Behavioral Scientist, Vol. 57, No. 6, 2013, pp. 699 – 731.

④ 陈宝明:《气候外交》,立信会计出版社 2011 年版,第 104 页。

⑤ "Byrd-Hagel Resolution", National Center for Public Policy Research, July 25, 1997, https://web.archive.org/web/20160809040037/https://www.nationalcenter.org/KyotoSenate.html.

《京都议定书》，声称批准该条约将影响美国经济的发展，并且条约没有施加足够的压力来限制发展中国家的排放。[①] 2002 年 2 月，小布什宣布了《京都议定书》的替代方案，提出了一项在 10 年内将温室气体强度降低 18% 的计划。小布什表示，这项计划将防止 5 亿吨温室气体的排放，相当于 7000 万辆汽车的排放量，这一目标将通过向使用可再生能源的企业提供税收抵免来实现。[②] 本身作为保守主义阵营的一员，小布什上台之初就遭遇了 2001 年的"9·11"恐怖袭击，因此它上任开始就将国家的对外重点放在反恐上面，随之而来的阿富汗战争和伊拉克战争成为其关注的焦点。尽管在气候问题上小布什受到了来自国内民众、议会和军方的压力以及国际社会的谴责，但他依然对此持消极态度，联邦政府对于气候变化无所作为，以及退出《京都议定书》加大了全球气候治理的不确定性。

　　总的来看，1995—2005 年，克林顿对气候变化治理的态度较为积极，也切实地采取措施推动美国积极参与气候治理，对于《公约》缔约方会议和《京都议定书》的谈判也起到了积极的推动作用，但是美国两党都未对此予以重视，最终参议院没有批准《京都议定书》。因此受制于美国国内政治，克林顿在气候治理方面的努力并未取得好的效果。而对气候变化持漠视态度的小布什，上台伊始就退出《京都议定书》。虽然迫于国内国际的压力，他也采取了多项气候行动计划，但也仅仅是削减温室气体浓度，而并非减少温室气体排放量。作为当时世界最大的温室气体排放国，小布什的表现直接造成了全球气候治理的滞后。这一阶段美国在全球气候治理中的表现，也给予了中国更多参与全球气候治理的机会，同时中国可以按照自己的发展步伐，兼顾经济发展和气候治理。随着中国对全球事务的参与增加，"负责任大国"身份的定位逐渐清晰，中国积极参与和支持《公约》和《京都议定书》框架下的活动，积极开展多边和双边合作，并在能力所及范围内帮助非洲国家和小岛国家提高应对气

---

① Alex Kirby, "US blow to Kyoto hopes", BBC, March 28, 2001, http：//news.bbc.co.uk/2/hi/science/nature/1247518.stm.
② Kelly Wallace, "Bush Unveils Voluntary Plan to Reduce Global Warming", CNN, February 14, 2002, https：//edition.cnn.com/2002/ALLPOLITICS/02/14/bush.global.warming/index.html#top_of_page.

候变化的能力，① 弥补了美国领导力缺失带来的损失。不管是克林顿还是小布什时期，美国都强调发展中国家的减排责任，并以此作为美国履行温室气体减排责任的前提。因此这一时期，美国在全球气候治理中角色的缺失，使得中国可以不用做出具体的减排承诺，这给中国经济创造了宽松的发展条件。

（二）欧盟：全球气候治理的中坚力量

"欧盟是国际气候谈判的最初发起者，一直是全球减排最主要的推动力，并希望担当谈判领导者的角色。"② 自1990年以来，欧盟的气候政策一直在发展，在温室气体排放、可再生能源和能源效率等领域引入了共同措施。随着时间的推移，已经制定、实施和修订了欧盟范围内的气候政策框架。1990年，政府间气候变化专门委员会发表第一份简要报告后不久，欧洲理事会在同年首次讨论了气候变化问题，为即将举行的《公约》谈判做准备，欧盟领导人同意到2001年将欧洲共同体的温室气体排放稳定在1990年的水平。从《公约》谈判开始，欧盟就力争成为全球气候治理的领导者。而在《京都议定书》通过以后，欧盟承诺到2012年将温室气体排放量在1990年的基础上减少8%，③ 这一承诺是主要发达国家中最高的。

1997年在缔约方京都会议之前，欧盟在当时的15个成员国之间谈判达成了一项重要的内部"责任分担"协议。④ 这一安排为欠发达成员国提出了增加排放的上限，而较为富裕、环境进步程度较高的成员国则要实现大幅度减排。总体效果是到2012年将排放量在1990年的基础上减少15%，这一安排比美国的主张要积极得多。《京都议定书》的"目标和时间表"方法在很大程度上反映了欧盟传统的监管方式，但谈判过程也反映出了欧洲谈判代表对"灵活机制"的排斥，他们认为"灵活机制"为

---

① 王学东：《气候变化问题的国际博弈与各国政策研究》，时事出版社2014年版，第360—361页。

② 崔大鹏：《国际气候合作的政治经济学分析》，商务印书馆2003年版，第103页。

③ "EU Over-Achieved First Kyoto Emissions Target, on Track to Meet 2020 Objective", European Commission, October 9, 2013, https://ec.europa.eu/clima/news/articles/news_2013100901_en.

④ Sebastian Oberthür and Claire Dupont, "The Council, the European Council and International Climate Policy: From Symbolic Leadership to Leadership by Example", The European Union as a Leader in International Climate Change Politics, New York: Routledge, 2010, pp. 94 – 112.

美国逃避减排提供了一种途径,但为了能够争取到美国使协议早日生效,欧盟代表并未对"灵活机制"提出反对意见。[1] 在《京都议定书》签署后,欧盟成员国认为,各个国家单独的减排计划相加不足以实现8%的减排目标。因此为了保证减排目标的实现,2000年3月欧盟委员会开始通过欧洲气候变化计划(European Climate Change Programme,ECCP)来制定欧盟各国共同的政策和措施,这一时期出现的主要政策是欧盟排放交易计划(ETS)。根据该计划,欧盟大约40%的温室气体排放量来自一个统一的系统,在这个体系下,排放配额将被分配并在碳市场上进行交易,以激励最具成本效益的减排形式。[2] 在国际上,欧盟采取措施,确保自己能够履行《京都议定书》承诺的同时展示其执行机制的灵活性。与此同时,它也在敦促必要数量的缔约方批准该议定书,以使其生效。2001年美国退出后,欧盟在2004年努力确保俄罗斯批准该议定书,使其生效。作为俄罗斯批准的交换条件,欧盟同意支持俄罗斯加入世界贸易组织,并对俄罗斯天然气进入欧洲单一市场的条款做出一些调整。[3]

经过多年发展,欧盟的气候政策和实践取得了巨大成就,成为全球气候治理的标杆。对于这一阶段,中国参与全球气候治理也产生了重要影响。欧盟的环境政策一直强调国际合作的重要性,尤其是在发达国家和发展中国家在环境治理中存在分歧的情况下,欧盟更加重视与发展中国家的合作,欧盟认为要维护已经取得的全球气候治理的领导权,离不开发展中国家的支持。在美国退出《京都议定书》以后,中国和欧盟提升了在气候变化中的合作水平,双方都反对美国退出《京都议定书》,并积极推动其生效,这加强了中国对于全球气候治理的参与,中国更进一步地参与了国际事务并展现"负责任大国"的形象。另外,欧盟在气候治理方面领先于其他国家和地区,有着更为丰富的经验,其技术、科研

---

[1] Miranda A. Schreurs, Henrik Selin, Stacy D. VanDeveer, "Conflict and Cooperation in Transatlantic Climate Politics: Different Stories at Different Levels", *Transatlantic Environment and Energy Politics*, Routledge, 2016, pp. 181 – 202.

[2] Jon Birger Skjærseth, Jørgen Wettestad, *EU Emissions Trading: Initiation, Decision-making and Implementation*, London: Routledge, 2008, pp. 103 – 104.

[3] Charlotte Bretherton, John Vogler, *The European Union as a Global Actor*, Routledge, 2005, pp. 47.

和管理方面都对中国有着重要的参考和借鉴价值,因此也从另一方面推动了中国的参与。

三 全球油价大幅上涨的能源体系

1995—2005年这10年间的全球石油价格低开高走,总体上处于增长状态,而且到后期增长幅度逐年增大,差距较为明显(见图3-2)。具体来看,1995年欧佩克原油价格从1994年的15.53美元/桶幅度较小地增长到16.86美元/桶,1996年价格增长幅度较大,为20.29美元/桶,其后的1997年价格稳定在18.86美元/桶,但1998年石油价格迅速下降到12.28美元/桶,造成这一结果的原因是原油的生产成本降低。

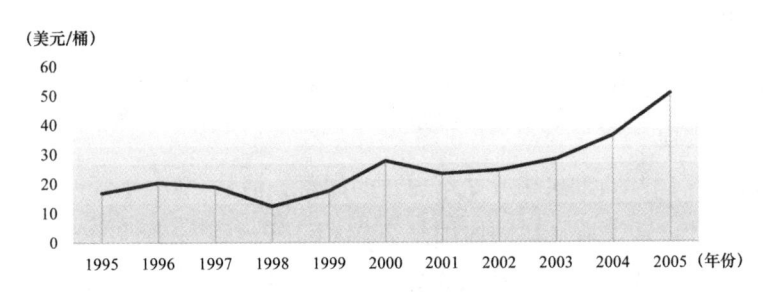

图3-2 1995—2005年欧佩克原油年平均价格

资料来源:Statista, https://www.statista.com/statistics/262858/change-in-opec-crude-oil-prices-since-1960/。

随着石油勘探和开采技术的进步,国际石油公司生产石油的成本大大降低。除去必要的运输费用和相关税费,20世纪90年代后期每桶石油的成本价格平均维持在12美元以下。同时伴随着石油开采的延续,早期对于油井建设所投入的成本基本已经收回,石油公司后期只需要投入基本的人力成本和日常开支。因此,1998年世界石油市场的价格维持了总体的低价格水平。但是1999年油价开始回升,达到每桶17.44美元,随后的2000年上升到每桶27.6美元,在经历了短暂的价格下降以后,2003年石油价格开始一路上涨,并在2005年到达每桶50.59美元的峰值。

1999年石油价格迅速增长主要受两个因素影响,一是科索沃战争期间以美国为首的北约轰炸南联盟。虽然这次军事行动并未发生在世界主要的产油区，但是给国际形势带来了不确定性。美国发动军事行动初期，国际社会对这次战争的前景处于观望状态，而俄罗斯等周边大国的态度也不明确，是否会参与到这次战争中还处于不确定状态，这使得军工企业开始考虑增加武器储备量，以应对订单增加，进而使得它们对石油的需求量大量增加。与此同时，石油输出国也开始操纵国际油价。二是源于1998年的全球石油价格低廉。1998年国际石油市场的供应量巨大，超出了全球的需求量，使得石油输出国积压了大量库存，1998年石油价格一直维持在较低水平，甚至在2月中旬跌至每桶10美元以下。因此，1998年3月石油输出国组织召开石油部长会议，决定从当年4月1日起成员国每天减产170万桶。[①] 到1998年年底，随着北半球进入冬季，北半球国家对石油的需求量上升，而此时石油输出国组织成员国的库存不断降低。因此，1998年年底，石油价格开始上升，到1999年则开始了快速的攀升过程。

2000年国际石油价格开始有短暂的回落，但从2001年开始，国际石油价格回升，其中最直接的原因是2001年"9·11"事件的发生。2001年9月11日，恐怖分子劫持美国的两架民用客机撞击了纽约的世贸大厦，9月11日，塔利班外交部部长瓦基勒·艾哈迈德·穆塔瓦基勒（Wakil Ahmed Muttawakil）"谴责这次恐怖袭击，不管幕后黑手是谁"，[②] 但塔利班领导人毛拉·奥马尔（Mullah Omar）立即发表声明，称本·拉登不对此事负责。[③] 布什总统称这些袭击不仅是"恐怖行为"，而且是"战争行为"，并认为美国不再安全，因此要征服和追击这一"敌人"。因此2001年10月7日，美国发动对阿富汗基地组织和塔利班的战争，由此引发了中东石油生产的供给波动，导致国际石油价格上升。2002年国际原油期

[①] 《石化：1999年国际石油市场回顾与2000年展望》，新浪网，http：//finance.sina.com.cn/market/analysis/2000-01-13/17776.html。

[②] "World Shock over U.S. Attacks", CNN, September 11, 2001, http：//edition.cnn.com/2001/WORLD/europe/09/11/trade.centre.reaction/.

[③] Barry Bearak, "A DAY OF TERROR：THE AFGHANS；Condemning Attacks, Taliban Says bin Laden Not Involved", The New York Times, September 12, 2001, https：//www.nytimes.com/2001/09/12/us/day-terror-afghans-condemning-attacks-taliban-says-bin-laden-not-involved.html.

货价格最高达到 32.03 美元/桶，最终收于 22.81 美元/桶。① 虽然受"9·11"事件以及阿富汗战争的影响，国际原油价格开始上涨，但总体上来说，这一上涨还处于较为平稳的状态，而从 2003 年开始国际原油价格则开始进入飙升状态。

由于伊拉克、委内瑞拉和尼日利亚等石油生产国的政治不稳定，美国的原油价格在 2003 年为平均每桶 30 美元。据路透社数据，2003 年纽约商品交易所（New York Mercantile Exchange）期货市场美国基准油价为平均每桶 30.98 美元，较 2002 年的平均水平上涨 19%，创下 20 多年来的最高年度均价。根据英国石油公司（BP）在其年度统计评论中汇编的数据，这是自 1982 年以来的最高油价，当时平均基准油价接近每桶 32 美元。② 伊拉克拥有丰富的石油储备，因此 2003 年的伊拉克战争对全球石油市场产生了巨大的影响。2003 年全球对石油需求处于增长阶段，而伊拉克战争的爆发则影响了中东的石油生产和供给，这造成了全球油价的上涨。但也有专家认为，墨西哥、印尼和英国的石油出口经历峰值并开始下跌影响了全球石油价格。虽然伊拉克战争对全球油价有影响，但这一影响是短期的，长远来看影响不大。③

在 2004 年年底和 2005 年年初的几个月回落后，原油价格在 2005 年 3 月升至新高。从 2005 年 3 月 5 日开始，纽约商品交易所（NYMEX）的油价一直在每桶 50 美元以上。2005 年 6 月，原油价格突破了每桶 60 美元的关口。从 2005 年开始，原油市场的价格弹性发生了显著变化。2005 年以前，石油价格的小幅上涨导致了石油产量的显著增长，但后来的价格上涨使产量只增加了一小部分，因此 2005 年成为国际原油市场的转折点。④ 卡特里娜飓风在美国造成破坏后，汽油价格在 2005 年 9 月的第一

---

① "Historical Crude Oil Prices（Table）", Inflationdata, February 10, 2022, https://inflationdata.com/articles/inflation-adjusted-prices/historical-crude-oil-prices-table/.

② "Oil Prices in 2003 Averaged Highest in 20 Years", Us Today, December 31, 2003 https://usatoday30.usatoday.com/money/industries/energy/2003-12-31-oil-prices-2003_x.htm.

③ Matthew R. Simmons, "Another Nail in the Coffin of the Case Against Peak Oil", https://web.archive.org/web/20080411112202/http://www.simmonsco-intl.com/files/Another%20Nail%20in%20the%20Coffin.pdf.

④ James Murray, David King, "Climate Policy: Oil's Tipping Point has Passed", Nature, Vol. 481, No. 7382, 2012, pp. 433–435.

周创下历史新高,平均零售价为每加仑3.04美元。①

纵观这10年的石油价格走势,总体上呈现出低开高走的趋势。造成这一趋势的原因,一是美国的对内对外战略,尤其是小布什上台以后采取"单边主义"战略,以美国的安全为由在中东采取军事行动。20世纪末到21世纪初,全球的石油布局使发展中国家拥有储量丰富的石油资源,但以美国为代表的发达国家却掌握了世界原油的开采和生产权力。与发展中国家相比,发达国家更能够左右国际石油价格,因此美国发动海外战争以及国内的自然灾害直接使全球石油价格处于攀升状态。二是冷战结束以后,进入20世纪90年代中期,世界各国的经济开始步入正轨,美国在原有基础上发展迅速,而欧洲各国通过走联盟路线统一了内部市场和货币,东亚地区走上了出口导向型发展道路,中国在改革开放政策的引领下充分发挥劳动力资源优势,逐渐走上快速发展的道路。世界各国的经济发展也增加了对石油资源的需求,提升了全球石油价格。与此同时,可再生能源发展步入正轨。虽然风车已经建造了几个世纪,但直到20世纪80—90年代,大型公用事业规模的风电场才建成。在20世纪90年代,风力发电蓬勃发展,成为一个价值数十亿美元的产业,到1997年,全球新增装机容量为1.5吉瓦(全球总装机容量为7.6吉瓦)。截至2000年年底,新增装机容量17.4吉瓦(当年新增装机容量3.7吉瓦)。2005年,中国的累计总装机容量达到59.2吉瓦,新增装机容量为11.5吉瓦。②2000年全球的太阳能产业装机容量也比前一年大大增加,到2005年达到5266.2兆瓦,年均增长31.23%。③

1993年,中国成为石油净进口国,对外国石油的依赖不断增加,1999年,石油消费总量的22%来自进口石油。因此,面对石油市场的不确定性和世界产油区的政治动荡,中国变得更加脆弱。随着中国改革开

---

① "U. S. Regular Gasoline Prices", U. S. Energy Information Administration, March 14, 2022, https://www.eia.gov/petroleum/gasdiesel/.
② "Global Cumulative Installations 2000 – 2023e", PowerWeb, http://www.fi-powerweb.com/Renewable-Energy.html.
③ "BP Statistical Review of World Energy", BP, https://www.bp.com/en/global/corporate/energy-economics/statistical-review-of-world-energy.html.

放的深入,尤其是 2001 年中国加入 WTO 以后,中国的国内能源市场受到了国际竞争日益加剧的压力。因为相较于发达国家,中国的石油生产设备落后,管理和政策方面也存在弊端,因此缺乏在国际上的竞争力。中国石油和天然气的平均生产成本高于大多数其他国家,成品油的成本高于跨国石油公司的成本,因此国内炼油厂在成本方面缺乏竞争力。按英国热量单位(BTU)含量计算,天然气的国际平均价格是煤炭价格的两倍,但中国的成本是美国的三倍。与此同时,中国加入世贸组织后,还不得不对石油和天然气实行零关税,进口配额等非关税壁垒也将取消,大型石油公司将进入当地市场。而在这一时期,中国的可再生能源项目有所发展,1999 年世界贷款资助了第一个中国可再生能源发展项目,开发离网光伏系统,供给西北各省 40 万农村用户。该项目帮助中国光伏系统生产企业达到高标准,参与国际市场竞争。现在中国已成为世界最大的太阳能电池板出口国。该项目还资助了在上海的两个 2 万千瓦风电场的建设安装。[1] 处于起步阶段的新能源成本较高,应用范围有限,因此煤炭成为此阶段主要的应用能源。2000—2005 年,中国的能源消费以平均每年近 10% 的速度递增,比过去 20 年的年增长速度快一倍。以重工业为主推动能源消费激增,迫使中国加大了对煤炭的依赖,煤炭占到能源需求总量的将近 70%。

因此国际原油价格上涨、国内能源价格缺乏竞争力、可再生能源项目发展以及煤炭消费占最大比重的外在特征,增加了中国参与全球气候治理的动力。中国在参与全球气候治理的态度方面比前一阶段表现得更为积极,但可再生能源和新能源毕竟处于起步阶段,应用成本较高,因此中国还是倾向于采用煤炭和天然气作为替代。这就使得中国的参与态度表现出两面性,一方面拒绝国际社会提出的具体减排指标,但另一方面又主动批准了《京都议定书》。

---

[1] 《中国:发展清洁能源满足需求增长》,世界银行网站,https://www.shihang.org/zh/news/feature/2007/12/18/search-clean-energy-meet-chinas-needs。

第四节 承认角色的变量作用过程及气候治理参与

改变经济增长方式的利益认知、"负责任大国"的身份认知以及气候治理主体转变和油价大幅度上升的国际体系组成了这一阶段的变量组合，三者相互作用下，虽然国家的侧重点仍然是经济发展，但相比于前一阶段，参与全球气候治理的态度更加积极，在这样一种作用下体现为承认角色。

一 承认角色的变量作用过程

从改革开放开始到20世纪90年代中期，经过20年左右的发展，中国社会基本摆脱了物资匮乏的局面，除了亚洲金融危机后的几年经济发展有所放缓，其他年份的经济一直处于持续增长的状态，但伴随其中的也有诸多负面效应。首先，经济的高速发展造成严重的环境污染和生态破坏。其次，经济增长更多的是依靠粗放型发展模式，发展效率低下。最后，人民在解决了温饱问题后，开始追求更有质量和更高层次的发展模式。与此同时，中国对气候变化问题的认知开始由单纯的环境问题转变为将其与经济和社会发展相联系，清洁发展机制和技术转让等在《京都议定书》签署之后都被纳入中国的经济发展总进程。因此说这一阶段的利益认知使中国对于参与气候治理的态度开始变得积极，但这种态度仍然是基于中国经济继续增长的前提，所以对中国参与全球气候治理的角色影响是负面的，仅仅是程度上比前一个阶段有所降低。

"负责任大国"的身份认知，首先源于中国经济的发展，这促使中国想更多地参与国际事务，主观认识上产生转变；其次，国际格局发生改变，世界形成"一超多强"的局面，客观上为中国担负更大的责任创造了条件；最后，1997年中国成功地应对了亚洲金融危机，并积极增加对亚洲相关国家的援助，赢得了积极的国际声誉。在这样一种身份认知下，中国开始更多地履行国际责任，积极参与国际事务，因此这一认知与中国参与全球气候治理的角色呈正相关。

所谓的"中国环境威胁论"在此时兴起，本质上是以美国和日本为代表的发达国家故意夸大中国环境污染的负面影响,其背后是政治和利益因素;但这一论断也给中国敲响了警钟,使中国开始正视经济发展过程中的环境和生态问题,正面引导了中国参与全球气候治理。在这期间,全球气候治理主体的位置也发生变化,小布什政府退出《京都议定书》,一方面给其他国家造成了不良的示范效应,并逐渐从全球气候治理中缺席;另一方面也给中国的经济发展创造了宽松条件,缺少了美国对中国减排的不合理要求,中国可以不做出具体的减排承诺。同时欧盟在气候治理中取得的巨大成就成为全球气候治理的标杆,中欧之间的合作加强了中国对全球气候治理的参与。另外,受到科索沃战争的影响、全球石油库存的减少以及"9·11"事件的爆发,全球石油价格上升,抑制了中国对石油的消费,客观上增加了中国参与全球气候治理的动力,对中国参与全球气候治理形成正面引导。

综上所述,利益认知的决定性作用在这一阶段有所下降,但还是主要影响因素,身份认知、所谓的"中国环境威胁论"和全球油价上升对中国参与全球气候治理形成正面引导,美国治理主体地位的缺失有一定程度的负面效应,由此中国整体表现为承认角色(见表3-2)。

表3-2　　　　　　　　　承认角色的变量作用过程

利益认知	身份认知	国际体系				角色
		"中国环境威胁论"	美国主体地位缺失	欧盟地位强化	油价上涨	
-	+	+	-	+	+	承认角色

二　承认角色的气候治理国际参与

联合国环境与发展大会之后,《公约》缔约方根据规定设立了缔约方会议作为该公约的最高机构,促进《公约》的实施。缔约方会议在1995年第一届会议上同意启动新的谈判进程,即"柏林授权",以达成一项议定书,在一定的时间框架内实现量化的减排目标。这一举措的一个重要原因是IPCC第二份评估报告的结论,即"证据表明,人类对全球气候有明显的影响",[1] 这一进程的结果是1997年12月在日本京都通过了《京都议定书》。《京都议定书》的核心是工业化国家的温室气体减排目标,《京都议定书》指出在2008年至2012年的5年承诺期内至少比1990年的水平低5%。[2] 在实践中,工业化国家获得了排放配额,为它们的年度温室气体排放设定了上限。各国可以通过与其他国家合作增加配额,或者通过购买碳排放额度的减排项目,或者购买其他国家配额的一部分。工业化国家之间的碳信用额交易项目合作称为联合履行机制(JI),工业化国家和发展中国家之间的交易则是在清洁发展机制框架下进行的。然而,《京都议定书》的谈判进展缓慢,各国为"共同但有区别的责任"原则进行博弈,例如,工业化国家对没有减排承诺义务的中国、印度、墨西哥和巴西等发展中国家表示质疑,认为它们经济发展速度快,应同样履行减排义务。在京都谈判开始前,美国国会通过了《伯德—哈格尔决议》(Byrd-Hagel resolution),指示美国谈判代表在没有发展中国家"有意义的参与"的情况下,不要就协议达成一致,因为这会造成对美国经济的损害。[3] 尽管美国代表团最后接受了一个量化的减排承诺,但美国国会一直未批准这一协定,最终2001年新上台的小布什总统退出《京东议定书》。

中国对《京都议定书》的态度也从2001年开始有了巨大转变。中国在环境与发展大会上签署了《公约》以后,党中央和国务院批准了《中国环境与发展十大对策》,这表明了中国实施可持续发展战略的决心,这一对策主要围绕实行持续发展战略、防治工业污染、开展城市环境综合整治、改善能源结构等问题展开,[4] 为中国实施可持续发展战略奠定了政策基础。但最初在京都会议上,中国的态度还是较为谨慎的。中国代表坚决维护国家利益,面对发达国家极力想减轻自身的减排承诺以及提出的"发展中国家自愿承诺"予以坚决抵制,因为这是与《公约》和"柏

---

[1] IPCC, "Second Assessment Report: Climate Change-Summary for Policy Makers", Geneve, Switzerland: Intergovernmental Panel on Climate Change, 1995, p. 22.

[2] UNFCCC, "Kyoto Protocol to the United Nations Framework Convention on Climate Change", Bonn: UNFCCC, Annex A, 1998.

[3] Susan R. Fletcher, "Global Climate Change Treaty: Summary of the Kyoto Protocol", Congressional Research Service, Library of Congress, 1997.

[4] 《中国政府环境与发展十大对策介绍》,中国环境与发展国际合作委员会网站,http://www.cciced.net/dxdh/nh/1993nh/nhxw/201210/t20121019_84398.html。

林授权"精神相违背的,同时这一行为也是对"共同但有区别的责任"原则的无视。由于没能在《京都议定书》中设立对发展中国家的约束性目标,中国此后成为发达国家的攻击目标之一,这也导致了中国坚定地遵守"共同但有区别的责任"原则。在第四次缔约方会议上,中国提出按照历史排放量,发达国家要负主要责任,而发展中国家目前的人均排放量依然很低;相对于发展中国家的"生存排放",发达国家的"奢侈排放"是一种不公平行为,需要加以纠正。① 在第五次缔约方会议上,中国则敦促发达国家履行技术转让和资金援助的责任,以帮助发展中国家提高应对气候变化的能力。② 在第六次缔约方会议上,中国驳斥了发达国家提出的对未尽责任免于处罚的观点,中国代表团认为处罚机制是约束发达国家履行减排责任的重要因素,并且这一处罚机制只适用于承担减排义务的国家。③ 由此可以看出,中国之所以采取谨慎态度,原因是历次的缔约方会议上发达国家回避自身责任,并将问题引向以中国为代表的发展中国家,这给中国带来了巨大压力,因此为了缓解压力,中国不断强调"共同但有区别的责任",并尽可能取得发达国家的资金和技术支持。

2002年,随着中国对自身"负责任大国"身份认知的加强,中国在气候谈判中的态度明显更为积极。中国对清洁发展机制的态度最开始不是十分明确,但在第九次缔约方会议上,中国代表团提出,作为一个资金和技术转让协议,《京都议定书》不管能否通过都要积极地落实这一机制。④ 说明中国对清洁发展机制的认可度增强,并想通过这一机制来应对气候变化问题。在第十次缔约方会议上,中国则表现出更为开放的姿态,中国代表团团长刘江表示,《公约》诞生10年以来的具体实施不令人满意,因此在以后的气候治理中要坚持以《公约》和可持续发展框架为指导,平衡适应与减缓之间的关系,从战略的高度认识技术开发与转让的

---

① 杨兴:《〈气候变化框架公约〉研究——国际法与比较法的视角》,中国法制出版社2007年版,第26页。

② 《在联合国气候会议上刘江阐述中国政府立场》,新浪网,http://news.sina.com.cn/world/1999-11-4/28744.html。

③ 《中国代表团团长刘江部长于2000年在气候变化公约第六次缔约方会议上的发言》,中国气候变化信息网,http://www.ccchina.org.cn/Detail.aspx?newsId=28204&TId=61。

④ 《中国代表团团长刘江在气候变化公约第九次缔约方会议部长级圆桌会的发言》,中国气候变化信息网,http://www.ccchina.org.cn/Detail.aspx?newsId=28178&TId=61。

重要性，并将具体行动作为今后工作的重点。① 在"负责任大国"的意识推动下，中国于 2002 年核准了《京都议定书》，这也为缓慢发展的气候治理注入新的发展动力。

本章小结

1995—2005 年这 10 年间，在利益认知、身份定位和国际体系的综合作用下，中国参与全球气候治理的角色与前一时期出现较大不同。首先，中国在经济发展方面不再是单纯追求数量的增长，而是开始注重发展质量与效率，气候变化问题也从之前的被简单归结为环境领域的问题，逐渐转变为将气候变化纳入国家经济发展战略的影响因素范围。其次，对于自身在国际社会中的身份定位也由"后起者"发展为"负责任大国"，中国开始更多地参与国际事务，并承担更多的国际责任。尤其是 1997 年爆发亚洲金融危机后，中国承诺人民币不贬值，并为此承受了巨大损失，在人民币不贬值的基础上积极扩大内需，保持经济稳定增长。同时中国还增加对亚洲相关国家的援助，进一步展现"负责任大国"的风采。而此时的国际环境也出现较大不同，所谓"中国环境威胁论"的论断甚嚣尘上。虽然这其中带有欧美国家在意识形态引导下对中国的敌意，和面对中国发展引起的发达国家的恐慌，但也从另一方面促使中国重视能源、气候、人口等方面的问题。这一阶段两个主要的气候治理参与主体表现出截然相反的态度，美国逐渐成为全球气候治理中的配角，尤其是随着小布什成为美国总统，他对气候治理的排斥表现得更加淋漓尽致，退出《京都议定书》大大阻碍了全球气候治理的进程。欧盟则在此阶段确立了其气候治理领导者的角色，欧盟积极为全球气候谈判设立规则和议程，并推动了《京都议定书》的生效，其在气候治理方面的技术、制度和管理经验也是中国非常好的借鉴。此阶段全球石油价格受中东战争、各国需求增加等因素的影响处于上升状态，这使得煤炭成为中国最主要的消费能源，可再生能源也逐步发展。

---

① 《中国代表团团长刘江在气候变化公约第十次缔约方会议部长级会议的发言》，中国气候变化信息网，http://www.ccchina.org.cn/Detail.aspx?newsId=28167&TId=61。

总的来看，这一阶段前期，中国发展的侧重点仍然是经济增长。同时随着国际气候谈判的开展和深入，尤其是《京都议定书》的通过以及欧盟等发达国家在气候治理方面的引领，中国开始意识到气候变化给中国带来的影响，这种影响最终会反映到经济和社会发展方面，损害国家利益，因此对气候治理的参与呈现为矛盾的摇摆状态。进入21世纪，尤其是2001年《公约》第七次缔约方大会上，针对《京都议定书》的履约做出了一系列政治决定，此后中国的态度有所变化，而此时中国新能源行业开始起步，结合《京都议定书》的清洁能源机制，中国希望由此转变经济发展方式。因此综合上述变量可以发现，这一阶段中国对全球气候治理的参与基本上呈现为谨慎而保守的态度。

第四章

接受角色：中国对全球气候治理的主动与开放参与

接受角色是角色观念发展的最后一个阶段，在这一阶段，国家的发展程度已经相对较高，行为主体开始接受角色，不但承认自己的角色，也承认别人的角色，认为行为主体处于相互联系之中。在这一阶段，行为主体开始对事务有了自己的分析能力，开始根据自己的需要来对客观的角色进行甄别和挑选，逐步融入社会系统，并开始主动呼吁维护社会秩序和准则，并参与秩序的重建。主动性体现得越来越明显，体现在人的身上表现为具有独立行为能力的个体参与社会活动，而表现在国家身上就是国家开始主动参与国际事务，并对国际社会的运行有一定的影响力和号召能力。

2005年2月16日《京都议定书》开始强制生效，根据该条约，2012年已批准该条约的附件一缔约方必须履行为《京都议定书》第一承诺期（2008—2012年）设定的温室气体排放限制义务，第一承诺期到2012年12月31日截止。面对即将到来的第一承诺期，国际社会开始考虑"后京都"时代的温室气体减排，在这样的背景下，《联合国气候变化框架公约》缔约方先后召开巴厘岛、哥本哈根和坎昆气候大会。在巴厘岛气候变化大会上，与会各国接受了"巴厘路线图"（Bali Road Map），作为此后两年中达成2009年哥本哈根完成具有约束力协议的进程。"巴厘路线图"包括巴厘行动计划，也包括特设工作组关于根据《京都议定书》的附件一缔约方的进一步承诺磋商，启动调适基金（Adaptation Fund），《京都议定书》第9条的范围和内容，以及关于技术转让和减少毁林所致排放的决定。① 2009 年的哥本哈根气候大会延续了"巴厘路线图"的决定，制定一份新的《哥本哈根协议》，以代替 2012 年到期的《京都议定书》。如果在本次会议上，各国不能达成共识并通过新的决议，那么在 2012 年《京都议定书》第一承诺期到期后，全球将没有一个共同文件来约束温室气体的排放。因此，本次会议被喻为"拯救人类的最后一次机会"。② 2010 年 11 月 29 日至 12 月 10 日在墨西哥坎昆举行了《联合国气候变化纲要公约》缔约方第 16 次会议，这是继《哥本哈根协议》后的首次缔约方会议，国际社会对此次会议的期望值降低，在会议召开前举行了 4 次筹备会议，但都以失败告终，③ 其中第四轮筹备会议甚至出现了中美之间的摩擦。④ 最终坎昆会议通过了一项协议，要求建立一个大型的"绿色气候基金"、"气候技术中心"和网络，呼吁发达国家按照《哥本哈根协议》的承诺减少温室气体排放量，并呼吁发展中国家计划减少排放。这些会议都努力推动全球气候治理的进程，但效果不尽如人意，关键的争议在于发达国家要求发展中国家也承担减排责任，并推脱对向发展中国家转让技术和资金的责任。

与此同时，国际格局出现了自冷战结束以来的新局面，巴西、印度、俄罗斯和中国等新兴国家以群体的姿态出现，中国成为新兴国家的代表，2010 年中国的 GDP 首次超越日本成为全球第二大经济体。但在国内，中国的发展出现瓶颈，主要是受制于能源结构和环境恶化的影响，因此这也促使中国开始全面转变经济发展方式，调整产业结构。能源因素方面，2008 年国际金融危机造成了国际能源市场的动荡。因此，在这一阶段，中国寻求产业结构的全面调整，在国际舞台上中国成为新兴国家的代表，期望主动发挥更多的作用，并且也具备发挥作用的实力，而在国际体系方面，新兴国家呈现群体状崛起，新兴国家的市场对气候治理产生更大的影响。与此同时，曾经在全球

---

① Bali Climate Change Conference, UNFCCC, https://unfccc.int/process-and-meetings/conferences/past-conferences/bali-climate-change-conference-december-2007/bali-climate-change-conference-december-2007-0.

② 赵凌云：《中国特色生态文明建设道路》，中国财政经济出版社 2014 年版，第 164 页。

③ Toby Vogel, "Climate Talks Going 'backwards', EU says", August 9, 2010, https://www.politico.eu/article/climate-talks-going-backwards-eu-says/.

④ Roger Harrabin, "UN Climate Talks in China End without Breakthrough", October 9, 2010, https://www.bbc.com/news/science-environment-11508913.

气候治理中起带头作用的欧盟的影响力式微。在这样的变量组合下，中国参与全球气候治理的态度越发主动和开放，整体体现为对这一角色的接受。

接受角色，在这一时期最为明显的标志是国家将建设生态文明和治理环境提升到国家战略的高度。在 2005 年 10 月召开的党的十六届五中全会上，中央正式将建设资源节约型和环境友好型社会确定为国民经济与社会发展中长期规划的一项战略任务，环境友好型社会理念在较短的时间内被迅速提升到较高的战略地位，这其中也包括对温室气体减排的布局。另外，接受角色还表现为国家的能源政策方面，时任总理温家宝在 2006 年 3 月全国人民代表大会上提交的政府工作报告中，能源效率被强调为经济增长的一项关键指标，并提出 2006 年将能源强度降低 4%。从 2006 年起，全国各地区和主要产业单位产值能耗每年公布一次。[①] 此外，"十一五"规划将提高能源效率列为主要目标，为了在 2010 年将总能源消耗与 GDP 的比率比 2005 年降低 20%，[②] 能源效率也越来越被视为中国能源安全的关键要素。国家还成立了一个高级别工作组，负责起草能源法，由几个部委的代表组成，各部委批准的《可再生能源法》于 2006 年 1 月生效。

第一节　全面转变发展方式的国家利益认知

进入这一阶段，中国经济持续发展，从 1995 年开始算起，2006 年是中国经济增长最快的一年，2006 年中国国内生产总值达到 209407 亿元，按可比价格计算，比 2005 年增长了 10.7%，速度增加了 0.3%。[③] 总体来看，国家经济运行平稳，工农业生产快速，固定资产投资和对外贸易也都快速增长。与此同时，经济运行中的问题也开始显现，主要表现为产

[①] 《2006 年国务院政府工作报告》，中华人民共和国中央人民政府网站，http://www.gov.cn/test/2009-03/16/content_1260216.htm。

[②] 《中华人民共和国国民经济和社会发展第十一个五年规划纲要》，中华人民共和国中央人民政府网站，http://www.gov.cn/gongbao/content/2006/content_268766.htm。

[③] 《中国宏观经济形势》，商务部综合司，zhs.mofcom.gov.cn/aarticle/Nocategory/200705/20070504683106.html。

业结构不合理,部分行业盲目投资导致产能过剩,区域和城乡之间发展不协调;农业的基础地位还比较脆弱,粮食增产数量有限,农民的收入增长缓慢,难以实现持续增收;能源消费结构不合理,煤炭占能源消费比例过高,天然气、水电、风电等清洁能源还有较大的发展潜力。这些问题也使国家认识到应该在提升发展质量方面进一步加强,要实现产业结构升级到更为合理健康的水平,在经济发展的同时要让发展成果惠及更大区域和人群,增加农村和农业的收入,加快中西部地区的发展,进一步提高清洁能源在能源消费中所占的比例,因此这一阶段国家的利益认知是要彻底转变国家的发展方式。

经济发展方式的转变是伴随着中国改革开放的实施在同一时间被提出来的,改革开放初期,为了在沿海地区率先实行社会主义市场经济,国家在东部沿海地区设立经济特区,以此作为中国改革的前沿并最终带动全国的发展。经济特区对国民生产总值、就业、出口、吸引外国投资和新技术以及采用现代管理办法等做出了重大贡献。到2006年,5个经济特区占中国实际GDP总量的5%、商品出口总量的22.1%、外商直接投资流入总量的9.1%。与此同时,54个经济技术开发区占国内生产总值的4.5%、出口的14.9%、外国直接投资的21.6%(见表4-1)。

尽管中国的经济特区和产业集群取得了巨大的成功,但也带来了一定的负面影响,使经济特区的持续性发展面临一系列挑战。其一,尽管经济特区和产业集群中已经出现了一些高科技产业,但总体而言,中国的竞争仍主要集中在以廉价劳动力和低技术劳动密集型产业为基础的低成本制造业,即处于全球价值链的低端。由于低技术能力和集群保护知识产权的困难,成千上万的公司在价格上激烈竞争,这就是所谓的"竞次"(race to the bottom),这种残酷的竞争有时会迫使公司采取非法手段,如使用假冒或廉价材料、盗版等。[①] 其二,严重的环境问题,与中国以低技术和劳动资源密集型制造业为基础的增长模式相关,许多经济特区和集群面临严重的环境和资源挑战,严重的水、空气和土地污染以及大量

[①] Jici Wang, "New Phenomena and Challenges of Clusters in China in the New Era of Globalization", in Bernard Ganne, Yveline Lecler, eds., *Asian Industrial Clusters, Global Competitiveness and New Policy Initiatives*, Singapore: World Scientific Publishing Company, 2009, pp. 195 – 212.

的工业废物影响了经济特区的发展。其三,随着工业的迅速扩张,土地、熟练劳动力以及石油、水和电力等能源资源都变得更加昂贵和有限。在一些城市,几乎没有更多的土地可以用于资源密集型的制造业活动,这需要大量的物理空间,在许多经济特区,土地成本是最初建立时的几倍。面对这种发展局势,各经济特区的政府开始考虑转变发展方式,但这种尝试的范围仅仅局限在各经济特区,并未普及全国。从全国范围来看,改革开放初期国家重点还是放在经济总量的增长上。

表4-1　　2006年首批5个经济特区和国家经济技术开发区业绩

	经济特区	经济技术开发区	全国
实际GDP（亿元）	9101	8195	183085
占全国比重（%）	5	4.5	100
利用外国直接投资（亿美元）	55	130	603
占全国比重（%）	9.1	21.6	100
商品出口（亿美元）	1686	1138	7620
占全国比重（%）	22.1	14.9	100

资料来源:《中华人民共和国2006年国民经济和社会发展统计公报》。

20世纪80年代末90年代初,中国经济增长过热,国家面临严峻的通货膨胀挑战。1984年10月,大规模发放信贷导致中国经济发展过热。为了避免经济持续过热发展,中央采取强制性行政手段来限制信贷发放,但收效甚微。因此1985年中央政府提出了通过"软着陆"的方式来应对这一状况,改变之前短时间内缩减基础设施建设的方法,而是循序渐进,通过长期的调整来缓解经济过热。经过近两年的调整,中国的经济环境得以放松,过热的状况得以缓解,同时经济也没有倒退。虽然如此,到1987年,国民生产总值增长10%以上,国民收入增长10%以上,工业总产值增长17%以上,农业增长近6%,商品零售价格指数上涨7.3%。[1]随后的两年继续上涨,问题没有从根本上得到缓解。因此,继改革开放

---

[1] 《中华人民共和国国家统计局关于1987年国民经济和社会发展的统计公报》,国家统计局网站,http://www.stats.gov.cn/tjsj/tjgb/ndtjgb/qgndtjgb/200203/t20020331_30000.html。

初期以后，国家再次关注经济发展方式的转变问题。恰逢1992年联合国环境与发展大会召开，永续发展和可持续性等议题逐渐浮上台面，会上通过了《21世纪议程》，是联合国关于可持续发展的非约束性行动计划。它是联合国、其他多边组织和世界各国政府可以在地方、国家和全球各级执行的行动议程，其目标是实现全球可持续发展。在总议程的指导下，每个国家和政府都应该制定自己的《21世纪议程》。此后可持续发展也进入中国的发展议程，转变发展方式成为践行可持续发展的一部分。

1995年9月28日，党的十四届五中全会通过了《中共中央关于制定国民经济和社会发展"九五"计划和2010年远景目标的建议》，这是中国社会主义市场经济体制下第一个中长期规划，也是跨世纪的发展战略。计划确定的基本任务是完成现代化建设的第二个阶段；到2000年把人口增长限制在3亿人以内；人均国民生产总值比1980年翻两番；消除贫困；加快建立现代企业制度。时任国务院总理李鹏在《关于制定国民经济和社会发展"九五"计划和2010年远景目标建议的说明》中提到，"八五"时期的发展为以后的发展奠定了物质和技术基础，但同时指出"农业基础薄弱的问题，国有企业改革滞后和生产经营困难的问题，通货膨胀和国家财政困难的问题，粗放型经济造成效益差、浪费严重的问题，人口增长快、就业压力大的问题，地区经济发展差距扩大的问题，以及在社会和经济生活中腐败现象滋长蔓延的问题，这些都是关系全局的重大问题"，因此"实现今后15年的奋斗目标，关键是实现两个具有全局意义的根本性转变：一是从传统的计划经济体制向社会主义市场经济体制转变；二是经济增长方式从粗放型向集约型转变"。[①]

但是经过"九五"和"十五"时期10年的发展，事实证明中国的经济发展方式转变并未取得预期效果。造成这一结果的根本原因是中国还未摆脱传统工业化道路的发展模式，主要还是依靠大规模的资源消耗和高资本投入来实现经济增长。传统工业化发展模式的弊端主要体现在，第一，国有企业在公用事业、重工业、能源等重要产业中仍占主导地位，造成了这些领域的高度集中，这就意味着政府在经济资源的配置中起主

[①] 李鹏：《关于制定国民经济和社会发展"九五"计划和2010年远景目标建议的说明》，人民网，http://www.people.com.cn/GB/shizheng/252/5089/5106/20010430/456641.html。

要作用。国有企业通过政策壁垒和政府对信贷的控制，进入利润丰厚的行业，依靠资金优势和政府的政策支持，将更具有活力的私营企业排挤出行业之外，扭曲了社会主义市场经济中的经济激励机制。第二，国家对地方政府的政绩考察主要还是着眼于地方国内生产总值的增长速度，理论上讲，政府的主要职责是提供公共服务、完善基础设施、满足民众的日常需求，但鉴于当前中国的发展模式，政府在经济发展中起重要作用，成为经济运行的实际掌舵者，因而地方经济运行的好坏就成为地方政府政绩的主要考察标准。第三，中国的税收制度以生产型增值税为主体，1979 年中国开始引进增值税，生产型增值税被选为征收类型。之所以选择这一征收类型是因为生产型增值税是以销售收入减去所购中间产品价值的余额为课税对象，不允许纳税人在计算增值税时扣除外购固定资产的价值。[1] 采用这种模式在税制改革初期既可以不过快增加企业的负担，又不造成国家税收的波动，客观上还能抑制固定资产投资。[2] 由于生产型增值税包含了外购固定资产的价值，因此存在重复征税的问题，这就使得各级政府为了获得更高的税收收入，鼓励地方发展规模大、高价格和税收高的产业，最终这样一种不彻底的税收类型影响了产业发展和效率。第四，要素扭曲。要素扭曲是指市场不完善或政府管制等原因造成要素的市场价格偏离其机会成本，进而导致生产要素在国民经济体系中的非最优配置现象。[3] 在中国的工业化起步阶段，为了满足国家发展的需要，政府向重工业倾斜，在资源、土地、资本等要素方面予以政策性优惠，甚至是无偿提供，这样一种发展模式带有政策倾向性、与市场脱节。虽然效率低下，但是为了满足发展需要，各级政府依然大力推动。这一发展模式在这一阶段依然有大量保留，造成要素扭曲，阻碍了工业化的发展。[4]

"九五"和"十五"时期的发展未实现转变发展模式的预期效果，而

---

[1] 李举达：《收入型增值税及其会计处理之我见》，《财会月刊》2003 年第 21 期。
[2] 汤贡亮：《走向市场经济的中国税制改革研究》，中国财政经济出版社 1999 年版，第 166 页。
[3] 夏晓华、李进一：《要素价格异质性扭曲与产业结构动态调整》，《南京大学学报》（哲学·人文科学·社会科学版）2012 年第 3 期。
[4] 吴敬琏：《思考与回应：中国工业化道路的抉择（上）》，《学术月刊》2005 年第 12 期。

要实现从根本上转变发展方式，需要消除传统工业发展模式所留下来的弊端。要弱化对资本和资源密集型产业的依赖，大力发展高新技术产业和第三产业，推广信息技术的普及，依靠信息化的发展带动整个工业产业的发展；同时要在制度上予以保障，完善产权制度，坚持完善社会主义市场经济体制。2006年3月，《中华人民共和国国民经济和社会发展第十一个五年规划纲要》出台，涉及建设社会主义新农村、推进工业结构优化升级、加快发展服务业、促进区域协调发展、建设资源节约型和环境友好型社会等内容。[1] 这表明从2006年开始，全面转变经济发展方式已经成为国家的首要利益认知。

第二节 新兴国家的身份认知

新兴国家以群体态势出现是21世纪的显著特征，中国作为其中的一员，是新兴国家的主要代表。在过往的以欧美为主导的全球体系中，以中国为代表的发展中国家常常是以参与者的身份出现的，全球治理的平台和话语权都由欧美发达国家把控。但到了21世纪，随着欧美国家内部矛盾加深，经济发展乏力，旧的全球体系无法继续维持。与此同时，后起的新兴市场经济国家通过经济转型发挥各自国家的优势，开始在全球市场上体现出各自的影响力。中国经济经过30年的改革开放，确立了适合中国国情的发展道路，经济持续快速增长，到2006年中国的GDP超越英国、法国和意大利成为全球第四大经济体，而到2010年GDP则进一步发展并超越日本，成为仅次于美国的全球第二大经济体。随着经济的发展，中国的综合国力提升，也开始承担更多的国际责任，新兴国家的身份认知逐步加强，尤其是中国成功地抵御了2008年国际金融危机之后，新兴国家的身份认知进一步强化。在这一身份认知强化之后，中国对全球气候治理的参与态度更积极，低碳经济的发展战略也成为中国作为新兴国家应对气候变化问题的重要途径。面对美国和欧盟在气候谈判中的消极态度和影响力逐渐式微，中国逐渐发展成为全球气候治理的引领者。

---

[1] 《中华人民共和国国民经济和社会发展第十一个五年规划纲要》，中华人民共和国中央人民政府网站，http://www.gov.cn/ztzl/2006-03/16/content_228841.htm。

一 中国新兴国家身份认知的产生

新兴国家也被称为新兴市场和新兴经济体，相对于欧洲、日本、美国等这类市场程度已经较为成熟的国家而言，新兴市场国家虽然具有发达市场的一些特征，但达不到被称为发达市场的标准，是工业化程度不高的国家或地区。① 具体表现为，虽然新兴经济体发展迅速，但是对科技投资有限，对发达国家的技术依赖性高。② 尽管近年来中国的研发支出有所增加，但仍远远低于发达经济体的水平，2002 年中国研发支出占 GDP 的比例为 1.29%，而同时期美国为 2.7%，按绝对值计算，美国当年的研发支出为 2520 亿美元，中国则为 600 亿美元。③

新兴国家的崛起是一个群体性现象，巴西、印度、南非等国家同时崛起影响全球格局的走向，而中国的崛起是其中重要的内容。中国作为新兴国家，其崛起的原因是综合性的，但经济发展是最重要的原因。从 1978 年改革开放开始到 2006 年，中国国内生产总值年均增长 9.67%。④ 到 2006 年，中国的经济总产值为 2.26 万亿美元，超过法国、英国和意大利，成为世界第四大经济体，仅次于美国、日本和德国，同时也成为全球第三大贸易国；到 2010 年，中国的经济发展更进一步，根据世界银行和经济合作与发展组织的数据，以当前价格或名义价格衡量，中国超越日本，成为全球第二大经济体，这一成就也大大增加了中国作为崛起大国的自信心。

基于中国经济发展所取得的成就，2007 年胡锦涛同志在党的十七大报告中指出，"新时期最鲜明的特点是改革开放……全面改革的进程势不可当地展开了……今天，一个面向现代化、面向世界、面向未来的社会主义中国巍然屹立在世界东方"，"新时期最显著的成就是快速发展……

---

① Tarun Khanna, Krishna G. Palepu, Jayant Sinha, "Strategies that Fit Emerging Markets", *Harvard Business Review*, Vol. 83, No. 6, 2005, pp. 4 – 19.

② Lakhwinder Singh, "Innovations, High-tech Trade and Industrial Development: Theory, Evidence and Policy", *Advancing Development*, Palgrave Macmillan, London, 2007, pp. 416 – 434.

③ Peter Enderwick, *Understanding Emerging Markets: China and India*, New York: Routledge, 2012, p. 6.

④ 《马凯：改革开放以来中国经济年均增长 9.67%》，中国网，http://www.china.com.cn/law/zhuanti/hjtjh/2007 - 07/03/content_ 8474309. htm。

我国经济从一度濒于崩溃的边缘发展到总量跃至世界第四、进出口总额位居世界第三……中国的发展，不仅使中国人民稳定地走上了富裕安康的广阔道路，而且为世界经济发展和人类文明进步作出了重大贡献"。[①]十七大报告中的这些表述是中国的决策层对过往30年中国改革开放的一次全面总结，也表明了中国对改革开放以来所取得的发展和成就的认可，中国经济社会的发展和综合国力的提高增强了中国作为一个全球性崛起大国的自信。这一总结包含了中国对自身未来发展的预期和诉求，第一，中国可以通过走适合中国国情的道路，摆脱贫困走上发展的道路并最终崛起；第二，中国发展以后也可以影响世界格局的发展，通过自身的影响力推动国际社会的公平、稳定和发展；第三，中国发展的同时，也会面临更多的问题，这意味着中国要承担更多的国际责任；第四，随着中国综合国力的提升，越来越意识到现有的国际体系存在问题，发展中国家在其中的话语权薄弱，因此中国希望发出自己的声音，改善现有的国际秩序。这四个方面的内容共同揭示了一个事实，那就是随着中国的崛起，国际格局也在发生深刻变化，以中国为代表的发展中国家迫切需要改变由欧美国家所掌控的世界秩序。

"世界秩序"指的是特定时间为国际社会提供定义全球治理术语的、形式上和实质上的主导价值观、规则和规范。从历史上看，大国是世界秩序的规则制定者，世界秩序主要反映大国自己的价值观和利益，而弱国则是国际秩序的被动接受者。"二战"结束后，美国作为崛起中的霸权国家，在构建对世界秩序发展产生深远影响的规则和制度方面处于独特的地位，美国与其盟友一起制定了此后数十年影响国际格局的全球治理话语体系，而以中国、印度和巴西等为代表的发展中国家则是这一话语体系的被动接受者。苏联解体和冷战结束使国际体系的基本结构发生了深刻变化，美国从这一结构中崛起，成为单极体系中的主导力量。由于没有国家挑战美国的综合实力，霸权回归的问题便成为国际社会所关注

[①] 胡锦涛：《高举中国特色社会主义伟大旗帜，为夺取全面建设小康社会新胜利而奋斗》，载《胡锦涛文选》第2卷，人民出版社2016年版，第618页。

的问题,① 这一问题体现在环境领域就是环境霸权。霸权理论要为理解霸权国家的外交政策提供有用的指导,就需要有对其国内来源的说明。正如霸权稳定理论的批评者所指出的那样,一种排他性的系统方法并不能解释霸权所做出的特定政策选择。② 在国际环境政治的整个历史中,美国在建立和设计国际制度方面发挥了主要作用,并利用其权力追求其优先的政策目标。但是美国霸权并没有直接转化为国际政策成果,因此美国的对外环境政策也没有在总体方向上长期保持一致。根据作为关注焦点的环境问题及其更广泛的国际背景,美国的霸权已成为国际领导力和否决权在环境霸权形成中的基础。大力倡导环保是美国环境霸权实施的第一步,首先是在1972年联合国人类环境会议上,以及后来在多边努力下就环境条约达成一致。美国根据1969年的《濒危物种法》宣布了八种鲸类濒临灭绝,并在国际上着手处理保护鲸类的问题,开始改变国际捕鲸制度,强调保护鲸类而不是利用自然资源。美国的外交压力和制裁威胁促使国际捕鲸委员会(International Whaling Commission)在1984年颁布商业捕鲸禁令。③ 同样在20世纪70年代,美国开始采取行动来应对臭氧损耗的问题,并在80年代成为限制使用消耗臭氧层化学品的国际主要倡导者。在关于《蒙特利尔议定书》的谈判中,美国向持怀疑态度的国家,特别是反对强有力的国际措施的欧洲臭氧消耗物质生产商施加压力。④ 尽管臭氧谈判为美国提供了在多边环境中发挥领导作用的机会,但美国的物种保护政策具有更单边的性质。与其他任何国家相比,美国更多地利用制裁来改变其他国家在危及受威胁物种地区的行为。美国政府对以破坏环境方式生产的产品实施进口限制,迫使外国渔船遵守美国保护海豚

---

① Robert Hunter Wade, "The Invisible Hand of the American Empire", *Ethics & International Affairs*, Vol. 17, No. 2, 2003, pp. 77 – 88.

② David A. Lake, "Leadership, Hegemony, and the International Economy: Naked Emperor or Tattered Monarch with Potential?", *International Studies Quarterly*, Vol. 37, No. 4, 1993, pp. 459 – 489.

③ Robert Falkner, "American Hegemony and the Global Environment", *International Studies Review*, Vol. 7, No. 4, 2005, pp. 585 – 599.

④ Susanne Jakobsen, "International Relations and Global Environmental Change: Review of the Burgeoning Literature on the Environment", *Cooperation and Conflict*, Vol. 34, No. 2, 1999, pp. 205 – 236.

和海龟等动物的标准。在这些国际环境事件中，美国得益于其作为世界最大经济体和国际贸易商品进口市场的优越地位，为它提供了一个利用经济压力来追求环境目标的独特机会。因此随着新兴国家群体的崛起，它们迫切希望国际格局转型，改变美国这样的环境霸权。

2008年国际金融危机爆发，全球各个国家都受到了不同程度的影响，但中国却凭借积极的一揽子计划，扩大内需，稳定外需，从宏观上调控政策取向，有效地应对了国际金融危机的冲击。[1] 这强化了中国新兴大国身份的认知。中国对此次危机的反应在很大程度上取决于它对危机的性质、深度和可能持续时间的评估。中国经济学家认为，这场危机起源于美国，[2] 金融崩溃的根本原因包括美国金融监管不力、银行业传统预防方法的放松、华尔街的贪婪和极端的金融创新。[3] 从全球范围来看，这场危机是由国际金融架构的缺陷造成的，这些缺陷包括破坏性的国际资本流动和当前的国际体系未能规范过多的金融工程。[4] 特别是，美元的无序性导致经济过剩，美元作为重要的国际会计单位、国际支付手段和最重要的储备资产，并没有像金本位那样受到国际准则的约束，这为美国国内的过度消费打开了方便之门，最终导致全球失衡。[5]

中国采取了一系列措施，2008年9月，时任总理温家宝表示，"我们现在所能做的就是保持中国强劲、稳定和相对快速的增长，避免大的波动。这是当前环境下我们能为世界经济做出的最大贡献"。[6] 除了降息和增加银行贷款外，中国还实施了一系列政策来刺激和平衡经济，增加消费支出，调整和补贴某些行业，增加农民和农村贫困人口的收入。在进出口贸易方面，虽然进口额有所起伏，但整体上呈现增长的趋势，这成

---

[1] 《我国是如何应对国际金融危机严重冲击的？》，中华人民共和国中央人民政府网站，http://www.gov.cn/2013zfbgjjd/content_2365252.htm。
[2] 李巍：《货币和资产收益的联动效应——源自通缩与通胀时期的证据》，《财经研究》2008年第12期。
[3] 郑联盛、何德旭：《美国金融危机与金融监管框架的反思》，《经济社会体制比较》2009年第3期。
[4] 但兴悟：《全球金融危机对中国和平发展的挑战》，《世界经济与政治》2008年第12期。
[5] 郑兆立：《警惕国际资本在我国制造金融危机》，《决策探索》（下半月）2008年第6期。
[6] 《温家宝：中国快速发展是对世界的最大贡献》，路透社，https://www.reuters.com/article/idCNChina-2449820080927。

为全球经济的稳定器。中国的一系列措施保证了自身生产力和综合国力的稳步提高，同时也为世界经济的复苏提供了巨大动力，这进一步提升了自身对新兴大国这一身份的认知。而在成功应对了金融危机以后，中国则面临另一项巨大的挑战，那就是整合金融与气候的双重挑战，应对的方法则是发展低碳经济。①

二 低碳经济：新兴国家身份认知下的气候治理路径

低碳经济（Low-carbon economy）也被叫作脱碳经济（Decarbonised economy），是基于低碳动力源的经济。低碳经济是一个以减少温室气体排放为目标的经济体系，同时也是一个典型的经济计划，这种结构已经成为试图减少全球变暖影响的国家长期目标。向低碳经济的转变始于《京都议定书》的签署，并延续到了2015年的《巴黎协定》。当代社会经济发展所需的能源主要来自化石燃料。一方面，由于技术限制，在一定时期内大量使用化石燃料将不可避免地产生大量的碳排放；另一方面，为了满足人们不断增长的物质和文化需求，基于投入增加的能源消耗出现了快速增长的趋势，这加剧了碳排放的矛盾。科学研究表明，大量的碳排放会导致全球气候变暖，因此可能对人类的生存环境构成严重威胁。在这种情况下，发展低碳经济成为必然选择。低碳经济本质上是一种低能耗、低排放、低污染的新经济。在现有的技术和制度条件下，人们的社会经济活动始终基于高投入、高产出、高排放的恶性循环发展模式，难以避免高增长、高耗能、高排放、高污染的问题。要从根本上解决这些问题，就必须另辟蹊径，建立节能降耗、低投入、高产出、低排放的良性循环发展模式。正是为了适应这种良性发展，低碳经济提出了社会经济发展的本质是强调低能耗、低排放、低污染的特征，其目标是实现可持续增长。②

综上所述，要实现能源结构的转变，改变高增长、高耗能、高排放、

---

① 康晓：《气候变化全球治理与中国经济转型：国际规范国内化社角》，中国出版集团、世界图书出版公司2014年版，第179页。

② Xiangsheng Dou, "Low Carbon Economy Development: China's Road and Policy Choice", *J. Mgmt. & Sustainability*, No. 3, 2013, p. 95.

高污染的状况，根本上需要的是技术创新，需要国家在政策、技术、投入等方面综合改变。历史上每次技术革命的出现，都不同程度上提升了人类的生产效率，而最先采用技术革命成果的国家往往能在经济、科技、文化和军事等领域领先于全球，因此基于低碳经济发展的新的技术革新也必然是各个国家所抢占的制高点。在七国集团国家中，加拿大人均温室气体排放最高，人均能源使用量最大，为此加拿大出台了《泛加拿大清洁增长和气候变化框架》（Pan-Canadian Framework on Climate Change and Clean Growth），这一框架是加拿大联邦政府与各省和地区共同协商制订的计划，以实现国家的减排目标，发展经济并建立适应气候变化的能力。计划包括对碳污染定价的泛加拿大方法，以及在经济的各个部门实现减排的措施，它旨在通过增加技术开发和采用来推动创新和增长，以确保加拿大企业在全球低碳经济中具有竞争力，它还包括旨在促进适应气候变化并在全国范围内增强抵御气候影响的行动。[1]法国是七国集团对可再生能源投资最大的国家之一，它的目标是到2050年实现电力部门的脱碳。法国也是绿色金融的领先者，在七国集团中，绿色债券的市场渗透率最高。2017年年初，它发行了首笔70亿欧元的绿色主权债券。[2]法国还是七国集团双边气候融资的第二大捐助国。2009年，随着美国经济陷入困境，奥巴马总统签署了一项刺激经济计划，旨在以超过900亿美元的投资大力推动清洁能源事业，其政策依据是《2009年美国复苏与再投资法案》（American Recovery and Reinvestment Act of 2009），建设智能电网，以将农村的能源生产站点与城市连接起来，并在家庭中更智能地利用能源，550亿美元用于对低收入家庭进行风化，415亿美元通过提高联邦建筑的能源效率来减少联邦政府的能源费用，623亿美元用于支持州和地方的能源工作，[3]扩大对太阳能的投资税收抵免，扩大风能的生产税收抵

---

[1] "Pan-Canadian Framework on Clean Growth and Climate Change", Government of Canada, December 16, 2021, https://www.canada.ca/en/services/environment/weather/climatechange/pan-canadian-framework.html.

[2] "France Issues First 'Green Bonds' with Record 7 Bln Euro Sale", Phys.org, January 25, 2017, https://phys.org/news/2017-01-france-issues-green-bonds-bln.html.

[3] David Laconangelo, "'Green New Deal': An Obama Stimulus 2.0?", E&E news, February 22, 2019, https://www.eenews.net/stories/1060122143.

免，允许公用事业参与所得税抵免，以及允许可再生能源开发商获得政府补助，而不是税收抵免。[①] 奥巴马总统在 2011 年国情咨文中提出了一个目标："到 2035 年，美国 80% 的电力将来自清洁能源。"[②]

面对发达国家在低碳领域的竞争，新兴国家也提出了自己的低碳发展战略，中国则通过这一竞争更加明确了自身新兴国家的身份定位，发展中国家的低碳经济与中国特色相适应，是中国可持续科学发展必不可少的。通过低碳经济将经济发展与环境治理相结合，以低碳经济为契机转变国家的发展方式，在国际气候治理和能源发展中取得更大的话语权。2007 年 10 月 28 日，中国修订的《节约能源法》宣布节约能源是一项国家政策，中国实行了重视能源开发利用的能源发展战略并优先考虑节能。[③] 节能先行战略不仅对温室气体减排十分重要，对国家的能源安全也非常重要，因为能源是国家经济发展的刚性需求。随着中国的崛起，现有的国际格局限制了中国的进一步发展。因而中国需要在更大的舞台上参与全球事务，需要面对欧美发达国家的竞争，支撑这一竞争的基础便是中国经济的持续发展，因而转变经济发展方式，发展低碳经济，实现可持续发展的重要性就体现得更为明显。因此，中国重视节约能源和能源安全，进一步体现了中国对自身新兴国家身份的认知。

第三节　新兴国家群体性崛起与国际油价动荡的国际能源体系

21 世纪的最初 10 年，以中国为代表的发展中国开始呈现出集体崛起的局面，依靠内部的经济改革和外部西方国家经济发展的相对放缓，新兴国家群体为世界注入了新的活力，尤其是 2008 年国际金融危机爆发以后，新兴国家实现了较快速的复苏。新兴国家的崛起，改变了原先由欧

[①] "Clean Energy Trends 2009", Clean Edge, https://cleanedge.com/reports/Clean-Energy-Trends-2009.

[②] "Obama's State of The Union Address", NPR, January 25, 2011, https://www.npr.org/2011/01/26/133224933/transcript-obamas-state-of-union-address.

[③] 《关注〈节约能源法〉：将节约资源确定为基本国策》，中华人民共和国中央人民政府网站，http://www.gov.cn/jrzg/2007-10/28/content_788510.htm。

美主导的世界格局。随着经济的发展,新兴国家寻求在国际事务中发出更多的声音,并更加积极地参与全球气候治理等全球性事务。中国作为这一群体中的一员,其参与全球气候治理的角色也受到影响。而这一时期,全球石油价格出现较大波动,煤炭消费的增长也十分有限,新能源的使用量开始出现大的增长,在科技发展的推动下,国际能源结构开始向绿色能源方向发展,这也影响了中国参与气候治理。

一 新兴国家群体的兴起与气候治理参与

(一) 新兴国家群体的兴起

新兴国家(Emerging power)也可以被称作崛起中国家(Rising power),是指国家或国家群体在全球事务中的影响力提升,这样国家渴望在区域或全球的国际关系中具有更强有力的地位或作用,并拥有足够的资源以实现其全球性目标。关于"新兴国家",目前没有一个准确的概念来确定哪些国家属于这个范畴,但是,判断一个国家是否属于新兴大国的基本特征是,它首先是一个新兴经济体,因为经济发展是政治和军事崛起的必要和初步条件。[1] 2006 年,英国《经济学人》将新兴经济体分成两个梯队,第一梯队为中国、巴西、印度、俄罗斯和南非,也称"金砖国家",第二梯队包括墨西哥、韩国、波兰、土耳其、哈萨克斯坦、埃及等"新钻国家"。[2] 日本"金砖国家"经济研究院(BRICs Economic Research Institute of Japan)负责人门仓贵史在 2007 年也曾提出过"展望五国"的概念,[3] 指的是越南、印度尼西亚、南非、土耳其及阿根廷这五个国家,除此之外还有包括墨西哥、印度尼西亚、尼日利亚和土耳其的"薄荷四国"。[4]

新兴国家最明显的共同点是经济实力的增长,新兴国家的出现重塑

---

[1] Paul Kennedy, *The Rise and Fall of the Great Powers*, New York: Vintage, 2010, p. 37.
[2] 复旦大学新兴市场经济研究中心课题组等:《新兴经济体当前动荡的原因及中国的应对》,《复旦学报》(社会科学版) 2014 年第 6 期。
[3] 吴工睢:《什么是"展望五国"?》,《红旗文稿》2010 年第 15 期。
[4] Chris Wright, "After the BRICS Are the MINTs, But Can You Make Any Money from Them?", Forbes, January 6, 2014, https://www.forbes.com/sites/chriswright/2014/01/06/after-the-brics-the-mints-catchy-acronym-but-can-you-make-any-money-from-it/#55d43cf729a6.

了全球经济格局。随着经济实力的增长，新兴国家对全球事务的参与越来越广泛和深入。印度—巴西—南非对话论坛（IBSA）作为一个单独的团体出现，越来越关注安全问题。2009年在哥本哈根的气候变化大会上，面对全球气候变化这一严峻问题，中国、印度、巴西和南非四个发展中国家在气候谈判中发挥了巨大作用，"基础四国"开始在国际舞台亮相。安德鲁·赫里尔（Andrew Hurrell）提出了四个关于新兴国家之间的共同点。首先，除了不断增长的经济实力外，新兴国家都拥有相对较大的潜在军事和政治力量，有一定程度的内部凝聚力，并且都有能力影响国际秩序的变化。其次，每个国家都希望在全球事务中发挥更大的作用，在诸如世界贸易组织或国际货币基金组织之类的国际机构区域性组织中有了越来越多的话语权。再次，新兴大国之间的双边关系以及在区域和国际机构内部的关系都有所加深。中国与印度、南非和巴西的经济关系持续加深。在区域机构方面，中俄在上海合作组织的合作加深，20国集团在世贸组织内形成联盟，新兴国家间在地区论坛上展开更深层次的安全合作。最后，新兴大国和其他西方"中等大国"对全球事务的参与存在较大差别，与加拿大、日本和许多欧洲国家不同，新兴大国从未完全融入1945年后的国际秩序，这样一种情况极大地制约了他们的战略兴趣和国家目标的观念。[1]

中国作为新兴国家的一个代表，在新兴国家作为群体崛起的过程中发挥了重要作用。从历史上来看，中国近代开始便受到西方列强的侵略和剥削，逐渐沦为半殖民地半封建社会，中华人民共和国成立以后，中国虽然成为主权独立的国家，但是因为意识形态等，在国际上受到以美国为首的资本主义国家的封锁，因此中国迫切希望融入国际社会并改变原有的不平等的国际秩序，获得更多在国际舞台上的话语权，而这样一种历史和现实的发展历程，也是其他发展中国家共同经历过的。随着中国改革开放的深入，中国经济不断增长，国际影响力不断提升，成为国际舞台上不可忽视的力量，也带动了其他发展中国家更多地参与国际事务，推动了新兴国家群体的崛起，而新兴国家的崛起使得国际社会更加

---

[1] Andrew Hurrell, "Hegemony, Liberalism and Global Order: What Space for Would-be Great Powers?", *International Affairs*, Vol. 82, No. 1, 2006, pp. 1–19.

多极化，发展中国家的话语权提升，作为群体的新兴国家越来越多地影响全球事务的走向，在这样一个平台上，又反过来推动中国可以更多地参与全球气候治理以及其他的全球性事务。

(二) 新兴国家对全球气候治理的参与

随着新兴大国群体的崛起，它们逐渐开始改变全球治理的体制和传统，在贸易、金融、脱贫等领域寻求并获得全球规则制定的新影响力。相比之下，在21世纪前10年的大部分时间里，新兴国家群体在全球气候治理中的参与度较低。然而，在2009年的哥本哈根气候谈判中，巴西、南非、印度和中国开始以"基础四国"的形象出现在国际舞台，共同协调在气候谈判中的立场，并首次承诺至少降低温室气体排放量增加的速度。哥本哈根会议以后，"基础四国"每一季度举行一次部长级会议，讨论各自在气候问题上的立场。

总体上看，新兴国家对全球气候治理的参与侧重于对责任分担问题的关注。气候治理着重于责任分担的安排，这是气候治理不同于其他全球治理的关键结构特征，这为了解新兴大国如何提供未来全球公共物品提供了一个窗口。对新兴大国的传统研究大多集中在经济领域，在这一领域中，责任分担与权力共享相平衡。[1] 权力共享通常会为参与者带来切实的经济利益，包括对规则制定的影响，这会带来新的经济利益。相比之下，气候变化谈判往往聚焦于零和博弈，即分配减排义务，而收益基本上是不可分割的集体产品。因此，各国被要求承担潜在的前期成本以换取更广泛的利益。七十七国集团作为发展中国家的一个组织，在气候谈判中通常引领讨论温室气体减排的责任分担原则，而不是同发达国家探讨气候治理的目标和实施时间表。历史上，发展中国家被排除在国际机制和谈判之外，无法满足自身的发展要求。因此随着发展中国家的崛起，它们开始要求参与国际谈判的权利。七十七国集团主张广泛的原则，例如，成员的发展权和来自全球北方的资金援助。他们的要求基本上保持在广泛原则的水平上，原因是在这些协议领域之下，他们之间实际上

---

[1] Mark Beeson, Stephen Bell, "The G-20 and International Economic Governance: Hegemony, Collectivism, or Both", *Global Governance*, No. 15, 2009, p. 67.

存在着完全不同甚至相反的利益。①

相对于发达国家，应对气候变化对于新兴国家来说更具挑战性。其一，新兴国家虽然经济有所发展，但整体上还处于增长阶段，与发达国家的差距较大，减少温室气体排放量意味着经济速度的放缓甚至停滞，这会给刚刚起步的经济复苏带来阻碍。其二，发展中国家缺少应对气候变化的资金和技术，对大多数新兴国家来说，在短期内减排并不是一个可行的选择。但是，是否接受排放限值并不是衡量一个国家对缓解气候变化做出贡献的唯一标准，各发展中国家都通过符合国情的方式积极参与气候治理。报告显示，巴西、中国、印度、墨西哥、南非和土耳其在过去30年里所做的努力使它们的排放量增长每年减少了大约3亿吨，而这一成果的驱动因素包括经济发展和减贫、能源安全和地方环境保护。②

"基础四国"因为在哥本哈根上促成协议的形成而受到国际社会的关注，但是4个国家具有不同的发展特征、重点和战略，经济规模和行业构成差异很大，温室气体排放状况也不同。中国是工业化程度最高的出口导向型经济体，排放总量较大，南非和巴西的人均排放量与欧盟15国的排放量相同，而中国的排放量已接近该水平，印度的排放量则接近最不发达国家（见表4-2）。

表4-2　　　　2010年部分国家人均二氧化碳当量　　　　（单位：吨）

	人均二氧化碳当量		人均二氧化碳当量
巴西	10.96	中国	7.54
印度	1.88	南非	11.2
澳大利亚	33.38	法国	8.17
德国	11.33	英国	10.06
美国	21.9		

资料来源：CAIT Climate Data Explorer。

---

① Adil Najam, "Developing Countries and Global Environmental Governance: From Contestation to Participation to Engagement", *International Environmental Agreements*, No. 3, 2005, pp. 303 – 321.

② William Chandler et al., "Climate Change Mitigation in Developing Countries. Brazil, China, India, Mexico, South Africa, and Turkey", Pew Center on Global Climate Change, Arlington, VA (United States), 2002.

巴西拥有丰富的森林资源，能源状况相对清洁，一次能源的45%来自可再生资源，而全球可再生能源的比例仅为13%，巴西3/4以上的电力来自水力发电。巴西与能源相关的人均排放量仅为5吨二氧化碳当量，排世界第17位，但如果将土地使用和森林相关的排放计算在内，巴西则是世界第四大排放国，人均排放量为12吨，高于欧盟15国。[①] 巴西的一个关键气候问题是森林砍伐，因此巴西提出一项减排计划，到2020年将温室气体排放量与以往相比减少36%—39%。巴西与"基础四国"其他国家的不同之处在于，它强调达成减少毁林和森林退化（REDD）排放量的协议，并公开表示在发达国家提供资金和技术的前提下，接受具有约束性目标的气候协议。

南非一次能源供应的3/4严重依赖煤炭，根据国际能源协会（IEA）的数据，按照目前的排放规模，其排放量将在2003—2050年翻两番。南非2005年人均排放当量约为9吨，几乎是"基础四国"平均水平的两倍，这不仅归因于南非多为能源密集型工业，还因为其国内经济严重依赖出口；而作为世界上最不平等的社会之一，其精英阶层的过度消费也是其排放量巨大的原因之一。为此南非起草了《国家气候变化应对绿皮书》，并考虑征收整个经济范围的碳税。南非希望在发达国家的资金和技术的支持下，到2020年将其排放量减少34%，并在2025年之前减少42%。

印度是世界上绝对贫困人口最多的国家，占其总人口的40%以上，但贫困人口在印度温室气体总排放量中所占比例很小。印度的海岸线长达7500千米，东海岸易受飓风袭击，主要河流系统依赖于喜马拉雅冰川，冰川正在迅速融化，森林和湿地消失，因此印度特别容易受到气候变化的影响。印度的年人均排放量很低，只有1.9吨，仅为世界平均水平的1/3左右，这一数据反映了印度巨大的贫富差距问题，其国内2/5的人口面临电力不足的局面。[②] 印度一半以上的排放来自能源行业，68%的电力

[①] Kars Hallding, "Together Alone: BASIC Countries and the Climate Change Conundrum", Nordic Council of Ministers, 2011, p. 13.

[②] Praful Bidwai, "The Politics of Climate Change and the Global Crisis", Mortgaging our Future. Orient Black Swan, New Delhi, 2012, p. 81.

来自煤炭，另外12%来自天然气。尽管可再生能源发电（尤其是风力发电）正在增长，但与化石燃料相比所占比例仍然很小。印度的温室气体排放量以每年3.5%的速度增长，到2035年，印度占全球总排放量的比例将从2010年的5%提高一倍。① 为应对气候变化，印度在2008年起草了一份《国家气候变化行动计划》，其中包括八个不同类别的"任务"，从促进太阳能和能源效率到农业、水资源和喜马拉雅生态系统。印度大力倡导气候问题上的多边主义，并在七十七国集团中扮演领导角色。印度坚决拒绝具有约束力的气候义务，坚决主张公平和"共同但有区别的责任"原则，并要求人均享有全球自然资源的平等权利，印度对其排放量唯一的限制是人均排放量绝不会超过北方国家。

二 油价动荡的国际能源体系

从2006年开始，全球石油价格整体的趋势表现为大幅度动荡。2005年8月11日，国际油价突破了创纪录的每桶60美元，在2006年中期达到了每桶75美元，自此之后油价开始大幅度动荡。随后，油价在2007年年初回落至每桶60美元，随后在2007年10月再次大幅上涨至每桶92美元，并在2007年11月21日的纽约市场上再次飙升至每桶99.29美元。② 2008年上半年，石油价格多次创下历史新高。③ 2008年6月27日，在利比亚威胁减产的情况下，纽约商品交易所8月交货的价格触及每桶141.71美元。2008年7月11日，油价创下每桶147.02美元的最高纪录。在2008年夏末跌至每桶100美元以下后，油价在9月底再次上涨。2008年9月22日，油价上涨逾25美元，至每桶130美元，之后又回落至每桶120.92美元，创下16.37美元的单日最大涨幅。纽约商品交易所（NYMEX）一度暂停电子原油交易，原因是当日10美元的价格涨幅达到上

---

① Praful Bidwai, "The Emerging Economies and Climate: A Case Study of the BASIC Grouping", September, 2014, https://www.tni.org/files/download/shifting_power-climate.pdf.
② "Oil Reaches New Record Above $99", BBC, November 21, 2007, http://news.bbc.co.uk/2/hi/business/7105044.stm.
③ "Gas Prices Near Records, Following Oil", The Chimes, March 10, 2008, https://chimesnewspaper.com/1859/news/gas-prices-near-records-following-oil/.

限,但几秒钟后,该上限被重新设定,交易重新开始。① 到2008年10月16日,油价再次跌至每桶70美元以下,11月6日,油价收于每桶60美元以下。② 在2009年,油价略有上涨,虽然没有达到2005—2007年危机的程度,但在2011年和2012年的大部分时间里,油价都超过了每桶100美元。自2013年年底开始,油价已跌破每桶100美元大关,一年后又跌破每桶50美元大关。2010年5月21日,油价在两周内从每桶88美元跌至每桶70美元。2011年2月底,埃及、利比亚、也门和巴林的政治动荡将油价推高至每桶95美元,此前纽约商品交易所的油价收于每桶86美元,2月24日,由于利比亚政局动荡石油产量减少,油价升至每桶103美元。③ 在之后的几年,油价总体也表现出大幅度动荡的局面。

这一阶段的石油价格大幅度起伏,主要是由地缘政治因素导致的,朝鲜和伊朗核危机都造成了石油价格的动荡,伊拉克战争以及美国同委内瑞拉的紧张关系也增加了不确定因素,而2008年的国际金融危机也是油价起伏的重要因素。2006年中期,原油交易价格超过每桶79美元,创下历史新高,此次油价上涨归因于全球紧张局势。其一是朝鲜的导弹试验导致的,2006年7月5日,朝鲜进行了两轮导弹试验,发射了至少七枚导弹。2006年7月6日,朝鲜通过其外交部首次公开承认这些试验,称它们是"成功的",是"加强自卫的常规军事演习"的一部分,并坚称自己有这样做的法律权利。朝鲜还警告称,如果受到国际社会的压力,将采取"更有力的实际行动"。④ 国际社会对此反应较为强烈,日本政府首席发言人安倍晋三表示:"朝鲜的发射是在有关国家事先发出警告的情况下进行的,这不仅关系到日本的和平与稳定,也关系到国际社会的和

---

① "Oil Spikes \$25 a Barrel on Anxiety over US Bailout", The Economic Times, September 23, 2008, https://economictimes.indiatimes.com/news/economy/indicators/oil-spikes-25-a-barrel-on-anxiety-over-us-bailout/articleshow/3515219.cms.

② Ben Rooney, "Oil Holds Slim Gains", CNN, November 7, 2008, https://money.cnn.com/2008/11/07/markets/oil/index.htm?postversion=2008110714.

③ Ben Rooney, "Oil Prices Spike to \$103, then Drop Back", CNN, February 24, 2011, https://money.cnn.com/2011/02/24/markets/oil/index.htm.

④ "N Korea Vows More Missile Tests", BBC, July 6, 2006, http://news.bbc.co.uk/2/hi/asia-pacific/5152918.stm.

平与稳定，我们强烈抗议朝鲜。"① 美国国家安全顾问斯蒂芬·哈德利（Stephen Hadley）则表示这些测试是"挑衅行为"。其二，伊朗核问题加剧了石油价格的动荡。伊核问题在 2006 年年初成为美国和伊朗关系的核心问题，此后国际社会开始围绕这一问题进行了多轮谈判。2006 年 7 月 31 日，联合国安理会通过了关于伊朗核问题的第 1696 号决议，要求伊朗在 8 月 31 日之前暂停所有与铀浓缩相关的活动，并呼吁伊朗与国际原子能机构开展合作。② 在多轮谈判期间，伊朗都表现出与国际社会合作的意向，但每次都无果而终。同年 12 月 23 日，联合国第 1737 号决议决定对核试验有关项目实行禁运、冻结资产和监督相关人员出国旅行等制裁。作为世界主要的产油区之一，这种动荡对世界石油最直接的影响就是石油价格的动荡。正在进行的伊拉克战争，以及以色列和黎巴嫩的战争也是油价动荡的诱因。

2008 年的国际金融危机对石油和天然气行业产生了负面影响，导致石油价格大幅下跌，信贷收缩。石油价格从 2008 年 7 月每桶 147 美元的高位跌至 2009 年 2 月每桶 33 美元的低位，同期，汽油价格从 14 美元降至 4 美元。③ 金融危机导致的石油和天然气价格下跌是该行业受到的主要影响，由于需求减少，能源价格下跌。最终，各国政府为应对金融危机而采取的激进刺激措施导致通胀预期上升。财政和货币刺激措施逆转了通缩压力，导致价格攀升，大宗商品需求出现反弹。2008 年的国际金融危机对石油价格造成的影响，表面上看是需求减少导致价格降低，但从更深层次来解读，则是美国的金融霸权造成的全球金融机制的不健全。其一是次贷危机，21 世纪的最初 10 年是美国次贷发展的 10 年，投资银行和商业银行放松信贷标准，推动了这一转变。2004—2006 年，美国次贷急剧扩张，除了宽松的信贷环境外，在危机前的几年里，竞争压力导

---

① "North Korea Test-Fires Several Missiles", The New York Times, July 4, 2006, https://www.nytimes.com/2006/07/04/world/asia/04cnd-korea.html.

② 王湘江、王波：《安理会通过决议要求伊朗在 8 月底前暂停所有铀浓缩活动》，新浪网，http://news.sina.com.cn/w/2006-08-01/01579618985s.shtmlF。

③ "The 2008 Financial Crisis and Its Effects on Gas and Oil", INVESTOPEDIA, July 17, 2021, https://www.investopedia.com/ask/answers/052715/how-did-financial-crisis-affect-oil-and-gas-sector.asp.

致了次级贷款数量的增加。其二是放松管制，2012年OECD的一项研究表明，基于《巴塞尔协议》的银行监管鼓励了非常规的商业行为，助长甚至强化了金融危机。① 因此在美元作为单一的储备和计价货币的体系下，金融领域的风险导致了国际能源体系危机。换句话说，在美国金融霸权的体制下，美元本位直接会影响全球大宗商品的价格，而美国国内经济的不稳定导致的全球汇率浮动使全球石油价格大动荡。这也是美国在面对新兴国家崛起的过程中，希望通过金融体系影响能源体系来抑制新兴国家崛起所导致的结果。

随着全球石油价格的动荡，世界能源消费的比例出现变化。2006—2007年，全球原油消费量从85007.69桶/日增长到86216.02桶/日，只增长了1.42%，但2008年和2009年连续两年全球石油消费量都减少，这两年的消费量分别是85559.99桶/日和84491.59桶/日，分别比上年减少了0.76%和1.25%，除了2010年增长至87672.29桶/日，比上年增长3.76%以外，接下来的三年增长幅度都在1.5%以内，增长幅度较小。② 与此同时，天然气消费量开始上升，全球天然气消费量由2006年的28506亿立方米增长至2015年的34665亿立方米，增长21.6%，年均增长2.4%。③ 同一时期，世界水能消费量2006年为6.875亿公吨油当量，到2009年增长到8.789亿公吨油当量，增长27.84%，年均增长9.28%。④ 这一数据表明，从2006年开始，石油消费的增长速度和数量明显低于天然气和水能消费，并且石油消费在全球能源消费结构中的比重也开始下降，但同时煤炭在能源消费结构中的比重有所上升。这表明在石油价格上升，清洁能源和可再生能源使用成本相对较高的情况下，煤炭仍然是最主要的替代品。但总趋势是清洁能源的比重逐渐上升，清洁能源作为缓解气候变化和化石能源的替代品，其发展对科技有较高的要求。作为

---

① Patrick Slovik, "Systemically Important Banks and Capital Regulation Challenges", OECD Economic Department Working Papers, No. 916, 2011.
② "World Crude Oil Consumption by Year", IndexMundi, https://www.indexmundi.com/energy/.
③ "Natural Gas Consumption Worldwide from 1998 to 2020", Statista, https://www.statista.com/statistics/282717/global-natural-gas-consumption/.
④ "Global Hydropower Consumption from 2000 to 2020", Statista, https://www.statista.com/statistics/265692/global-hydropower-consumption-in-oil-equivalent/.

未来世界能源消费的潜在主要能源,这也意味着各国要在新能源的开发利用和技术层面展开竞争。在未来新的能源体系下,新兴国家群体只有抓住机遇,大力发展低碳产业,在新能源科技的研发与应用方面尽早起步,才能改变过去受欧美发达国家控制的国际能源体系,在未来的发展中才能更具话语权。

第四节　接受角色的变量作用过程及气候治理参与

全面转变发展方式的国家利益认知、新兴国家的身份认知以及新兴国家群体性崛起国际油价动荡的国际能源体系组成了这一阶段的变量组合,三者相互作用下,中国彻底转变了发展观念,面对产业结构不合理的发展局面,开始全面转变发展模式,这和参与全球气候治理存在相同的内核,因此中国在此阶段对气候治理的态度更进一步,表现为接受角色。

一　接受角色的变量作用过程

进入21世纪以后,中国经济持续快速发展,到2006年成为仅次于美国和日本的第三大经济体,2010年更是一举超越日本成为全球第二大经济体,但经济的发展也带来了一系列负面效应,资源和环境遭到严重破坏、产业结构不合理、区域和城乡之间发展不协调,造成这一局面的最根本原因是中国还未摆脱传统工业化道路的发展模式,高投资和高消耗是经济增长的主要实现途径。这使得中国考虑全面转变发展方式,推进产业升级和结构调整,这样一种认知与温室气体减排存在天然的契合。传统高耗能工业的升级意味着化石能源使用的减少,必然会推进温室气体减排,因此全面转变发展方式的利益认知引导中国参与气候治理的角色向正面发展。

新兴国家的崛起是一个群体性现象,中国则是其中最主要的代表。新兴国家相对于美国、欧洲和日本等发达国家和地区,经济发展起步较晚,在发达国家主导的国际格局中缺少话语权,一直处于被动局面。因此,随着以中国为代表的新兴国家的崛起,它们迫切希望改变这一不平等的国家政治经济格局，获得更多的话语权。中国对自我身份的这一认知，使中国希望更多地参与国际事务，并获得更多的话语权。在气候治理过程中，中国则希望在气候谈判中能更多地代表发展中国家发出自己的声音，这与中国的角色呈正相关。

国际体系方面正如前文提到的，新兴国家群体性崛起使中国在全球气候治理格局中有了更多的支持，可以在气候谈判中有更大的主动权，使中国的角色呈现为正面。在国际能源体系方面，朝鲜半岛核危机和伊朗核危机造成了全球石油价格的动荡，2008年的国际金融危机则加剧了这一局面，全球油价的不稳定对主要依靠石油进口的中国来说，意味着经济发展失去了平稳的基础，这促使中国改善能源结构发展清洁能源，这一契合点让中国更为坚定地参与到全球气候治理中。

从整体来看，这一阶段利益认知、身份认知和国际体系三个变量都将中国参与气候治理的角色引向正面。虽然经济发展永远是国家利益的第一选择，但这一阶段中国经济的发展开始向结构优化和产业升级的方向发展，能源利用方面清洁能源的使用也意味着化石能源的比例将逐渐减少，这就使得利益认知与温室气体减排的目标相一致，最终促成了在气候治理中的接受角色（见表4-3）。

表4-3　　　　　　　　　　接受角色的变量作用过程

利益认知	身份认知	国际体系		角色
		新兴国家群体崛起	能源体系动荡	
+	+	+	+	接受角色

二　接受角色下中国的气候治理

在经济发展过程中，中国的环境形势日益严峻，而反过来环境和资源的挑战又日益约束国家经济和社会的发展，因此环保战略与加快建设高效利用资源的策略亟待实行。"十一五"规划明确提出了"建设资源节约型、环境友好型社会"，与以往涉及环境资源的规划和政策相比较，本次规划中国家对环境和资源方面的规划更为详细和全面，全面涉及经济、生态、环境以及资源管理等方面，并将"合理利用海洋和气候资源"作为单独的一部分，这也表明气候问题已经上升到国家总体治理规划的一部分的高度。随着"十一五"规划的推进，中国在全面转变发展方式的同时，环保和气候治理取得了巨大进步。相较于2005年，2009年化学需氧量下降了9.66%，二氧化硫的排放量则累计下降了13.14%，2006—2009年万元GDP能耗累计下降15.61%，年均降幅为4.15%。[①] 在此基础上，"十二五"规划进一步强调转变发展方式，并将战略定义为"转变方式，开创科学发展新局面"，首次将积极应对全球气候变化作为建设资源节约型、环境友好型社会的一部分。

（一）"十一五"时期的气候治理

"十一五"规划出台以后，国家又针对环境领域专门出台了《国家环境保护"十一五"规划》，针对严峻的环境形势，提出了削减化学需氧量排放量、削减二氧化硫排放量、控制固体废物污染、保护生态环境、整治农村环境、加强海洋环境保护等措施。[②] 而具体到气候领域，"十一五"时期中国在气候变化的治理方面也加快了步伐，通过国内建设和国际合作参与气候治理。在国内建设方面，其一是减缓气候变化，具体表现为优化产业结构，改造提升传统产业，提高高耗能行业准入门槛，逐渐淘汰落后产业，助力发展新兴产业，对节能环保产业予以资金上的支持和政策上的优惠，同时加快服务业的发展。节约能源，在各领域开展节能行动，尤其在高耗能行业加强审查，在交通方面大力发展公共交通，在生产和生活领域推广节能技术和节能产品，大力发展技能用品，如节能灯、空调和新能源汽车等，对废弃产品回收再利用，在试点城市推广废弃家电、废塑料和废橡胶等回收再利用。大力发展天然气等清洁能源，积极开发利用非化石能源，截至2010年年底，水电装机容量达到2.13亿千瓦，比2005年翻了一番；核电装机容量达到1082万千瓦，在建规模达到3097万千瓦。[③] 增加碳汇，控制温室气体排放。"十一五"时期，与2005年相比，中国森林面积净增2054.3万公顷，森林覆盖率达到

[①]《"十一五"转变经济发展方式回眸：真抓实干见成效》，中华人民共和国中央人民政府网站，http://www.gov.cn/jrzg/2010-10/17/content_1724183.htm。

[②]《国务院关于印发国家环境保护"十一五"规划的通知》，中华人民共和国中央人民政府网站，http://www.gov.cn/zwgk/2007-11/26/content_815498.htm。

[③] 朱述斌、朱红根：《气候变迁经济学》，清华大学出版社2015年版，第103页。

20.36%，森林蓄积量净增 11.23 亿立方米，森林面积与蓄积量的增长，吸收了大量二氧化碳，中国也因此成为人工林吸收二氧化碳最多的国家。① 其二是适应气候变化，在农业领域加强基础设施建设，提升农业应对不良气候的能力，研究推广可以抵抗恶劣天气的农作物品种，加强对水资源的管理和预防因气候变化造成的水自然灾害，加固堤防，增加植被覆盖，预防水土流失，建设海洋气候观测系统，启动沿海城市自然灾害预警系统，保护海洋生物，维护海洋生态平衡，并在卫生领域加强监控与预防，防止因气候变化带来的传染疾病。除此之外，中国出台《可再生能源法》《核电中长期发展规划》等法律和文件，从制度上保障气候治理的顺利实施，建立专门的领导部门和专业的领导小组，从整体上对气候治理进行把控，并提供专业有效的指导意见，增强科技和政策研究支撑能力，做到及时有效地应对气候变化问题。政府也积极引导，鼓励全社会参与，政府和媒体积极报道气候治理问题的进展，让全社会更加直观地了解气候变化问题与民众生活的紧密联系，在全社会积极科普，让公众更深刻地认识到气候变化的严重后果，各个行业协会和民间组织也积极地参与行业标准的制定，并积极引导公众对气候治理的重视。② 在对外合作和交流方面，中国积极参与国际气候谈判。2007 年，中国积极参加了巴厘岛气候变化谈判会议，并对"巴厘岛路线图"的出炉做出了重大贡献。2009 年积极参与哥本哈根会议，面对美国的不作为和欧盟在气候治理中作用的逐渐式微，中国开始体现出大国担当的角色，推动形成了《哥本哈根协议》。甚至在哥本哈根会议之前，中国就已经通过国务院的一项决议，在国内约束排放，并表示将把 40%—45% 的碳强度削减目标纳入"十二五"规划。③ 在 2010 年的坎昆气候谈判中，中国强调发达国家应该对发展中国家提供支持，成为发展中国家利益的倡导者，赢

---

① 《中国林业"十一五"：生态良好 锁定国家发展新目标》，中华人民共和国中央人民政府网站，http://www.gov.cn/gzdt/2010-12/27/content_1773418.htm。
② 《中国应对气候变化的政策与行动（2011）》，中华人民共和国中央人民政府网站，http://www.gov.cn/zhengce/2011-11/22/content_2618563.htm。
③ Deborah Seligsohn, "Report from Cancun: China's Climate Progress Since Copenhagen", World Resources Institute, December 1, 2010, https://www.theguardian.com/environment/2010/dec/01/cancun-climate-change-summit-china。

得了发展中国家的好评。在中国的支持下，大会建立了一个新的绿色气候基金，以支持发展中国家适应气候变化、减少毁林排放和实现经济脱碳的努力。①

"十一五"时期，中国国民经济年均增长 11.2%，与此形成鲜明对比的是能源年均增长 6.6%，中国以较低的能源消费取得了较大的经济增长，2008 年单位国内生产总值能耗比 2005 年下降 10.1%，2009 年上半年比 2008 年上半年进一步下降 3.35%，二氧化碳排放总量减少 6.7 亿吨。② 在能源效率方面，中国继续应对不断增长的能源需求、高质量能源资源有限以及环境污染和能源安全的共同挑战。2007 年中国修订了《节约能源法》，为促进能效和节能活动建立了法律框架；除此之外，该法还要求地方政府负责落实其应分担的国家目标，并将此作为地方政府绩效评估的关键标准。③ 修正后的《节约能源法》还要求国家电网公司尽可能地通过可再生能源发电，由此可以看出节约能源成为能源政策的重要战略问题。

(二)"十二五"时期的气候治理

"十一五"时期中国的气候治理，主要是贯彻科学发展观的理念，将环境因素作为发展的一个考察标准，注重效率，追求能源的高效率和发展可再生能源。在这一发展理念的指导下，中国在气候治理方面取得了良好的效果，在国际气候谈判中的地位开始逐步上升，这为"十二五"时期的气候治理奠定了良好的基础。

"十二五"规划继续强调绿色发展，建设资源节约型和环境友好型社会，并积极地应对气候变化，坚持控制温室气体排放和增强适应能力相结合，加强与国际社会的合作，积极参与国际气候谈判，坚持共同但有区别的责任，尤其要加强与发展中国家的合作，增加在国际气候治理中

---

① Jennifer Morgan, Deborah Seligsohn, "What Cancun Means for China and the U. S.," World Resources Institute China FAQs, December 15, 2010, http://www.chinafaqs.org/blog-posts/what-cancun-means-china-and-us.

② 《中国应对气候变化的政策与行动——2009 年度报告》，国家发展和改革委员会，http://www.ncsc.org.cn/yjcg/cbw/201307/W020180920484674564267.pdf。

③ UNDP in China, "Climate Change and Development in China: 3 Decades of UNDP Support", United Nations Development Programme China, 2012, p. 32

的话语权。① 2011年年底，国务院印发了《国家环境保护"十二五"规划》，提出了"十二五"时期环境保护的基本原则，坚持贯彻科学发展观的基本理念，在转变经济发展方式的过程中考虑环境和资源的承受能力，最终实现经济社会和环境资源的协调发展。在治理大气污染方面，提出了具体的环保目标，到2015年二氧化硫排放总量减少到2086.4万吨，比2010年减少8%，氨氮排放总量则降低到238万吨，比2010年减少10%。② 从整体来看，"十二五"规划所覆盖的时期具有其特殊性，因为这一时期是联合国"千年发展目标"的最后5年，因此就成了发展目标实现的关键时刻和冲刺时期。对于中国来说，经过30多年的改革开放和发展，"消灭极端贫穷和饥饿""实现普及初等教育""促进性别平等并赋予妇女权力""降低儿童死亡率""改善产妇保健""与艾滋病毒/艾滋病、疟疾以及其他疾病对抗"等目标都已经基本实现，甚至有的领域已经处于世界先进行列，而"确保环境的永续性"自然成为这一阶段的重点目标。面对"千年发展目标"，有许多新的挑战需要应对，而一些较旧的问题仍然存在。城乡收入差距和性别差距急剧增加，东西部省份之间的差距没有缩小。数十年来，由于经济的快速增长，国家付出了沉重的环境和自然资源代价，这引发了人们对可持续性的担忧。尽管中国是世界第二大经济体，但人均收入还处于世界较低水平。③ 因此，"十二五"时期保护资源和环境，实施可持续发展战略，不仅是一个发展计划，更是一场绿色革命。"十二五"规划是中国第一个以"绿色发展"为主题的规划，绿色低碳产业被确定为新产业战略的核心部分和经济增长的重要支柱，能源效率和气候变化也得到了前所未有的关注。国外学者指出："这是一个历史性的时刻，中国启动并加入全球绿色革命，并通过应对气候变化的具体行动计划，其影响力波及全世界范围。"④

---

① 《国民经济和社会发展第十二个五年规划纲要》，中华人民共和国中央人民政府网站，http://www.gov.cn/2011lh/content_ 1825838_ 7. htm。
② 《国家环境保护"十二五"规划》，中华人民共和国中央人民政府网站，http://www.gov.cn/zwgk/2011 - 12/20/content_ 2024895. htm。
③ "United Nations Development Assistance Framework for the People's Republic of China 2011 - 2015 (UNDAF)", United Nations Development Programme China, 2015, p. 1.
④ Isabel Hilton et al., "China's Green Revolution. Energy, Environment and the 12th Five-year Plan", Chinadialogue, 2011, p. 21.

进入 21 世纪以后，中国应对气候变化的措施包括制度和政治结构以及法律框架，分为两个主要阶段。在早期阶段缓解气候变化带来的影响，主要是作为其他国家利益的辅助部分；到了后一个阶段所采取的策略是建立与气候变化有关的具体政治结构和政治战略。这一阶段的特点是建立了特定的结构，包括与气候变化有关的政府机构，实施了减少碳强度的问责制，实现了关于气候变化的研究以及促进了具体立法以加强治理解决此问题的系统和机制。在这一阶段，气候变化问题的政治和经济性质表现得更为明显，因为能源生产和消费既与经济无政治相关，也与气候变化相关。因此，气候变化相关问题成为影响中国气候变化战略的关键角色。[①] 2011 年国务院印发了《"十二五"控制温室气体排放工作方案》，作为"十二五"规划的一部分，其确定了以下主要目标：碳强度降低 17%，能源强度降低 16%，非化石能源占能源消费总量的比重提高到 11.4%。"十二五"规划还确立了各省、区、市的减排目标。根据国家发改委 2015 年的数据，中国完成了 92.3% 的碳强度下降目标。2014 年，能源强度下降 13.4%。截至 2014 年年底，中国非化石能源占一次能源消费的比重达到 11.2%，基本达到预期目标。[②]

2006—2015 年这 10 年，覆盖了"十一五"和"十二五"两个五年计划，这一时期是中国全面建设小康社会的关键时期，同时经过改革开放 30 年的发展，中国经济取得了巨大成就，中国也基本摆脱了贫困局面，但经济和社会在发展过程中积累了不少问题，尤其是区域发展不平衡、增长方式转变缓慢、经济结构不合理等问题日益严峻。[③] 在环境和资源方面，缺乏注重资源节约及环境保护的意识，或是没有严格执法，导致资源使用效率低及环境污染速度加快等问题，让经济可持续增长出现隐忧，导致资源和环境等方面的矛盾突出。因此，这一时期效率和公平

[①] Jørgen Delman, "China's 'Radicalism at the Center': Regime Legitimation through Climate Politics and Climate Governance", *Journal of Chinese Political Science*, Vol. 16, No. 2, 2011, pp. 183 – 205.

[②] 《中国应对气候变化的政策与行动 2015 年度报告》，国家应对气候变化战略研究和国际合作中心，http://www.ncsc.org.cn/yjcg/cbw/201511/t20151120_609693.shtml。

[③] 《制定"十一五"规划的时代背景》，中华人民共和国中央人民政府网站，http://www.gov.cn/node_11140/2006 - 03/18/content_230047.htm。

成为发展的主题，党和政府站在国家发展的全局提出了科学发展观的理念，以建设和谐社会，实现经济发展方式的全面转变。在这一背景下，建设资源节约型、环境友好型的社会成为转变经济发展方式的重要着力点，国家通过节约能源、降低温室气体排放强度、发展循环经济、推广低碳技术等措施来积极应对气候变化。

本章小结

经过改革开放 30 多年的发展，中国经济持续增长，"九五"和"十五"时期国家经济运行平稳，工农业生产快速，固定资产投资和对外贸易也都快速增长。同时，国民经济发展过程中的一系列弊端也逐渐暴露出来，主要表现为产业结构不合理、区域和城乡发展不平衡、能源消费结构不合理、化石能源消费比例过高，这一系列问题的存在与中国全面建设小康社会的目标不协调。因此进入这一阶段，中国在对经济的表述上，由原先的"经济增长"转变为"经济发展"。党的十七大用经济发展"又好又快"取代原先的"又快又好"，表明中国在这一阶段的利益认知是全面转变经济发展方式。在这一认知背景下，为减少温室气体排放，"十一五"时期中国在科学发展观的指导下，在国内优化产业结构，淘汰落后产能，发展节能环保行业，开展节能行动，大力发展清洁能源。在国际上积极参与国际气候谈判，中国积极参加了巴厘岛气候变化谈判会议，并对巴厘岛路线图的出炉做出了重大贡献。2009 年，中国积极参与哥本哈根会议，面对美国的不作为和欧盟在气候治理中作用的逐渐式微，中国开始体现出大国担当的角色，推动达成了《哥本哈根协议》。"十二五"时期，中国继续推动绿色发展，建设资源节约型和环境友好型社会，积极完成联合国"千年发展目标"。

随着中国经济的发展和综合国力的上升，中国对自我身份的认知也开始发生转变。2006 年中国 GDP 跃居全球第四位，2010 年又一举超越日本成为全球第二大经济体，中国经济社会的发展和综合国力的提高增强了中国作为一个全球性崛起大国的自信。尤其是在 2008 年的国际金融危机中，中国成功地渡过了危机所带来的影响，并给予其他国家一定的帮助，赢得了国际声誉。随着这种意识的提升，中国也希望改变现存的不合理的全球治理秩序，在气候治理等问题上发出发展中国家的声音，因此新兴国家的这一身份认知随着新兴国家群体的出现逐渐加深。面对发达国家纷纷开展的低碳经济，中国作为新兴国家也提出了自己的低碳战略。因为低碳经济将经济发展与环境治理相结合，既可以通过经济发展强化新兴国家身份，同时也可以实现气候治理的目标，在国际气候治理和能源发展中取得更大的话语权。

与中国一同崛起的新兴国家群体，依靠内部的经济改革，在西方国家经济发展相对放缓的时刻为世界注入了新的活力。在这样一种背景下，新兴国家群体希望更加深入地参与全球治理，改变原先由欧美等发达国家掌控的话语权和全球治理体系。中国作为新兴国家的代表发挥了表率作用，给这一群体增加了活力和自信，而新兴国家群体又反作用于中国，使中国在发展中国家群体的支持下能够更深入地参与全球治理。在这期间，全球能源体系发生大的变化，石油价格出现较大波动。这也是在美元作为单一的储备和计价货币背景下，美国希望依靠其金融霸权影响全球能源价格的必然结果。石油价格的上升促使各个国家开始使用非化石能源作为替代品，这也给全球气候治理带来了契机。新能源在全球能源结构中的比例有所上升，但受限于成本，其绝对比例仍然低于化石能源，因此对于新能源的技术研发和应用成为未来气候治理的发展方向和各国新的竞争点。

因此，基于中国对全面转变发展方式的国家利益认知和新兴国家的身份认知，以及受新兴国家群体崛起和国际油价动荡的国际能源体系影响，中国在这一阶段对全球气候治理的参与表现为对角色的接受。

第 五 章

"后巴黎"时代中国在全球气候治理中的角色

  2015年12月，巴黎气候大会通过了《巴黎协定》，这是继《京都议定书》后第二个具有法律约束力的气候协定。与《京都议定书》相比，《巴黎协定》的目标更加长远，原则更为灵活，减排方式更具可操作性。《巴黎协定》是继《联合国气候变化框架公约》和《京都议定书》之后，具有里程碑意义的气候变化国际公约，开创了全球气候治理的新局面。建立在"自愿"原则基础上"自下而上"的减排方式，降低了发达国家与发展中国家之间的对抗性，提高了各国的履约积极性。《巴黎协定》规定的发达国家向发展中国家提供资金和技术支持，则是"共同但有区别的责任"的具体实现形式，增强了发展中国家和小岛国家的履约能力。中国对于《巴黎协定》的通过起了至关重要的作用，2016年9月中国政府批准加入《巴黎协定》，也是较早批准《巴黎协定》的国家之一。但此后一系列国际事件的发生，使得处于起步阶段的《巴黎协定》开始面临一系列困境。其一，2016年英国进行脱欧公投并最终确定退出欧盟，欧盟因此失去了一个重要的成员，欧盟内部力量失衡加剧，这使得原本位居全球气候治理领导者位置的欧盟处于"内外力撕裂"状态。[①] 其二，2017年6月1日，特朗普以《巴黎协定》会破坏美国经济并"使美国处

---

  ① 赵斌：《全球气候治理困境及其化解之道——新时代中国外交理念视角》，《北京理工大学学报》（社会科学版）2018年第4期。

于永久劣势"为由宣布退出《巴黎协定》。① 英国脱欧与美国退出《巴黎协定》，改变了全球气候治理的格局，加剧了全球气候治理的困境。在这种情况下，中国作为全球气候治理"引领者"的角色开始逐渐突出。

第一节 "后巴黎"时代全球气候治理的引领者

作为当今社会唯一的超级大国，美国退出《巴黎协定》，无疑给全球气候治理带来了诸多不确定性。不仅因为美国是全球二氧化碳的主要排放国，并且美国缺席全球气候治理会带给其他国家不好的示范效应，降低其他国家的参与积极性，影响全球气候治理的进程。欧盟作为气候治理最早的参与者和领导者，虽然其参与全球气候治理的积极性并未降低，但其自身面临的诸多问题使其力不从心，欧洲债务问题、难民问题、恐怖主义都牵扯了欧洲太多的精力，除此之外，英国"脱欧"也大大降低了欧盟在全球格局中的整体实力，影响了其参与能力。

历史等诸多原因使中国在全球气候治理格局中属于"后来者"，但这并不意味着中国在全球气候治理中的参与度低、影响力小。尤其是党的十八大以来，中国的外交风格出现转变，全面而积极地参与全球事务，国家外交战略由"韬光养晦"转向"有所作为"。在环境和气候领域，随着中国温室气体排放量的增加，中国的整体发展不再将经济作为唯一的发展目标，而是进一步提出了优化产业结构和能源结构的发展目标，由此积极参与全球气候治理成为中国发展的内在驱动力，气候治理由以往的被动参与发展为积极主动。在这一背景下，中国作为全球气候治理"引领者"角色的说法开始出现，虽然有的专家提出，从全球整体格局来看，中国还不足以承担"引领者"的角色，但更多专家认为，至少在气候治理领域，中国不应该回避这一观点，北京大学的张海滨教授提出："现在已经到了重新定义中国角色的时候了，中国应从过去的参与者逐步

---

① Barnini Chakraborty, "Paris Agreement on Climate change: US withdraws as Trump Calls it 'unfair'", June 1, 2017, Fox News, https://www.foxnews.com/politics/paris-agreement-on-climate-change-us-withdraws-as-trump-calls-it-unfair.

向引领者转变。"①而促成中国成为"后巴黎"时代全球气候治理引领者角色的,包括中国经济"新常态"的国家利益认知,"日益走近世界舞台中央"的身份认知,以及制度碎片化和领导力缺失的全球治理体系。

一 经济"新常态"的国家利益认知

中国经济发展"新常态"呈现出三个主要特点。② 第一,中国的经济速度将由高速增长转变为中高速增长。由于中国的经济体量巨大,即使速度相较之前有所放慢,实际增量还是居于世界前列(见表5-1)。由于经济发展速度放慢,中国可以更加从容地应对经济发展过程中可能出现的各种风险,使经济发展更趋于持续和稳定。第二,中国的经济结构不断优化升级,消费也升级。消费对国家经济的贡献量超过投资行业,第三产业的增加值也超过工业,这种经济结构的不断升级,会提升中国经济发展的效率和质量。第三,中国经济从要素驱动、投资驱动转向创新驱动。2000—2013年,中国经济政策的特点是高水平投资出口,发展重点是能源密集型重工业,国内生产总值年均增长率为10.5%,水泥和钢铁等商品制造业对初级能源和煤炭消费量的贡献较大,两者平均每年增长8%左右,与二氧化碳排放量增长相同。③ 虽然这一发展模式对中国经济的发展做出了巨大贡献,提升了中国总体的经济实力,但其所造成的负面影响也是显而易见的,最明显的就是环境污染和温室气体排放的增加,因此在新常态下,中国经济增长依靠创新驱动,在经济发展的同时也可以取得好的社会效应。"新常态"除了是中国经济发展的新阶段,走向"新常态"的中国也将给处于缓慢且脆弱复苏中的全球经济注入持久动力。④

---

① 《全球气候治理:中国能否成为引领者?》,2015年12月3日,中国气象局,http://www.cma.gov.cn/2011xzt/2015zt/20151127/2015112703/201512/t20151203_298916.html。
② 《习近平首次系统阐述"新常态"》,2014年11月9日,新华网,http://www.xinhuanet.com/world/2014-11/09/c_1113175964.htm。
③ Fergus Green, Nicholas Stern, "China's Changing Economy: Implications for Its Carbon Dioxide Emissions", *Climate Policy*, Vol. 17, No. 4, 2017, pp. 423-442.
④ 《习近平首次系统阐述"新常态"》,2014年11月9日,新华网,http://www.xinhuanet.com/world/2014-11/09/c_1113175964.htm。

表 5-1　　　　　　　"新常态"下的中国经济增长　　　　　　（单位:%）

	政府工作报告设定的 GDP 年增长率目标	实际的 GDP 年增长率
2014 年	7.5	7.3
2015 年	7.0	6.9 年
2016	6.5—7.0	6.7
2017 年	6.5	6.9
2018 年	6.5	6.6
2019 年	6.0—6.5	6.1

资料来源：国家统计局。

随着中国经济发展进入"新常态"阶段，中国的能源发展也进入"新常态"。一个国家能源的发展，归根到底是服务于整个国家的经济发展，反过来，经济发展方式的转变也会影响能源的发展模式。中国自进入改革开放以后，主要是依靠高投入和高能源消耗来推动经济发展的。这一模式在早期的发展中确实给中国带来了巨大的经济效益，帮助中国摆脱了贫困的局面，但这一模式的弊端也在发展中逐渐表现出来，主要是严重地破坏了自然环境，随之而来的便是一系列负面的社会效应，随后中国历届政府都开始注意到这一问题，提出资源节约型和环境友好型社会建设目标，并都取得了一定的成绩，但这一改善总体来说还是限于减少对部分化石能源的利用，并未从根本上和整体上改善中国能源的使用模式。直到中国经济迈入"新常态"，国家的整体经济结构和发展模式出现重大转变，此时才真正动摇了传统模式下的能源消耗方式。

"新常态"下，中国的能源发展呈现出新的特点。第一，能源消费增长量放缓，由于新的发展模式下，经济发展主要依靠创新型、低能耗和高效率的行业，因此能源消费与以往相比较必然呈现放缓态势。第二，清洁能源消费比重上升，在"新常态"发展模式下，中国对能源的需求不但在数量上相对减少，在质量上也有所提升，开始向清洁能源方向发展。2016 年，中国《能源发展"十三五"规划》提出了能源结构调整的新目标,"十三五"时期非化石能源消费比重提高到15%以上,天然气消费比重力争达到10%,煤炭消费比重降低到58%以下。① 由此可以看出,清洁能源成为"新常态"下中国发展的新目标。第三,各能源之间的发展更为均衡,地区之间的能源建设更为合理。在能源"新常态"的发展模式下,2017年,可再生能源占中国总装机容量的36.6%,占总发电量的26.4%,其中绝大多数来自水力发电。2018年年底,中国可再生能源总容量为728吉瓦,主要来自水力发电和风力发电,中国可再生能源行业的增长速度快于其化石燃料和核电产能。②

在中国经济进入"新常态"阶段,由此带来的能源发展"新常态"模式,使中国更有信心和能力参与到全球气候治理中,因此中国积极推动《巴黎协定》的通过,并提出了2020年后的气候治理自主贡献目标和行动计划,充分体现出有担当的大国形象。

二 "日益走近世界舞台中央"的身份认知

2010年中国的GDP超越日本,中国成为全球第二大经济体。随着经济实力的增长,中国在国际社会中的影响力也逐步增强。2012年,随着党的十八大的召开,中国进入全面建设小康社会的关键阶段,在全世界经济发展疲软的情况下,中国却以其良好的发展势头,成为新兴国家经济体的代表,进一步凸显了在世界格局中的地位。巴黎会议召开后的一年,美国新任总统特朗普上台,随后他在全球范围内进行了一系列"退群"动作,而2016年英国宣布"脱欧",与此同时欧债危机、难民问题等也困扰着欧盟的发展。总的来说,世界格局变化多端,冷战后美国主导的国际秩序被接二连三的"黑天鹅事件"和频发的恐怖袭击搅乱,而中国在西方世界出现乱局时继续推行自己的经济外交,用经济实力不断提升自己在地缘政治和国际事务中的影响力,积极参与非传统安全领域

---

① 《能源发展"十三五"规划》,https://policy.asiapacificenergy.org/sites/default/files/%E8%83%BD%E6%BA%90%E5%8F%91%E5%B1%95%E2%80%9C%E5%8D%81%E4%B8%89%E4%BA%94%E2%80%9D%E8%A7%84%E5%88%92pdf.pdf。

② Liu Yuanyuan, "China's Renewable Energy Installed Capacity Grew 12 Percent Across All Sources in 2018", March 6, 2019, Renewable Energy World, https://www.renewableenergyworld.com/2019/03/06/chinas-renewable-energy-installed-capacity-grew-12-percent-across-all-sources-in-2018/.

的全球治理。在党的十九大报告中，习近平总书记提出中国正处于"日益走近世界舞台中央、不断为人类作出更大贡献的时代"，"我们比历史上任何时期都更接近、更有信心和能力实现中华民族伟大复兴的目标"。① 这样一种表述，也体现出中国在国际社会中话语权的提升和对全球治理更深层次的参与。

在"日益走近世界舞台中央"的身份认知下，中国参与全球治理的目标便不仅仅是为中国人民谋取福利，也是为了整个人类社会的进步而努力。因此在党的十九大报告中，习总书记指出要"秉持共商共建共享的全球治理观……发挥负责任大国作用，积极参与全球治理体系改革和建设，不断贡献中国智慧和力量"，而涉及气候变化问题，习近平总书记则强调中国要"引导应对气候变化国际合作，成为全球生态文明建设的重要参与者、贡献者、引领者"，② 对气候治理的这一国际定位也与"日益走近世界舞台中央"的身份认知相契合。

在这样的背景下，中国采取了广泛的气候政策。在国际层面，巴黎气候大会后，2016年9月中国政府批准加入《巴黎协定》，成为较早批准《巴黎协定》的国家之一。在随后的G20杭州峰会上，奥巴马总统和习近平主席向潘基文递交了各自的《巴黎协定》批准文件。在国内，中国提出了2020—2030年国家自主贡献的目标：二氧化碳排放2030年前后达到峰值并争取尽早实现，单位GDP二氧化碳排放量比2005年下降60%—65%，非化石能源占一次能源消费比重达到20%左右，森林蓄积量比2005年增加45亿立方米左右。③ 加强体制和制度建设，开展年度省级人民政府控制温室气体排放目标责任评价考核，推进应对气候变化法制化和标准化进程，推动碳排放交易市场建设，2017年12月启动了全国碳排放交易体系。④

---

① 习近平：《决胜全面建成小康社会　夺取新时代中国特色社会主义伟大胜利——在中国共产党第十九次全国代表大会上的报告》，人民出版社2017年版，第10、12页。

② 习近平：《决胜全面建成小康社会　夺取新时代中国特色社会主义伟大胜利——在中国共产党第十九次全国代表大会上的报告》，人民出版社2017年版，第7页。

③ 《中国为气候治理做了多大贡献》，2015年11月30日，新华网，http://www.xinhuanet.com/world/2015-11/30/c_128481291.htm。

④ 《全国碳排放交易体系正式启动》，2017年12月20日，人民网，http://energy.people.com.cn/n1/2017/1220/c71661-29717750.html。

三 制度碎片化和领导力缺失的全球治理体系

在全球处于无政府的背景下,制度碎片化和领导力赤字是全球治理中较为常见的现象。因为基于不同的利益、目标和底线的行为者,必然会在全球治理中形成不同的机构、规则和规范,从而导致全球治理格局的碎片化。而由于是无政府状态,全球治理中的领导者常常会因为各自的原因时而出现,时而缺席,造成偶然性的领导力缺失。纵观近些年世界格局的变化,这两种现象表现得较为明显,尤其在全球气候治理体系中,制度碎片化和领导力缺失不但表现得尤为突出且同时出现。

全球气候治理制度的碎片化主要体现在四个范围内,分别是联合国气候机制,气候和能源多边论坛,国际环境制度和组织,国际非环境制度和组织(见图5-1)。首先,在联合国气候机制中,大量问题通过不同的工作组和附属机构进行讨论。此外,《联合国气候变化框架公约》和其后签订的《京都议定书》《巴黎协定》的成员并不完全一致,这加剧了联合国气候机制的碎片化。其次,气候和能源多边论坛形式多样,有的以高规格的俱乐部的形式存在;[①] 有的论坛涉及政府、企业和非政府组织等,这种论坛往往侧重于探讨特定的减排技术;[②] 还有的是在《京都议定书》通过前后建立的各种监管市场(Regulated Market)和自愿性市场(Voluntary Market);[③] 以及非国家行为体采取的其他相关举措,包括通过自我监管或民间社会组织的审查。这些论坛数量和种类繁多,并且处于增长状态,加剧了气候治理制度的碎片化。最后,国际环境和非环境制度与组织,其主要的议题不是气候变化,但越来越多的涉及气候变化问题,如《生物多样性公约》(Convention on Biological Diversity)强调生物多样性与气候变化之间的关系,世界银行则试图将气候变化问题纳入其

---

① 例如,小布什总统2007年启动了"主要经济体关于能源安全和气候变化的进程"(Major Economies Process on Energy Security and Climate Change),在此基础上,奥巴马总统继续推进了这一进程并将其发展为"主要经济体能源与气候变化论坛"(Major Economies Forum on Energy and Climate Change)。

② 例如,碳封存领导论坛(Carbon Sequestration Leadership Forum)、全球甲烷倡议(the Global Methane Initiative)等。

③ 例如,欧盟排放交易体系(EUETS)。

业务范围，设立气候投资基金。① 全球气候治理的制度碎片化存在于多个层面，并有可能进一步扩大，这使得全球气候治理的行为体难以开展统一协调的行动，降低了《巴黎协定》的履约效率，也影响了各行为体参与全球气候治理的积极性。

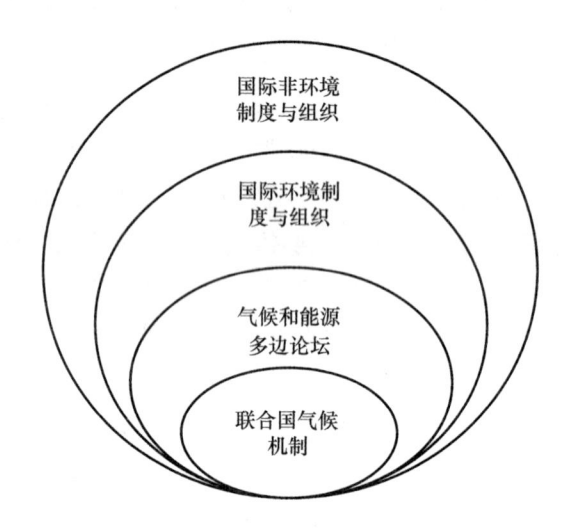

图 5-1　全球气候治理制度碎片范围

（由外至内：国际非环境制度与组织；国际环境制度与组织；气候和能源多边论坛；联合国气候机制）

全球气候治理中的领导力赤字主要表现在，欧盟和美国在气候治理中的参与度下降。欧盟一直是传统上全球气候治理的领导国家，引领气候治理的发展方向，但从 2009 年开始，欧盟在全球气候治理中的领导力开始表现出下降的趋势，尤其是在哥本哈根会议中，欧盟从气候治理的领导者沦落为旁观者。② 在哥本哈根会议上，欧盟对"共同但有区别的责任原则"表现出消极态度，并提出诸多单边做法，这与"领导者"的角色相背离。欧盟的这一变化，很大程度上是因为 2009 年的欧债危机，导致欧盟在世界经济中的影响力下降；同时，欧盟成员国众多，在共同参与全球气候谈判的过程中，难以形成统一的立场。而英国的"脱欧"则

---

① World Bank, "Development and Climate Change: A Strategic Framework for the World Bank Group", 2008, p. 26.
② 薄燕、陈志敏：《全球气候变化治理中欧盟领导能力的弱化》，《国际问题研究》2011 年第 1 期。

进一步削弱了欧盟的领导力,英国是欧盟的支柱型国家,它在气候治理方面的支柱作用主要体现在推动欧盟内部实现减排目标,积极参与气候谈判,并在制订欧盟排放交易计划方面发挥了关键作用,[1] 因而英国退出欧盟弱化了欧盟的整体领导力。2017 年 6 月,特朗普宣布美国退出《巴黎协定》,这又在一定程度上加剧了全球气候治理的领导力赤字。特朗普一直对气候变化带给人类的负面影响持怀疑态度,他认为气候方面的法规对美国经济产生的负面影响更大,因而在"美国优先"原则下退出了《巴黎协定》。

在制度碎片化和领导力赤字的全球治理体系下,中国依靠其制度优势体制优势,总结长期以来在国际制度建设和国家治理方面的经验,在党的十九届四中全会上明确了新时代坚持和完善中国特色社会主义制度、推进国家治理体系和治理能力现代化的总体要求、总体目标和重点任务,[2] 而正是国家治理体系和能力现代化的推进,支撑了中国对全球治理的参与,在全球气候治理中进一步向"引领者"的方向靠近。

第二节 "后巴黎"时代全球气候治理的中国方案

在中国经济进入"新常态"阶段,全球治理面临制度碎片化和领导力缺失的背景下,中国在全球气候治理中"引领者"的姿态日益突出。近年来,以习近平同志为核心的党中央从整个人类历史发展宏大视角出发,提出了"人类命运共同体"理念。这一倡导符合全球发展大趋势,是实现世界和平与发展的"中国方案",同样也是处于困境中的全球治理的"中国方案"。作为全球治理重要组成部分的气候治理,与"命运共同体"存在天然的契合,人类命运共同体理念也成为新形势下中国参与全球气候治理的重要理念支撑。

---

[1] Severin Fischer, Oliver Geden, "Brexit: Implications for the EU's Energy and Climate Policy", *CSS Analyses in Security Policy*, Vol. 197, 2016, pp. 1–4.

[2]《国家治理体系和治理能力现代化的里程碑》,2019 年 11 月 27 日,新华网,http://www.xinhuanet.com/politics/2019 – 11/27/c_ 1125279429. htm。

一 "人类命运共同体"理念是全球气候治理的"中国方案"

首先,构建"人类命运共同体"与全球气候治理的理念具有高度契合性。中国传统的"和合文化"是"人类命运共同体"的文化内涵和思想渊源之一,"以他平他谓之和"就是不同要素之间相互配合,实现最终的均衡统一。① 将"和合文化"放在当今世界的语境下,表明了虽然国际行为体存在贫富和强弱的差异,并且价值理念、文化传统、历史渊源都不尽相同,但应该相互尊重、互相平等、抛开成见,最终实现"和而不同"。随着全球化的深入,面对诸多全球性问题,没有国家可以独善其身,同样也难以独自应对。因此越来越多的国家参与到全球治理中,这就需要参与主体求同存异,共同面对挑战,实现"和而不同",最终达到共同治理的目的,这也是"人类命运共同体"理念被提出的现实背景。

全球气候问题的出现,源于早期工业化国家温室气体排放的累积,后起发展中国家的安全和生存也因此受到威胁。随着气候治理的逐步开展,出现了不同的利益主体,在利益分化的情况下,需要兼顾各方利益和诉求,行为体之间相互尊重,并在各方妥协和让步的情况下实现共同治理,这符合"人类命运共同体"的文化内涵。同时《联合国气候变化框架公约》所规定的"共同但有区别的责任"原则,也是在兼顾发达国家与发展中国家利益的基础上所确立的。另外,"和合文化"主张人与自然和谐发展,对于自然要尊重万物。② 党的十八大以来,以习近平同志为核心的党中央将生态文明的重要性提到了前所未有的高度。"人类命运共同体"理念除了是处理国与国关系的指导思想,同时提出人类要尊重非人类的生命,也要尊重无生命体,③ 而全球气候治理便是对这一理念的实践。

其次,构建新型国际关系是处理全球气候治理中不同利益诉求的有

---

① 刘英、裴桂青:《孔子"中和"的价值观及其现代意义》,《理论探讨》1996年第2期。
② 张立文:《中国传统文化与人类命运共同体》,北中国人民大学出版社2018年版,第57页。
③ 《生态文明与人类命运共同体建设的理论与实践》,2018年11月12日,人民网,http://opinion.people.com.cn/n1/2018/1112/c1003-30395901.html。

效途径。打造新型的国际关系是构建人类命运共同体的根本途径。[1] 在世界处于无政府状态下,国家仍然是国际社会最主要的行为体,这也意味着要构建人类命运共同体,必须处理好国家间的关系。习近平主席多次强调构建新型国际关系和构建人类命运共同体之间的联系。2015年9月,习近平主席在出席第七十届联合国大会一般性辩论时指出:"让我们更加紧密地团结起来,携手构建合作共赢新伙伴,同心打造人类命运共同体。让铸剑为犁、永不再战的理念深植人心,让发展繁荣、公平正义的理念践行人间!"[2] 2016年11月,习近平主席在秘鲁国会演讲时提到:"'大道之行也,天下为公。'当今世界,各国相互依存、休戚与共,我们要顺势而为,推动构建以合作共赢为核心的新型国际关系,打造人类命运共同体。"[3] 这体现了新型国际关系和人类命运共同体之间的紧密联系。

气候变化是迄今为止人类社会发动最为广泛、全球调动资源最多、世界各国舆论最为关注的世界性公共话题,已经逐渐渗透到各国政治、经济、文化和科技等领域。世界各国在寻找减排对策方面的制度化行动是人类共同面对灾害的壮举,但在经济基础、科技实力和温室气体排放量等方面存在的差异,导致各国的利益诉求出现分化。由于利益的分化,各国为了本国利益或集团利益进行博弈,甚至会将经济发展置于气候治理之上,这些问题影响了国际社会的深度合作,使各国陷入集体行动的困境。[4]打造新型国际关系的理念为应对这一困境提供了方法,新型国际关系是在相互尊重、公平正义、和平发展的理念指导下,最终实现合作共赢,这恰恰对应了全球气候治理过程中,因为各国利益分化而造成的集体行动困境。参与全球气候治理的主体,通过相互尊重社会制度、意识形态和发展模式,秉持公平正义的理念,充分考虑各国的经济发展阶段、科技发展状况和温室减排能力,坚持"共同但有区别的责任"原则,

---

[1] 刘建飞、罗建波、孙东方:《构建人类文明共同体理论与战略》,新华出版社2018年版,第29页。

[2] 习近平:《论坚持推动构建人类命运共同体》,中央文献出版社2018年版,第258页。

[3] 《同舟共济、扬帆远航,共创中拉关系美好未来——习近平在秘鲁国会的演》,《人民日报》2016年11月23日 第1版。

[4] 王瑜贺:《命运共同体视角下全球气候治理机制创新》,《中国地质大学学报》(社会科学版)2018年第3期。

最终实现在气候治理领域的共赢局面。

最后，参与全球气候治理是全面推进中国特色大国外交的必然要求。在党的十九大报告中，习近平总书记回顾过去五年的工作时指出，在外交领域"全面推进中国特色大国外交，形成全方位、多层次、立体化的外交布局，为我国发展营造了良好外部条件……倡导构建人类命运共同体，促进全球治理体系变革"。① 在讲到中国特色社会主义思想和基本方略时，习近平总书记又指出："明确中国特色大国外交要推动构建新型国际关系，推动构建人类命运共同体。"② 由此可见，中国特色大国外交与构建人类命运共同体之间的密切关系。这里的"大国外交"，不是指大国之间的交往，而是指中国作为一个大国的外交。③ 中国作为大国，在国际格局中要担负起大国的责任，尤其是在当前全球治理处于困境的背景下，更应该以大国的姿态参与全球治理，以此推动人类命运共同体的构建。

中国作为大国同样体现在气候治理中。其一，中国是受气候变化影响较大的国家，根据《第三次气候变化国家评估报告》，中国各地平均气温的上升速度高于全球平均水平。1909—2011 年，中国各地的平均气温上升 0.9—1.5℃。气候变化对降水的影响也比较大，最近几十年来，中国北部、西北部和南部部分地区的降雨和降雪量都出现了减少，而在其他地区（尤其是在西部地区），降水量则有所增加。在 21 世纪，中国的降水总量可能增加 2%—5%。④ 同时温室气体排放导致全球海平面上升，1980—2012 年，中国近海海平面每年平均升高 2.9 毫米，高于全球平均水平。⑤ 其二，中国作为温室气体排放大国，减排责任意识增强。2013 年中国碳排放量超过欧盟和美国的总和，达到 100 亿吨，成为全球第一大排

---

① 习近平：《决胜全面建成小康社会　夺取新时代中国特色社会主义伟大胜利——在中国共产党第十九次全国代表大会上的报告》，人民出版社 2017 年版，第 8 页。

② 习近平：《决胜全面建成小康社会　夺取新时代中国特色社会主义伟大胜利——在中国共产党第十九次全国代表大会上的报告》，人民出版社 2017 年版，第 14 页。

③ 刘建飞、罗建波、孙东方：《构建人类文明共同体理论与战略》，新华出版社 2018 年版，第 55 页。

④ 《中国发布〈第三次气候变化国家评估报告〉》，2014 年 12 月 7 日，中国气象局，http：//www.cma.gov.cn/2011xwzx/2011xqxxw/2011xqxyw/201412/t20141207_269047.html。

⑤ 陆琦：《应对海平面上升是长期挑战》，《中国科学报》2013 年 3 月 4 日第 4 版。

放国。① 随着碳排放形势的日益严峻,中国开始强化减排意识,履行大国责任。在"十一五"规划纲要中,中国将单位国内生产总值的能耗作为经济发展的考察标准;在"十二五"规划纲要中,又将单位国内生产总值碳排放作为约束标准。② 中国也积极参与气候谈判,在中国的积极参与和推动下,2015 年正式通过了《巴黎协定》,中国还通过金砖国家、G20、"一带一路"等多边国际平台参与全球气候治理,勇于承担大国责任,切实践行中国特色大国外交理念。

全球性问题的解决,需要有共同的价值理念作为指引,构建人类命运共同体的理念,便是在全球性问题日益严峻的背景下应运而生。本着合作共赢和勇于承担大国责任的原则,人类命运共同体成为参与全球气候治理的"中国方案",为中国参与全球气候治理奠定了理论基础。在这一理念的引领下,中国能够通过多渠道和路径为全球气候治理贡献自己的力量,切实解决利益分化和责任分担等问题,引领全球气候治理向正确有效的方向发展。

二 人类命运共同体理念下中国参与气候治理的实践

中国作为第一大二氧化碳排放国,意味着全球气候治理要顺利开展,离不开它的积极参与,而作为全球第二大经济体,也意味着中国在全球气候治理中要肩负更多的责任,当前全球气候治理领导力缺失,更凸显了中国所要担负的责任。习近平总书记在党的十九大报告中提出,中国引导应对气候变化国际合作,成为全球生态文明建设的重要参与者、贡献者、引领者。③ 这是在新时代中国参与全球气候治理的明确目标,也是人类命运共同体理念在全球气候治理实践中的体现。

首先,积极落实《巴黎协定》。作为"后京都"时代全球应对气候变化新的纲领性文件,《巴黎协定》对 2020 年后应对气候变化做出了实质

---

① 《中国 2013 年碳排放量全球第一,或促使能源结构加速调整》,2014 年 9 月 23 日,澎湃网,https://www.thepaper.cn/newsDetail_forward_1268328。

② 庄贵阳、薄凡、张靖:《中国在全球气候治理中的角色定位与战略选择》,《世界经济与政治》2018 年第 4 期。

③ 习近平:《决胜全面建成小康社会 夺取新时代中国特色社会主义伟大胜利——在中国共产党第十九次全国代表大会上的报告》,人民出版社 2017 年版,第 7 页。

性安排，为全球气候治理转型指明了方向。2017 年 1 月，习近平主席在联合国日内瓦总部演讲时指出："《巴黎协定》的达成是全球气候治理史上的里程碑。我们不能让这一成果付诸东流。各方要共同推动协定实施。中国将继续采取行动应对气候变化，百分之百承担自己的义务。"① 因此，积极履行《巴黎协定》的承诺，是新形势下中国践行全球气候治理先行者、构建人类命运共同体的首要表现。在国际上，虽然特朗普上台伊始就让美国退出了《巴黎协定》，但中国政府表示，气候问题作为全球性问题威胁到人类的生存和安全，任何国家都不能置身事外，不管其他国家的立场如何，中国政府都会积极开展应对气候变化的行动，切实履行《巴黎协定》。② 在国内，中国提出了 2020—2030 年国家自主贡献的目标，此后针对这一自主贡献目标，中国大力调整产业结构、优化能源结构，并控制非能源活动温室气体减排。在《"十三五"国家战略性新兴产业发展规划》中，中国将新能源汽车、节能环保等产业树立为支柱产业，③ 出台政策淘汰落后产能，推动化石能源清洁化利用。政府还鼓励全社会广泛参与气候治理，在政府的引导下，公众广泛参与，在国内外发起多种活动和倡议，国家信息中心和国家气候战略中心等机构共同举办了"2018 年低碳中国行"活动。④ 加强体制和制度建设，开展年度省级人民政府控制温室气体排放目标责任评价考核，推进应对气候变化法制化和标准化进程，推动碳排放交易市场建设，2017 年 12 月启动了全国碳排放交易体系。⑤ 中国积极落实《巴黎协定》，取得了丰硕的成果。2016 年中国煤炭消费 37.8 亿吨，比 2015 年下降 4.7%；⑥ 截至 2017 年年底，中国

---

① 习近平：《论坚持推动构建人类命运共同体》，中央文献出版社 2018 年版，第 422 页。
② 《外交部：无论其他国家立场如何变化　中国将认真履行〈巴黎协定〉》，2017 年 6 月 1 日，上观新闻，https：//www.jfdaily.com/news/detail？id=54949。
③ 《"十三五"国家战略性新兴产业发展规划（全文）》，2016 年 12 月 19 日，中国新闻网，http：//www.chinanews.com/gn/2016/12-19/8098361.shtml。
④ 《2018 年"低碳中国行"首站活动在河南举行》，2018 年 1 月 29 日，碳交易网，http：//www.tanjiaoyi.com/article-23756-1.html。
⑤ 《全国碳排放交易体系正式启动》，2017 年 12 月 20 日，人民网，http：//energy.people.com.cn/n1/2017/1220/c71661-29717750.html。
⑥ 国家发展和改革委员会：《中国应对气候变化的政策与行动 2017 年度报告》，http：//www.ncsc.org.cn/yjcg/cbw/201802/P020180920511053508049.pdf。

碳强度下降了46%，提前3年实现了40%—45%的上限目标；森林蓄积量增加21亿立方米，超额完成了2020年的目标；可再生能源占一次能源消费比重达13.8%，距15%的目标也十分接近。① 中国积极落实《巴黎协定》，既彰显了勇于担当的大国形象，也给其他国家起到了很好的示范作用，引领了全球气候治理的发展。

其次，提供气候治理公共产品。气候治理具有典型的公共产品性质，具备"非竞争性"和"非排他性"的典型特征。即使一个国家不参与气候治理，但仍然可以享受气候治理所带来的成果，并且不会影响其他国家享受这一成果。因此，参与全球气候治理本质是向世界提供公共产品。中国提供应对气候变化公共产品的方式，主要是减少温室气体排放、优化能源结构和增加森林覆盖率。减排方面，2009年11月中国政府宣布，到2020年中国单位GDP二氧化碳排放要比2005年下降40%—45%，② 中国是较早设定减排目标的国家，国际能源署首席经济学家Fatih Birol称赞中国的举措"非常重要""非常积极"。③ 中国还将应对气候变化列入"十三五"发展规划中，提出"坚持减缓与适应并重，主动控制碳排放，落实减排承诺，增强适应气候变化能力，深度参与全球气候治理"。④ 优化能源结构、发展清洁能源是中国提供公共产品的另一路径。2014年6月，国务院办公厅印发了《能源发展战略行动计划（2014—2020年）》，提出到2020年，全国煤炭消费比重降至62%以内，天然气在一次能源消费中的比重提高到10%以上；安全发展核电，到2020年实现核电装机容量5800万千瓦，⑤ 并积极发展水电、风电和太阳能发电，增加可再生能源的利用率。在增加森林覆盖率方面，中国在应对气候变化2020年目标以及2030年自主贡献目标中都提出了关于增加森林蓄积量的目标。党的

---

① 顾阳：《中国已提前三年落实〈巴黎协定〉部分承诺》，《经济日报》2018年11月27日第3版。

② 《2020年单位GDP二氧化碳排放比05年降40%—45%》，2009年11月26日，中国新闻网，http：//www.chinanews.com/cj/cj-hbht/news/2009/11-26/1986490.shtml。

③ 张玉玲：《坚持共同但有区别的责任》，《光明日报》2009年12月17日第4版。

④ 《中华人民共和国国民经济和社会发展第十三个五年规划纲要》，2016年3月17日，新华网，http：//www.xinhuanet.com//politics/2016lh/2016-03/17/c_1118366322.htm。

⑤ 《国务院办公厅关于印发能源发展战略行动计划（2014—2020年）的通知》，2014年11月19日，中国政府网，http：//www.gov.cn/zhengce/content/2014-11/19/content_9222.htm。

十八大以来，中国在森林覆盖方面取得了巨大进步，截至 2018 年 3 月，全国完成造林 5.08 亿亩，① 2013 年已经提前完成了 2020 年比 2005 年增加 13 亿立方米的目标任务。2016 年国家林业局颁布《林业适应气候变化行动方案（2016—2020 年）》，提出了有针对性的树苗培育计划，通过政策法规保证了森林蓄积的稳定增加，提升其服务于气候治理的能力。

最后，依靠"一带一路"倡议推动全球气候治理。"一带一路"倡议秉承共商、共享、共建原则，这与全球气候治理通过国家间谈判，确立治理机制和原则，最终共享治理结果的过程一脉相承。以生态文明为理念的绿色"一带一路"，意在推动绿色发展、加强生态保护，是中国倡导的一次对全球环境治理的实践，也是打造命运共同体的重要举措。② 因此，"一带一路"倡议是推动全球气候治理，进而推动建设人类命运共同体的一个重要途径。共建"一带一路"合作国家国土面积广阔，自然环境差异大，但总体来说都是受气候变化影响较为显著的国家；同时，共建"一带一路"合作国家多为发展中国家，经济发展和科技创新能力相对较弱，在应对气候变化过程中会面对资金短缺和科技不足等困境。"一带一路"倡议的建立深化了气候变化领域的"南南合作"，为解决这一系列问题提供了契机和广阔平台。面对发达国家资金援助的不确定性，发展中国家之间的气候融资成为应对气候变化的有效途径。③ 2015 年 9 月，中国承诺成立"南南气候合作基金"。在"南南气候合作基金"的资助下，2016 年中国启动了"十百千"项目，即 10 个低碳示范项目、100 个气候减缓和适应项目以及提供 1000 个面向发展中国家的应对气候变化培训名额，④ 这是对发展中国家气候融资的一次实践。2016 年中国开始构建绿色金融体系，为绿色企业提供贷款，2016 年中国绿色债券市场规模扩

---

① 《数说中国林业：森林覆盖率达 21.66%　今年拟造林超 1 亿亩》，2018 年 3 月 12 日，新浪新闻，https://news.sina.com.cn/o/2018-03-12/doc-ifysennk7137575.shtml。
② 《关于推进绿色"一带一路"建设的指导意见》，https://eng.yidaiyilu.gov.cn/wcm.files/upload/CMSydylyw/201705/201705080221005.pdf。
③ 丁金光、张超：《"一带一路"建设与国际气候治理》，《现代国际关系》2018 年第 9 期。
④ 《中国六年斥资逾 7 亿元开展气候变化南南合作》，2017 年 9 月 6 日，中国新闻网，http://www.chinanews.com/gn/2017/09-06/8324179.shtml。

大至 362 亿美元，占全球总额的 39%。① 中国也逐渐通过建设"一带一路"，帮助相关国家打造绿色金融体系，推动相关国家的绿色产业发展。中国还与共建"一带一路"合作国家开展清洁能源合作。2017 年年初，中国宣布到 2020 年计划在国内可再生能源领域投资至少 3600 亿美元，并废除了修建 85 座煤炭发电厂的计划。② 越来越多的中国可再生能源公司向海外投资，通过"一带一路"向其他国家提供可再生能源设备，为共建"一带一路"合作国家发展可再生能源和落实减排提供了宝贵经验。除了官方合作，民间机构也积极参与绿色"一带一路"建设。2016 年 9 月，乐施会、德国伯尔基金会等八家机构成立了"中国绿色领导力'一带一路'绿色发展"项目，③ 通过研讨会、信息分享等方式，对"一带一路"实施过程中在经济、环境、能源等方面遇到的问题进行探讨，并积极地给出意见和建议。通过民间组织的活动，"一带一路"的绿色理念得到很好的传播。

本章小结

2015 年《巴黎协定》的通过，给处于徘徊中的全球气候治理带来了曙光，中国在推动《巴黎协定》生效的过程中起到了至关重要的作用，但英国"脱欧"以及特朗普让美国退出《巴黎协定》，又使得全球气候治理的未来充满不确定性。与此同时，中国经济进入"新常态"发展阶段，中国的经济速度将由高速增长转变为中高速增长，中国的经济结构不断优化升级，中国经济从要素驱动、投资驱动转向创新驱动，随之而来的是能源发展也进入"新常态"，能源消费增长量放缓，清洁能源消费比重上升，各能源之间的发展更为均衡，总之"新常态"成为这一阶段中国自身利益的认知。面对冷战后美国所主导的国际格局接二连三地出现

---

① 《中国绿色债券市场现状报告 2016》，https：//cn.climatebonds.net/files/reports/china-sotm-2016.pdf。
② 《外媒：中国领导世界可再生能源革命》，2017 年 9 月 12 日，中国日报网，http：//world.chinadaily.com.cn/2017-09/12/content_31898166.htm。
③ 《中国绿色领导力"一带一路"绿色发展项目启动会》，2016 年 9 月 8 日，"一带一路"绿色发展平台，http：//www.chinagoinggreen.org/?p=7038。

"黑天鹅事件"和频发的恐怖袭乱，中国在西方世界出现乱局时继续推行自己的经济外交，用经济实力不断提升自己在地缘政治和国际事务中的影响，积极参与非传统安全领域的全球治理，"日益走近世界舞台中央"，这也成为这一阶段中国的身份认知。制度碎片化和领导力赤字，则成为此时全球治理体系的主要特征。上述因素塑造了中国这一阶段在全球气候治理中"引领者"的角色。

恰逢"人类命运共同体"理念的出现，成为这一阶段中国作为"引领者"参与全球气候治理的指导理念。构建人类命运共同体理念是新时代以习近平同志为核心的党中央站在人类历史的高度，面对全球治理的困境，为全世界提供的一个"中国方案"，符合全球发展的趋势。人类命运共同体理念关注全人类的命运和前途，致力于构建一种平等、合作和共赢的新型国际关系，超越了国家和地域的界限，是一种新型的国际秩序观。构建人类命运共同体与中国特色社会主义事业"五位一体"的布局一脉相承，是"五位一体"在国际社会中的体现，其中全球气候治理的理念与生态文明建设的内涵相契合，目标都是保护自然、改善环境，解决工业社会发展过程中所带来的负面效应，最终实现人与自然的和谐和可持续发展。因此，中国在参与全球气候治理的过程中，坚持贯彻人类命运共同体理念，积极构建新型国际关系，并积极发展中国特色大国外交，必定能够与其他国家共同建立公平、合理、合作共赢的全球气候治理体系，引领全球气候治理前进的方向。

结　　论

一　本书的基本结论

本书试图通过角色理论，引入国家利益认知、国家身份认知和国际体系因素三个变量来考察中国参与全球气候治理的角色转变，通过搭建一个理论框架来发现中国角色转变的规律以及其背后隐藏的深层次内涵，从而为新形势下中国参与全球气候治理提供一点有借鉴意义的思考。

其一，中国的自身利益认知和身份认知是决定中国在全球气候治理中角色的最根本因素，而将物质因素和观念因素相结合，区别于现实主义"国家利益是外交政策形成的最根本原因"，也区别于建构主义"国家利益是国际体系的建构"，[1] 将现实主义和建构主义相结合，形成了国家在面对利益时的主观认知。

作为全球治理的一部分，全球气候治理也拥有全球治理共同的特征。第一，与气候问题相同，全球治理意味着全球范围内存在许多紧迫问题，如经济相互依存、移民、金融危机和各种卫生流行病等。第二，它强调在国家继续履行职能的同时，非国家实体已经成为提出要求、制定目标、发布指令和推行政策的重要角色，从而塑造了新的世界治理方式。第三，全球治理是根植于西方经验而产生的"善治"标准，如市场竞争、人权、民主、透明度、问责制和法治等。[2] 中国的发展对世界的治理有着重大的

---

[1] ［美］亚历山大·温特：《国际政治的社会理论》，秦亚青译，上海人民出版社 2008 年版，第 228 页.

[2] Hongying Wang, James N. Rosenau, "China and Global Governance", *Asian Perspective*, Vol. 33, No. 3, 2009, pp. 5–39.

影响,中国发展的速度之快、规模之大,意味着其任何活动都不可避免地在更大范围内产生溢出效应。例如,中国作为一个贸易大国,其崛起已经开始重塑世界贸易的规则和惯例,中国快速增长的能源和原材料消耗正在改变其价格和这些资源的获取途径,中国国内的环境和生态问题,也对全球环境产生了深刻的影响。除了这些经济发展的溢出效应,中国也在一些政策领域发挥了积极作用,以捍卫中国不断扩大的国家利益,并加强其在世界上的影响力。中国在从人权到气候变化等有争议问题上的立场表明,中国会按照自身的情况和发展阶段,有目的、有步骤地塑造自身在全球治理中的角色。换句话说,传统全球治理的平台是西方发达国家基于自身利益而搭建的平台,在这一传统体系中,以中国为代表的发展中国家缺少话语权,其治理模式常常违背发展中国家的利益。

气候治理会以多种形式表现出来,并形成一定的话语,指导行为体在地方、国家和全球范围内讨论并采取行动。气候变化最初是在科学领域内形成话语形式的,如今气候变化问题逐渐形成政治领域的话语内容,各国政府和政府间机构通过环境组织和媒体,开始在特定的话语形式中构筑气候变化框架,《联合国气候变化框架公约》、政府间气候变化专门委员会和《京都议定书》等都是在特定的话语体系下形成的,这些早期的话语体系是欧美为代表的发达国家凭借自身的霸权地位所建立的,这一话语体系导致发展中国家和其他利益相关者被排除在体系之外,[1] 发达国家则希望发展中国家按照它们所设立的治理方式来履行温室气体减排义务。

以美国为例,作为全球气候治理领域主要的国家,它的温室气体排放量居全球第二位,并且具有在全球范围内产生影响的低碳技术创新力。美国人口超过3.13亿人,国内生产总值达15.1万亿美元,人均国内生产总值约为4.8万美元。美国在低碳经济转型方面属于温和保守型,对气候变化的脆弱性承受程度属于中等。[2] 与全球标准相比,虽然美国经济在相

---

[1] Timothy Cadman, *Climate Change and Global Policy Regimes: Towards Institutional Legitimacy*, Springer, 2013, p. 17.

[2] Eduardo Viola, Matias Franchini, Thaís Lemos Ribeiro, "Climate Governance in An International System Under Conservative Hegemony: The Role of Major Powers", *Revista Brasileira de Política Internacional*, No. 55, 2012, pp. 9 – 29.

对较高的能源效率和较低的碳强度下运行,但由于其以石油和煤炭为基础的混合能源格局以及私人汽车和飞机的大量使用,因此它成为发达国家中碳强度最高的国家之一。2001—2008年,美国的碳排放量增长了0.8%。[1]美国对于气候问题的消极态度从小布什政府开始逐渐明显,虽然奥巴马上台之初就表现出对气候问题的积极态度,并将气候问题和经济发展相联系推行经济"脱碳",在他任期开始时,向国会提交了碳排放上限和交易提案,众议院于2009年6月通过了《美国清洁能源和安全法案》,但这一法案被参议院否决。造成这一情况的原因包括,国会两党极端分化导致立法瘫痪和治理危机,高失业率拉低了了奥巴马的支持率,石油、煤炭、钢铁、水泥和电力行业强烈反对,认为这会使美国行业竞争力下降。在国内困境重重的背景下,美国参与全球气候治理的思路必然转换为希望其他国家(尤其是排放量比较大的发展中国家)更多地履行减排义务。

因此面对这样一种全球气候治理体系,中国对发达国家所提出的具体减排义务表示拒绝,但这不意味着是中国对应该履行的国际义务的一种逃避,而是面对这样一种不平等的国际治理体系,中国更倾向于从自身的利益和身份出发,基于自身的利益认知和身份认知,增强适应自身的应对气候变化的能力,最终更有效和积极地参与全球气候治理。

其二,中国参与全球气候治理的角色变化,是世界权力格局转变的一种表征,也是中国逐步崛起的过程。

1992年5月《联合国气候变化框架公约》通过,并于1994年3月21日正式生效,自此以后全球气候治理有了得以遵循的基本框架,并形成了以谈判为主要形式的治理模式,各国在这一框架下协商与谈判。与此同时,各国的国家利益和国家实力也在逐渐发生变化,直接导致了它们在气候治理领域的领导力和话语权此消彼长,各国也会就此调整各自的战略和目标。中国在全球气候治理领域经历了拒绝角色、承认角色再到接受角色,最终成为"引领者的"历程,这充分证明了上述过程,而这一过程也正是世界权力格局转变的过程。

---

[1] "Emissions of Greenhouse Gases in the United States 2009", EIA, March, 2011, https://www.eia.gov/environment/emissions/ghg_report/pdf/0573%282009%29.pdf.

自1991年各国就《联合国气候变化框架公约》进行谈判开始，欧盟通过推动严格的国际承诺，在国际气候政策方面发挥了领导作用。甚至早在《联合国气候变化框架公约》谈判之前，欧盟就为工业化国家制定了具有约束力的减排目标。在1997年《京都议定书》的谈判中，欧盟提出了最大的减排目标，并接受了主要工业化国家中最高的减排目标。欧盟还通过要求优先采取国内行动并限制使用森林和其他碳汇的方式来倡导确保《京都议定书》的"环境完整性"。[1] 进入21世纪，欧盟领导力更为显著，在小布什政府于2001年3月宣布反对《京都议定书》之后，欧盟在挽救《京都议定书》方面发挥了至关重要的作用，特别是它在2001年就《马拉喀什协定》达成了协议，其中包括议定书的实施规则，并在确保议定书生效方面发挥了重要作用，[2] 最终促成了2005年《京都议定书》的生效，[3] 欧盟的领导力也因此达到巅峰状态。2007年欧盟宣布争取在2013年达成一项替代《京都议定书》的全面协议，并希望在2020年及以后采取"引领全球行动"（leading global action）来应对气候变化，[4] 这一时期的欧盟处于全球气候治理的领导地位，引领气候治理的发展方向。但从2009年开始，欧盟在全球气候治理中的领导力开始表现出下降趋势，尤其是在哥本哈根会议中，欧盟从气候治理的领导者沦落为旁观者。[5] 在哥本哈根会议上，欧盟对"共同但有区别的责任原则"表现出消极态度，并提出诸多单边做法，例如，将航空业纳入欧盟排放体系等，[6] 这些做法都与"领导者"的角色相背离。欧盟的这一变化很大程

---

[1] Martijn L. P. Groenleer, Louise G. Van Schaik, "United We Stand? The European Union's International Actorness in the Cases of the International Criminal Court and the Kyoto Protocol", *Journal of Common Market Studies*, Vol. 45, No. 5, 2007, pp. 969 – 998.

[2] Chad Damro, "EU-UN Environmental Relations: Shared Competence and Effective Multilateralism", *The European Union at the United Nations*, 2006, pp. 175 – 192.

[3] 李昕蕾：《全球气候治理领导权格局的变迁与中国的战略选择》，《山东大学学报》（哲学社会科学版）2017年第1期。

[4] "Council of the European Union 2007 Presidency Conclusions", European Council, May 2, 2007 https://www.consilium.europa.eu/uedocs/cms_data/docs/pressdata/en/ec/93135.pdf.

[5] 薄燕、陈志敏：《全球气候变化治理中欧盟领导能力的弱化》，《国际问题研究》2011年第1期。

[6] 庄贵阳、薄凡、张靖：《中国在全球气候治理中的角色定位与战略选择》，《世界经济与政治》2018年第4期。

度上是受2009年欧债危机的影响,这一危机严重威胁了欧元的地位,影响了欧元区的稳定,欧盟在世界经济中的影响力下降。同时,欧盟成员国众多,在共同参与全球气候谈判的过程中,各国立场的差异也成为难以协调的问题。而英国的"脱欧"则进一步削弱了欧盟的领导力,英国是欧盟的支柱型国家,它在气候治理方面的支柱作用主要体现在推动欧盟内部实现减排目标,并积极参与国际气候谈判。虽然英国多年来一直阻止在欧盟范围内征收二氧化碳税,但英国在制订欧盟排放交易计划方面确实发挥了关键作用,[①] 因而英国退出欧盟不但弱化了欧盟的整体领导力,也造成了欧盟内部温室气体减排进程的滞后。

美国是最早关注环境和气候问题的国家,早在20世纪60年代,作为一名环保主义者,美国总统尼克松就曾经设立一系列的环保机构并颁布了一系列的环境政策法规,1970年美国成立了国家环境保护局(United States Environmental Protection Agency)以及国家海洋和大气管理局(National Oceanic and Atmospheric Administration),1969年和1970年先后颁布了《国家环境政策法》(National Environmental Policy Act)和《清洁空气法》(Clean Air Act)。冷战结束以后美国成为唯一的超级大国,1993年克林顿就任总统时,宣布了《气候变化行动计划》(The Climate Change Action Plan),该计划旨在到2000年将温室气体排放量减少到1990年的水平,[②] 克林顿认为这一目标"雄心勃勃但可以实现",并呼吁采取44项行动步骤来实现这一目标,这些步骤包括行业的自愿参与,尤其是商业和能源供应领域的自愿参与,他从联邦预算中拨出19亿美元为这项计划提供资金,并呼吁增加600亿美元的自愿资金用于工商业。[③] 克林顿任期的第一年还宣布了BTU税收和气候变化行动计划,呼吁对能源热量和能源效率征税。克林顿于1997年代表美国签署了《京都议定书》,承诺该国

---

① Severin Fischer, Oliver Geden, "Brexit: Implications for the EU's Energy and Climate Policy", *CSS Analyses in Security Policy*, Vol. 197, 2016, pp. 1 – 4.

② Richard L. Berke, "Clinton Declares New U. S. Policies for Environment", April 22, 1993, The New York Times, https://www.nytimes.com/1993/04/22/world/clinton-declares-new-us-policies-for-environment.html.

③ T. DeAngelis, "Clinton's Climate Change Action Plan", *Environmental Health Perspectives*, Vol. 102, No. 5, 1994, pp. 448 – 449.

将温室气体的排放量减少7%，但不具约束力。克林顿上台以来，在气候治理领域的一系列措施也反映了他想使美国重返全球气候治理平台的目标，这种目标的确立是建立在美国强大的国家实力和自信基础上的。随着小布什上台并推行单边主义政策，他在2001年宣布退出《京都议定书》，宣称《京都议定书》会给美国带来沉重负担，并表示发展中国不承担相应的国际义务不公平。之所以出现这样的论断，一方面是因为小布什代表了美国的石油和军工企业的利益；另一方面是因为小布什执政时期，正值美国经济处于不景气阶段，如果要履行《京都议定书》的义务，必然会加剧美国经济的恶劣状况。进入21世纪以后，美国经济的不景气以及由此带来的综合国力的下降，使其在国际上的话语权大不如前。全球化的发展和多极化趋势的加强，使得发展中国家成为全球事务中越来越重要的角色，美国无法再像以往那样完全按照自己的意愿来参与全球事务，而这一状况延续到奥巴马执政时期。虽然奥巴马本人对于温室气体减排有着强烈的愿望，并积极参与全球气候治理，但其签署的国际协定往往难以在国会通过，尤其在2008年以后，国际金融危机从美国开始，并严重减缓了美国的经济发展进程，这也造成了美国没有过多的精力参与气候治理。

在过去的20年左右的时间里，全球经济实力的分布发生了巨大变化，"新兴经济体"的崛起恰逢欧盟和美国等西方大国的相对衰落，金砖国家不仅占全球人口的42%，而且还占全球国内生产总值的近15%和全球贸易的13%。[①] 可以说，新兴大国权力的逐步增加，也应反映在它们对全球气候治理施加的影响中。自2001年以来，中国的经济呈指数级增长，到2010年中国成为全球第二大经济体，对全球性事务的参与度和影响力不断增加，反映在全球治理中就是中国逐渐从气候治理的跟随者成为引领者。

---

① Xinran Qi, "The Rise of BASIC in UN Climate Change Negotiations", *South African Journal of International Affairs*, Vol. 18, No. 3, 2011, pp. 295 – 318.

二 有待研究的问题

第一，处理参与全球气候治理与国家内部利益的关系。

中国参与全球气候治理的起点源自中国的国家利益，最终的落脚点也会回归到国家内部利益。中国在积极参与全球气候治理并逐渐成为"引领者"角色的过程中，必然会与国内利益产生一定的冲突，这也是未来中国需要协调的问题。在减少煤炭等化石燃料使用的政策问题上，中国内部仍存在一些来自强有力部门的内部阻力，其中包括能源企业等利益集团，中国应对全球气候变化的努力，为试图推动能源结构调整的中国政府部门提供了所需的武器。有学者表示，使用气候变化行动的语言非常重要，因为能源改革将不可避免地伤害一些既得利益，这种语言为能源改革创造了有利条件，没有这种语言，许多事情会变得很难办。[1] 气候变化议程迫使决策者转向低碳经济模式，这就让为太阳能和风能提供补贴成为可能。中国作为产煤大国，煤价相对便宜，如果没有气候变化的承诺，国家不会考虑发展低碳经济，因此像电动汽车这样的新能源行业也会面临更多的障碍。中国目前的风电和太阳能发电装机容量居世界第一，也是源于国家对气候变化和低碳经济问题的重视。但是，中国在风电和太阳能发电的使用问题上仍存在矛盾。由于拥有燃煤发电厂的能源企业与国有电网公司在签订上网合同上有优势，风电和太阳能发电企业因此就缺乏竞争力。[2]

2018年中国煤炭占一次能源消费比例首次低于60%，[3] 这是中国能源结构改善战略下取得的巨大成果，但不可否认，煤炭仍然是中国能源消费结构中最主要的能源，因此，诸多对煤炭依赖性强的能源密集型行业创造了大量的工作岗位。在发展低碳产业、改善中国能源结构的过程

---

[1] 《中国要成为应对气候变化的领袖并非易事》，2017年6月29日，碳交易网，http://www.tanjiaoyi.com/article-21791-1.html。

[2] 《中国要成为应对气候变化的领袖并非易事》，2017年6月29日，碳交易网，http://www.tanjiaoyi.com/article-21791-1.html。

[3] 《2018年中国煤炭占一次能源消费比例首次低于60%》，2019年1月21日，人民网，http://energy.people.com.cn/n1/2019/0121/c71661-30582608.html。

中，能源行业的利益也成为国家需要考虑的重要因素，这一因素也会在一定程度上减缓中国参与全球气候治理的进程。

中国的煤炭产业分布不均，集中在昆仑山—秦岭—大别山以北的北方地区，山西、陕西、内蒙古等省份的储量最丰富，三个省份集中了中国煤炭资源的60%，其中山西储量最多，占全国的30%。[①] 这意味着能源结构的产业优化对这些地区造成的影响更为深远，相对以商业和第三产业为支柱产业的东部沿海和南方地区，煤炭主产区的经济将会受到较大的冲击，由此也会产生一系列的社会问题，造成地区间发展的不协调。基于上述几点原因，未来的研究将会更多地将国内因素放到中国在全球气候治理中的角色上，进一步考察中国在实践"引领者"身份的同时兼顾国内社会的发展。

第二，中国与其他气候治理参与者之间的合作。

"后巴黎"时代，虽然美国和作为整体的欧盟领导力下降，但其他的参与主体仍然是中国在参与气候治理过程中不可忽视的力量。在全球治理格局中，加拿大的存在感一直不强，它一直被视为美国的影子，是美国的追随者，在气候问题上也不例外，跟随美国退出《京都议定书》，其也没有在气候谈判中留下自己独特的观点。但随着自由党领导人特鲁多当选总理，这种情况开始出现变化。2015年特鲁多在巴黎气候大会上宣布"加拿大回来了",[②] 美国退出《巴黎协定》后，特鲁多则明确表达了自己的观点，他表示对此"非常失望"，并宣称"加拿大会坚定不移地致力于应对气候变化和支持经济增长。我们需要采取集体行动，应对气候变化的许多严峻现实"。[③] 此后，加拿大积极履行承诺，扮演积极的角色。加拿大政府认为绿色经济是世界发展的方向，加拿大应该抓住这一机遇，在为世界提供解决方案的

[①]《中国煤炭资源的分布及特点》，2016年10月24日，OSGeo中国中心，https://www.osgeo.cn/post/01c8g。

[②] "'Canada is back', Says Trudeau in Paris, 'We're Here to Help'", December 1, 2015, The Star, https://www.thestar.com/news/canada/2015/11/30/busy-day-for-trudeau-at-paris-climate-change-talks.html.

[③] Peter Zimonjic, "Trudeau Tells Trump Canada is Disappointed by Withdrawal from Paris Climate Deal", June 2, 2017, CBC NEWS, https://www.cbc.ca/news/politics/trudeau-mckenna-trump-paris-deal-1.4142211.

同时，创造更多的商业机会和就业机会。

美国作为联邦制国家，其各州和地方政府具有充足的自主权。虽然以特朗普为总统的美国政府对气候治理问题存在消极态度，但这不意味各州和地方政府与联邦政府的意见保持一致。当特朗普政府宣布退出《巴黎协定》时，加利福尼亚州、华盛顿和纽约州州长则宣称支持这一国际协定，并成立了美国气候联盟（United States Climate Alliance），以此达成《巴黎协定》所确定的美国减排目标，截至2019年，这一联盟成员包括24个美国的州和波多黎各自治邦。尽管联盟代表着不同地区和群体的利益，但是各州在气候治理问题上表现出统一的行动。美国气候联盟涵盖了美国55%的人口，占美国温室气体排放量的40%，包括11.7万亿美元的经济。[①] 如果该联盟是一个国家，它将成为仅次于美国和中国的第三大经济体，因此加强与美国地方参与者的合作，也是中国参与全球气候治理的重要选择。

债务危机、难民问题和"脱欧"使欧盟的整体实力下滑和内部结构撕裂，但其成员国（如法国和德国等）在气候治理的参与中积极性并未降低。法国总统马克龙对美国退出《巴黎协定》表示谴责，称这一举动"可悲"，但也表示特朗普的退出并不会从根本上破坏这一协定，"也不足以改变世界的走向"。[②] 为了进一步履行协议义务，马克龙政府提出拒绝与不"尊重"《巴黎协定》的国家进行商业合作。自马克龙上任以来，气候变化一直是马克龙的标志性议题之一，他还发起了一项名为"让我们的星球再次伟大"（Make Our Planet Great Again）的运动，作为该活动的一部分，马克龙为研究气候变化的外国科学家提供了研究经费，以赴法国从事研究工作。德国总理默克尔针对美国退出《巴黎协定》表示，在

[①] "7 Ways U. S. States are Leading Climate Action", May 30, 2019, United Nations Foundation, https：//unfoundation.org/blog/post/7-ways-u-s-states-are-leading-climate-action/.

[②] David Brennan, "Trump's Withdrawal from Paris Agreement Will Leave U. S. 'Edged Out' By Countries Like Russia and China, Macron Says", November 6, 2019, Newsweek, https：//www.newsweek.com/emmanuel-macron-donald-trump-withdrawal-paris-agreement-u-s-edged-out-russia-china-1470109.

世界上绝大多数国家试图限制全球变暖之际，对这一行为"感到非常遗憾"。[1] 她呼吁坚决执行《巴黎协定》，以遏制全球变暖，并证明国际协议可以有效应对全球挑战。她认为《巴黎协定》《2030年可持续发展议程》等来之不易的国际协定表明，国际社会有能力达成深远的协议，而"现在我们必须证明它们也可以实现"。[2]

全球气候治理是一项浩大的工程，需要各国的共同努力。在美国和欧盟这两个主要参与主体缺席的情况下，其他参与主体的重要性就显得尤为重要。中国作为当前全球气候治理最主要的参与者，加强与他们的合作是必要的选择。在这一过程中，中国可以与其他国家和地区进行全方位的交流与合作，因此这也成为未来研究中国参与全球气候治理的重要课题。

---

[1] "Merkel Calls out Trump over Paris Accord, Renews Commitment to Fight Climate Change", June 19, 2018, NBCNEWS, http://www.nbcnews.com/news/world/merkel-calls-out-trump-over-paris-accord-renews-commitment-fight-n884631.

[2] Benjamin Wehrmann, "Merkel Calls for Honouring Paris Deal as German Climate Action Falters", May 29, 2018, Clean Energy Wire, http://www.cleanenergywire.org/news/merkel-calls-honouring-paris-deal-german-climate-action-falters.

参考文献

一 中文文献

薄燕、陈志敏:《全球气候变化治理中欧盟领导能力的弱化》,《国际问题研究》2011 年第 1 期。

陈宝明:《气候外交》,立信会计出版社 2011 年版。

陈刚:《京都议定书与国际气候合作》,新华出版社 2008 年版。

陈柳钦:《低碳经济演进:国际动向与中国行动》,《科学决策》2010 年第 4 期。

陈万青、张思维、邹小农:《中国肺癌发病死亡的估计和流行趋势研究》,《中国肺癌杂志》2010 年第 5 期。

陈宇峰:《后危机时代的国际油价波动与未来走势:一个多重均衡的视角》,《国际贸易问题》2010 年第 10 期。

程伟戎:《生产力标准 人民利益标准 实践标准》,《安徽大学学报》(哲学社会科学版)1988 年第 4 期。

程晓勇:《国际气候治理规范的演进与传播:以印度为案例》,《南亚研究季刊》2012 年第 2 期。

程蕴:《冷战后日本国家角色的转变过程分析——基于角色理论的探讨》,《日本学刊》2016 年第 4 期。

赤桦:《新中国战备历史的回顾及启示(1949~1985)》,《当代中国史研究》2012 年第 5 期。

崔大鹏:《国际气候合作的政治经济学分析》,商务印书馆 2003 年版。

但兴悟:《全球金融危机对中国和平发展的挑战》,《世界经济与政治》2008 年第 12 期。

邓小平：《关于经济工作的几点意见》，《党的文献》1994 年第 6 期。

丁金光、鲍庆祥：《中国在气候外交中的话语困境及提升路径》，《人民论坛》2014 年第 34 期。

丁志刚：《全球化与国家角色》，《世界经济与政治》2002 年第 2 期。

段红霞：《国际低碳发展的趋势和中国气候政策的选择》，《国际问题研究》2010 年第 1 期。

［俄］巴枯宁：《国家制度和无政府状态》，马骧聪等译，商务印书馆 1982 年版。

费穗宇、张潘仕：《社会心理学辞典》，河北人民出版社 1988 年版。

复旦大学新兴市场经济研究中心课题组等：《新兴经济体当前动荡的原因及中国的应对》，《复旦学报》（社会科学版）2014 年第 6 期。

龚道溢、王绍武：《全球气候变暖研究中的不确定性》，《地学前缘》2002 年第 2 期。

管健：《社会心理学》，南开大学出版社 2011 年版。

郭印、王敏洁：《国际低碳经济发展经验及对中国的启示》，《改革与战略》2009 年第 10 期。

国家发展改革委国民经济综合司：《宏观经济形势分析及政策取向》，《价格理论与实践》2004 年第 1 期。

何建坤等：《全球低碳经济潮流与中国的响应对策》，《世界经济与政治》2010 年第 4 期。

胡键：《中国国际角色的转换与国际社会的认知》，《现代国际关系》2006 年第 8 期。

吉磊：《有效多边主义？——欧盟在联合国改革中的角色研究》，上海人民出版社 2016 年版。

江晓原：《科学与政治："全球变暖"争议及其复杂性》，《科学与社会》2013 年第 2 期。

姜文来：《积极应对"中国环境威胁论"》，《资源与人居环境》2006 年第 7 期。

金灿荣：《和平发展：大国的责任》，中国人民大学出版社 2014 年版。

瞿商：《论中国经济转型的阶段性与目标转换》，《中国经济史研究》2012 年第 1 期。

康晓：《气候变化全球治理与中国经济转型：国际规范国内化的视角》，中国出版集团、世界图书出版公司 2014 年版。

冷溶、汪作玲：《邓小平年谱（1975—1997）》，中央文献出版社 2004 年版。

李宝俊、徐正源：《冷战后中国负责任大国身份的建构》，《教学与研究》2006 年第 1 期。

李东燕：《对气候变化问题的若干政治分析》，《世界经济与政治》2000 年第 8 期。

李绘新：《试析当代德国外交的不确定性——以角色分析理论为视角》，《现代国际关系》2004 年第 1 期。

李举达：《收入型增值税及其会计处理之我见》，《财会月刊》2003 年第 21 期。

李敧窥：《"一体化"视角与国际关系角色理论的演进》，《国际政治科学》2014 年第 1 期。

李巍：《货币和资产收益的联动效应——源自通缩与通胀时期的证据》，《财经研究》2008 年第 12 期。

李昕蕾：《跨国城市网络在全球气候治理中的行动逻辑：基于国际公共产品供给"自主治理"的视角》，《国际观察》2015 年第 5 期。

李昕蕾：《全球气候治理领导权格局的变迁与中国的战略选择》，《山东大学学报》（哲学社会科学版）2017 年第 1 期。

李昕：《1949 年以来中国石油进出口地位演变》，《西南石油大学学报》（社会科学版）2014 年第 1 期。

林秉贤：《社会心理学》，群众出版社 1985 年版。

刘建飞、罗建波、孙东方：《构建人类文明共同体理论与战略》，新华出版社 2018 年版。

［美］莫顿·卡普兰：《国际政治的系统和过程》，薄智跃译，上海人民出版社 2008 年版。

［美］亚历山大·温特：《国际政治的社会理论》，秦亚青译，上海人民出版社 2008 年版。

倪世雄：《当代西方国际关系理论》，复旦大学出版社 2001 年版。

庞昌伟：《国际油价波动与苏联解体》，《俄罗斯研究》2011 年第 6 期。

庞珣:《国际角色的定义和变化———一种动态分析框架的建立》,《国际政治研究》2006 年第 1 期。

秦启文、周永康:《角色学导论》,中国社会科学出版社 2011 年版。

秦亚青:《国家身份、战略文化和安全利益——关于中国与国际社会关系的三个假设》,《世界经济与政治》2003 年第 1 期。

饶恒久:《太史伯政治"和同"论的源与流》,《中共中央党校学报》2006 年第 6 期。

任国玉:《气候变暖成因研究的历史、现状和不确定性》,《地球科学进展》2008 年第 10 期。

日本社会学会委员会:《现代社会学入门》,中国社会科学出版社 1987 年版。

[日] 横山宁夫:《社会学概论》,毛良鸿等译,上海译文出版社 1983 年版。

[日] 内野达郎:《战后日本经济史》,赵毅等译,新华出版社 1982 年版。

盛斌、王璐瑶:《全球经济治理中的中国角色与贡献》,《江海学刊》2017 年第 1 期。

时蓉华:《社会心理学》,上海人民出版社 1986 年版。

汤贡亮:《走向市场经济的中国税制改革研究》,中国财政经济出版社 1999 年版。

唐士其:《新的国际安全与世界秩序调整下中国角色的塑造》,《国际政治研究》2012 年第 4 期。

唐永胜:《中国国际角色分析》,《现代国际关系》2006 年第 10 期。

田慧芳:《中国参与全球气候治理的三重困境》,《东北师大学报》(哲学社会科学版) 2014 年第 6 期。

王传剑:《全球治理新观察与中国角色再思考》,《当代世界》2010 年第 11 期。

王缉思:《当代世界政治发展趋势与中国的全球角色》,《北京大学学报》(哲学社会科学版) 2009 年第 1 期。

王俊生:《中国全球角色的确立——兼评〈创造性介入:中国之全球角色的生成〉》,《太平洋学报》2014 年第 5 期。

王绍武等:《关于气候变暖的争议》,《自然科学进展》2005 年第 8 期。

王绍武等：《全球气候变暖争议中的核心问题》，《地球科学进展》2010年第6期。

王绍武、龚道溢：《对气候变暖问题争议的分析》，《地理研究》2001年第2期。

王文涛、朱松丽：《国际气候变化谈判：路径趋势及中国的战略选择》，《中国人口·资源与环境》2013年第9期。

王晓秋、刘世华：《激进民主化与苏联解体及其风险启示》，《东北师大学报》（哲学社会科学版）2011年第4期。

王学东：《气候变化问题的国际博弈与各国政策研究》，时事出版社2014年版。

王瑜贺：《命运共同体视角下全球气候治理机制创新》，《中国地质大学学报》（社会科学版）2018年第3期。

王之佳：《中国环境外交（上）：从斯德哥尔摩到里约热内卢》，中国环境科学出版社2012年版。

吴工瞧：《什么是"展望五国"？》，《红旗文稿》2010年第15期。

吴敬琏：《思考与回应：中国工业化道路的抉择（上）》，《学术月刊》2005年第12期。

奚从清：《角色理论研究》，杭州大学出版社1991年版

奚洁人：《科学发展观百科辞典》，上海辞书出版社2007年版。

夏晓华、李进一：《要素价格异质性扭曲与产业结构动态调整》，《南京大学学报》（哲学·人文科学·社会科学版）2012年第3期。

夏英祝：《亚洲金融危机后的世界经济形势与我国的对策》，《经济纵横》2000年第11期。

肖晞、周旭亮：《中国国际角色与结构性认知》，《求索》2010年第8期。

邢丽菊：《从传统文化角度解析中国周边外交新理念——以"亲、诚、惠、容"为中心》，《国际问题研究》2014年第3期。

严双伍、肖兰兰：《中国参与国际气候谈判的立场演变》，《当代亚太》2010年第1期。

杨洁勉：《世界期气候外交和中国的应对》，时事出版社2009年版。

杨兴：《〈气候变化框架公约〉研究——国际法与比较法的视角》，中国法制出版社2007年版。

殷玉婷、陶克菲：《〈蒙特利尔议定书〉第十九次缔约方大会暨二十周年纪念活动举行　中国国家环保总局获〈蒙特利尔议定书〉执行奖　中国将继续以积极务实的态度认真履行国际环境公约》，《环境教育》2007 年第 9 期。

印言蹊：《被期待的大国角色——新时期中国国际地位角色探析》，《国际观察》2015 年第 5 期。

印言蹊：《世界体系转型背景下的中国国际定位》，《南京政治学院学报》2014 年第 2 期。

于宏源：《〈巴黎协定〉、新的全球气候治理与中国的战略选择》，《太平洋学报》2016 年第 11 期。

于宏源：《国际气候环境外交：中国的应对》，中国出版集团东方出版中心 2013 年版。

俞良早、王红续：《邓小平理论发展史（修订本）》，中共中央党校出版社 2004 年版。

俞新天等：《国际体系中的中国角色》，中国大百科全书出版社 2008 年版。

俞兴民：《亚洲四小龙经济增长方式从粗放型向集约型转变的经验和启示》，《党政视野》1995 年第 11 期。

袁伟华：《对外政策分析中的角色理论：概念解释机制与中国—东盟关系的案例》，《当代亚太》2013 年第 1 期。

曾文革、冯帅：《后巴黎时代应对气候变化能力建设的中国路径》，《江西社会科学》2016 年第 4 期。

张海滨：《中国与国际气候变化谈判》，《国际政治研究》2007 年第 1 期。

张海滨：《中国在国际气候变化谈判中的立场：连续性与变化及其原因探析》，《世界经济与政治》2006 年第 10 期。

张立文：《中国传统文化与人类命运共同体》，中国人民大学出版社 2018 年版。

张清敏：《中国的国家特性、国家角色和外交政策思考》，《太平洋学报》2004 年第 2 期。

张晓华、祁悦：《"后巴黎"全球气候治理形势展望与中国的角色》，《中国能源》2016 年第 7 期。

张燕婴译注:《论语》,中华书局 2006 年版。

张永香、黄磊、袁佳双:《联合国气候变化框架公约下发展中国家的能力建设谈判回顾》,《气候变化研究进展》2017 年第 3 期。

张志洲:《变迁中的世界秩序与中国的角色定位》,《国际政治研究》2012 年第 4 期。

赵斌:《全球气候治理困境及其化解之道——新时代中国外交理念视角》,《北京理工大学学报》(社会科学版) 2018 年第 4 期。

赵凌云:《中国特色生态文明建设道路》,中国财政经济出版社 2014 年版。

赵诣:《新一轮"中国威胁论"的背后》,《中国社会导刊》2005 第 24 期。

郑联盛、何德旭:《美国金融危机与金融监管框架的反思》,《经济社会体制比较》2009 年第 3 期。

郑兆立:《警惕国际资本在我国制造金融危机》,《决策探索》(下半月) 2008 年第 6 期。

朱述斌、朱红根:《气候变迁经济学》,清华大学出版社 2015 年版。

庄贵阳、薄凡、张靖:《中国在全球气候治理中的角色定位与战略选择》,《世界经济与政治》2018 年第 4 期。

庄贵阳:《后京都时代国际气候治理与中国的战略选择》,《世界经济与政治》2008 年第 8 期。

庄贵阳:《气候变化挑战与中国经济低碳发展》,《国际经济评论》2007 年第 5 期。

庄贵阳、周伟铎:《非国家行为体参与和全球气候治理体系转型——城市与城市网络的角色》,《外交评论》(外交学院学报) 2016 年第 3 期。

二 英文文献

Aaron M. McCright, Riley E. Dunlap, "Challenging Global Warming as A Social Problem: An Analysis of the Conservative Movement's Counter-Claims", *Social Problems*, Vol. 47, No. 4, 2000.

Adil Najam, "Developing Countries and Global Environmental Governance: From Contestation to Participation to Engagement", *International Environmental Agreements*, No. 3, 2005.

Anabela Carvalho, "Ideological Cultures and Media Discourses on Scientific Knowledge: Re-reading News on Climate Change", *Public Understanding of Science*, Vol. 16, No. 2, 2007.

Andrew Hurrell, "Hegemony, Liberalism and Global Order: What Space for Would-be Great Powers?", *International Affairs*, Vol. 82, No. 1, 2006.

Ans Kolk, Jonatan Pinkse, "Business and Climate Change: Emergent Institutions in Global Governance", *Corporate Governance: The International Journal of Business in Society*, Vol. 8, No. 4, 2008.

Arvind Parkhe, "Interfirm Diversity, Organizational Learning, and Longevity in Global Strategic Alliances", *Journal of International Business Studies*, Vol. 22, No. 4, 1991.

Ashwani Saith, "From Universal Values to Millennium Development Goals: Lost in Translation", *Development and Change*, Vol. 37, No. 6, 2006.

Barry G. Rabe, "Beyond Kyoto: Climate Change Policy in Multilevel Governance Systems", *Governance*, Vol. 20, No. 3, 2007.

Barry J. Naughton, *The Chinese Economy: Transitions and Growth*, MIT Press, 2006.

Bob Giddings, Bill Hopwood, Geoff O'brien, "Environment, Economy and Society: Fitting Them Together Into Sustainable Development", *Sustainable Development*, Vol. 10, No. 4, 2002.

Cameron G. Thies, Marijke Breuning, "Integrating Foreign Policy Analysis and International Relations Through Role Theory", *Foreign Policy Analysis*, Vol. 8, No. 1, 2012.

Cameron G. Thies, *The United States, Israel, and the Search for International Order: Socializing States*, New York: Routledge, 2013.

Camilla Bausch, MichaelMehling, "'Alive and Kicking': The First Meeting of the Parties to the Kyoto Protocol", *Review of European Community & International Environmental Law*, Vol. 15, No. 2, 2006.

Charles F. Hermann, "Changing Course: When Governments Choose to Redirect Foreign Policy", *International Studies Quarterly*, Vol. 34, No. 1, 1990.

Corinne Le Quéré et al., "The Global Carbon Budget 1959 – 2011", *Earth

System Science Data Discussions, Vol. 5, No. 2, 2012.

David A. Lake, "Leadership, Hegemony, and the International Economy: Naked Emperor or Tattered Monarch with Potential?", *International Studies Quarterly*, Vol. 37, No. 4, 1993.

David Held, Angus Fane-Hervey, Marika Theros, "The Governance of Climate Change: Science, Economics, Plitics and Ethics", *Governance of Climate Change Science Economics Politics & Ethics*, Vol. 29, No. 5, 2011.

David J. Gordon, "Between Local Innovation and Global Impact: Cities, Networks, and the Governance of Climate Change", *Canadian Foreign Policy Journal*, Vol. 19, No. 3, 2013.

David Popp, "International Technology Transfer, Climate Change, and the Clean Development Mechanism", *Review of Environmental Economics and Policy*, Vol. 5, No. 1, 2011.

Detlef Sprinz, Tapani Vaahtoranta, "The Interest-Based Explanation of International Environmental Policy", *International Organization*, Vol. 48, No. 1, 1994.

Donald E. Nuechterlein, "National Interests and Foreign Policy: A Conceptual Framework for Analysis and Decision-Making", *Review of International Studies*, Vol. 2, No. 3, 1976.

Eric Martinot, Jonathan E. Sinton, Brent M. Haddad, "International Technology Transfer for Climate Change Mitigation and the Cases of Russia and China", *Annual Review of Energy and the Environment*, Vol. 22, No. 1, 1997.

Eva Gustavsson, Ingemar Elander, Mats Lundmark, "Multilevel Governance, Networking Cities, and the Geography of Climate-change Mitigation: To Swedish Examples", *Environment and Planning C: Government and Policy*, Vol. 27, No. 1, 2009.

Gerald A. Meehl et al., "How Much More Global Warming and Sea Level Rise?", *Science*, Vol. 307, No. 5716, 2005.

Gian-Reto Walther et al., "Ecological Responses to Recent Climate Change", *Nature*, No. 416, 2002.

Glenn Chafetz, "The Political Psychology of the Nnuclear Nonproliferation Regime", *The Journal of Politics*, Vol. 57, No. 3, 1995.

Harriet Bulkeley, "Climate Policy and Governance: An Editorial Essay", *Wiley Interdisciplinary Reviews: Climate Change*, Vol. 1, No. 3, 2010.

Harriet Bulkeley, Kristine Kern, "Local Government and Climate Change Governance in the UK and Germany", *Urban Studies*, Vol. 43, No. 12, 2006.

Henning Tewes, "Between Deepening and Widening: Role Conflict in Germany's Enlargement Policy", *West European Politics*, Vol. 21, No. 2, 1998.

Hongyi Harry Lai, "China's Oil Diplomacy: Is It a Global Security Threat?", *Third World Quarterly*, Vol. 28, No. 3, 2007.

Hongying Wang, James N. Rosenau, "China and Global Governance", *Asian Perspective*, Vol. 33, No. 3, 2009.

Ian Bailey, Geoff A. Wilson, "Theorising Transitional Pathways in Response to Climate Change: Technocentrism, Ecocentrism, and the Carbon Economy", *Environment and Planning A*, Vol. 41, No. 10, 2009.

Jaap W. Nobel, "Morgenthau's Struggle with Power: The Theory of Power Politics and the Cold War", *Review of International Studies*, Vol. 21, No. 1, 1995.

Jakob Gustavsson, "How Should We Study Foreign Policy Change?", *Cooperation and Conflict*, Vol. 34, No. 1, 1999.

Jerald B. Johnson, Kristian S. Omland, "Model Selection in Ecology and Evolution", *Trends in Ecology & Evolution*, Vol. 19, No. 2, 2004.

Jill Hills, "The Industrial Policy of Japan", *Journal of Public Policy*, Vol. 3, No. 1, 1983.

Joyeeta Gupta, "The Multi-level Governance Challenge of Climate Change", *Environmental Sciences*, Vol. 4, No. 3, 2007.

Jörn Birkmann et al., "Adaptive Urban Governance: New Challenges for the Second Generation of Urban Adaptation Strategies to Climate Change", *Sustainability Science*, Vol. 5, No. 2, 2010.

Ken E. McVicar, "Why Nations Realign: Foreign Policy Restructuring in the Postwar World", *International Journal*, Vol. 40, No. 4, 1985.

K. J. Holsti, "National Role Conceptions in the Study of Foreign Policy", *International Studies Quarterly*, Vol. 14, No. 3, 1970.

Lavanya Rajamani, "The Cancun Climate Agreements: Reading the Text, Subtext and Tea Leaves", *International & Comparative Law Quarterly*, Vol. 60, No. 2, 2011.

Lester R. Brown, "Who Will Feed China", *World Watch*, Vol. 7, No. 5, 1994.

Madhav L. Khandekar, T. S. Murty, Padala Chittibabu, "The Global Warming Debate: A Review of the State of Science", *Pure and Applied Geophysics*, Vol. 162, No. 8, 2005.

Margaret G. Hermann, Charles W. Kegley Jr., "Rethinking Democracy and International Peace: Perspectives from Political Psychology", *International Studies Quarterly*, Vol. 39, No. 4, 1995.

Margaret G. Hermann, "Explaining Foreign Policy Behavior Using the Personal Characteristics of Political Leaders", *International Studies Quarterly*, Vol. 24, No. 1, 1980.

Mark Purdon, "Advancing Comparative Climate Change Politics: Theory and Method", *Global Environmental Politics*, Vol. 15, No. 3, 2015.

Markus Fraundorfer, "The Role of Cities in Shaping Transnational Law in Climate Governance", *Global Policy*, Vol. 8, No. 1, 2017.

Martijn L. P. Groenleer, Louise G. Van Schaik, "United We Stand? The European Union's International Actorness in the Cases of the International Criminal Court and the Kyoto Protocol", *Journal of Common Market Studies*, Vol. 45, No. 5, 2007.

Martin Hollis, Steve Smith, "Roles and Reasons in Foreign Policy Decision Making", *British Journal of Political Science*, Vol. 16, No. 3, 1986.

Matthew H. England et al., "Recent Intensification of Wind-Driven Circulation in the Pacific and the Ongoing Warming Hiatus.", *Nature Climate Change*, Vol. 4, No. 3, 2014.

Maurice A. East, "Size and Foreign Policy Behavior: A Test of Two Models", *World Politics*, Vol. 25, No. 4, 1973.

M. E. Falkus, "Industrial Dualism in Japan: A Problem of Economic Growth and Structural Change by S. Broadbridge", *International Affairs*, Vol. 44, No. 3, 1968.

Michael Barnett, "Institutions, Roles, and Disorder: The Case of the Arab

States System", *International Studies Quarterly*, Vol. 37, No. 3, 1993.

Michael Grossman, "Role Theory and Foreign Policy Change: The Transformation of Russian Foreign Policy in the 1990s", *International Politics*, Vol. 42, No. 3, 2005.

Michael Grubb, "The Economics of the Kyoto Protocol", *World Economics*, Vol. 4, No. 3, 2003.

Michael H. Hunt, *The World Transformed: 1945 to the Present*, Oxford: Oxford University Press, 2014.

Michael Palmer, "Environmental Regulation in the People's Republic of China: The Face of Domestic Law", *The China Quarterly*, No. 156, 1998.

Michele Betsill et al., "Building Productive Links Between the UNFCCC and the Broader Global Climate Governance Landscape", *Global Environmental Politics*, Vol. 15, No. 2, 2015.

Miranda A. Schreurs, "Multi-Level Governance and Global Climate Change in East Asia", *Asian Economic Policy Review*, Vol. 5, No. 1, 2010.

Nicholas Stern, Nicholas Herbert Stern, *The Economics of Climate Change: The Stern Review*, Cambridge: Cambridge University press, 2007.

Patrick T. Brown et al., "Unforced Surface Air Temperature Variability and Its Contrasting Relationship with the Anomalous TOA Energy Flux at Local and Global Spatial Scales", *Journal of Climate*, Vol. 29, No. 3, 2016.

Paul Kennedy, *The Rise and Fall of the Great Powers*, New York: Vintage, 2010.

Peter Enderwick, *Understanding Emerging Markets: China and India*, New York: Routledge, 2012.

Philipp Pattberg, Johannes Stripple, "Beyond the Public and Private Divide: Remapping Transnational Climate Governance in the 21st Century", *International Environmental Agreements: Politics, Law and Economics*, Vol. 8, No. 4, 2008.

Philipp Pattberg, Okechukwu Enechi, "The Business of Transnational Climate Governance: Legitimate, Accountable, and Transparent?", *St Antony's International Review*, Vol. 5, No. 1, 2009.

Philipp Pattberg, "Public-private Partnerships in Global Climate Governance",

Wiley Interdisciplinary Reviews: *Climate Change*, Vol. 1, No. 2, 2010.

Pinninti K. Rao, *International Trade Policies and Climate Change Governance*, New York: Springer Science & Business Media, 2012.

Rüdiger Wurzel, James Connelly, eds. *The European Union as a Leader in International Climate Change Politics*, New York: Routledge, 2010.

Regina Vollmeyer, Bruce D. Burns, Keith J. Holyoak, "The Impact of Goal Specificity on Strategy Use and the Acquisition of Problem Structure", *Cognitive Science*, Vol. 20, No. 1, 1996.

Richard S. J. Tol, "Estimates of the Damage Costs of Climate Change: Benchmark Estimates", *Environmental and Resource Economics*, Vol. 21, No. 1, 2002.

Riley E. Dunlap, Peter J. Jacques, "Climate Change Denial Books and Conservative Think Tanks: Exploring the Connection", *American Behavioral Scientist*, Vol. 57, No. 6, 2013.

Robert Falkner, "American Hegemony and the Global Environment", *International Studies Review*, Vol. 7, No. 4, 2005.

Robert Hunter Wade, "The Invisible Hand of the American Empire", *Ethics & International Affairs*, Vol. 17, No. 2, 2003.

Robert K. Merton, "The Role-Set: Problems in Sociological theory", *The British Journal of Sociology*, Vol. 8, No. 2, 1957.

Robert M. Carter, *Climate: The Counter Consensus*, London: Stacey International, 2010.

Robin Leichenko, "Climate Change and Urban Resilience", *Current Opinion in Environmental Sustainability*, Vol. 3, No. 3, 2011.

Roger Few, Katrina Brown, Emma L. Tompkins, "Public Participation and Climate Change Adaptation: Avoiding the Illusion of Inclusion", *Climate Policy*, Vol. 7, No. 1, 2007.

Roy Licklider, "The Power of Oil: The Arab Oil Weapon and the Netherlands, the United Kingdom, Canada, Japan, and the United States", *International Studies Quarterly*, Vol. 32, No. 2, 1988.

Sara Hahn, "Palestine and the Arab-Israeli Conflict: A History with Documents", *The Middle East Journal*, Vol. 59, No. 1, 2005.

Sebastian Harnisch, Cornelia Frank, Hanns W. Maull, "Role Theory in International Relations: Approaches and Analyses", *Politische Vierteljahresschrift*, Vol. 53, No. 3, 2012.

Sheldon W. Simon, "Constructing a Security Community in Southeast Asia: ASEAN and the Problem of Regional Order by Amitav Acharya", *International Journal*, Vol. 56, No. 3, 2014.

Sheldon W. Simon, "Realism and Neoliberalism: International Relations Theory and Southeast Asian Security", *The Pacific Review*, Vol. 8, No. 1, 1995.

Shumpei Kumon, Henry Rosovsky, *The Political Economy of Japan: Cultural and Social Dynamics*, Redwood City: Stanford University Press, 1987.

S. Lovejoy, "Scaling Fluctuation Analysis and Statistical Hypothesis Testing of Anthropogenic Warming", *Climate Dynamics*, Vol. 42, No. 9-10, 2014.

Stephan Lewandowsky, Gilles E. Gignac, Samuel Vaughan, "The Pivotal Role of Perceived Scientific Consensus in Acceptance of Science", *Nature Climate Change*, Vol. 3, No. 4, 2013.

Stephen H. Schneider, "The Global Warming Debate Heats Up: An Analysis and Perspective", *Bulletin of the American Meteorological Society*, Vol. 71, No. 9, 1990.

Stephen Seres, Erik Haites, Kevin Murphy, "Analysis of Technology Transfer in CDM Projects: An Update", *Energy Policy*, Vol. 37, No. 11, 2009.

Steven M. Goldstein, "The Political Logic of Economic Reform in China", *Foreign Affairs*, Vol. 53, No. 33, 1994.

Susanne Jakobsen, "International Relations and Global Environmental Change: Review of the Burgeoning Literature on the Environment", *Cooperation and Conflict*, Vol. 34, No. 2, 1999.

Thomas G. Measham et al., "Adapting to Climate Change Through Local Municipal Planning: Barriers and Challenges", *Mitigation and Adaptation Strategies for Global Change*, Vol. 16, No. 8, 2011.

Thomas R. Karl et al., *Global Climate Change Impacts in the United States*, Cambridge University Press, 2009.

Timothy Cadman, *Climate Change and Global Policy Regimes: Towards Institu-*

tional Legitimacy, Springer, 2013.

Vanesa Castan Broto, Harriet Bulkeley, "A Survey of Urban Climate Change Experiments in 100 Cities", *Global Environmental Change*, Vol. 23, No. 1, 2013.

Victor Gigleux, "Explaining the Diversity of Small States' Foreign Policies Through Role Theory", *Third World Thematics: A TWQ Journal*, Vol. 1, No. 1, 2016.

Weijiong Zhang et al., "Can China Be A Clean Tiger?: Growth Strategies and Environmental Realities", *Pacific Affairs*, Vol. 72, No. 1, 1999.

William R. Cline, "The Economics of Global Warming", Institute for International Economics, Washington, D. C., 1992.

Wish Naomi Bailin, "Foreign Policy Makers and Their National Role Conceptions", *International Studies Quarterly*, Vol. 24, No. 4, 1980.

W. NeilAdger et al., "Adaptation to Climate Change in the Developing World", *Progress in Development Studies*, Vol. 3, No. 3, 2003.

Xiangsheng Dou, "Low Carbon Economy Development: China's Road and Policy Choice", *J. Mgmt. & Sustainability*, No. 3, 2013.

Xinran Qi, "The Rise of BASIC in UN Climate Change Negotiations", *South African Journal of International Affairs*, Vol. 18, No. 3, 2011.

Ya Ding, Michael J. Hayes, Melissa Widhalm, "Measuring Economic Impacts of Drought: A Review and Discussion", *Disaster Prevention and Management: An International Journal*, Vol. 20, No. 4, 2011.

Yaojun Han, Xiao Han, "The Clean Development Mechanism and Its Implementation in China: An Economic Analysis", *Energy Procedia*, No. 5, 2011.